プリント形式のリアル過去問で本番の臨場感！

福岡県

筑陽学園中学校

2025年春受験用

解答集

本書は，実物をなるべくそのままに，プリント形式で年度ごとに収録しています。
問題用紙を教科別に分けて使うことができるので，本番さながらの演習ができます。

■ 収録内容

・解答集(この冊子です)

書籍ＩＤ番号，この問題集の使い方，最新年度実物データ，リアル過去問の活用，
解答例と解説，ご使用にあたってのお願い・ご注意，お問い合わせ

・2024(令和６)年度 ～ 2021(令和３)年度　学力検査問題

○は収録あり	年度	'24	'23	'22	'21		
■ 問題(A日程)		○	○	○	○		
■ 解答用紙		○	○	○	○		
■ 配点							

算数に解説があります

注)問題文等非掲載:2023年度社会の1, 2021年度社会の2

資料の非掲載につきまして

著作権上の都合により，本書に収録している過去入試問題の資料の一部を掲載しておりません。ご不便をおかけし，誠に申し訳ございません。

教英出版

■ 書籍ＩＤ番号

入試に役立つダウンロード付録や学校情報などを随時更新して掲載しています。
教英出版ウェブサイトの「ご購入者様のページ」画面で，書籍ＩＤ番号を入力してご利用ください。

書籍ＩＤ番号 117440

（有効期限：2025年9月30日まで）

【入試に役立つダウンロード付録】
「要点のまとめ（国語／算数）」
「課題作文演習」ほか

■ この問題集の使い方

年度ごとにプリント形式で収録しています。針を外して教科ごとに分けて使用します。①片側，②中央のどちらかでとじてありますので，下図を参考に，問題用紙と解答用紙に分けて準備をしましょう（解答用紙がない場合もあります）。

針を外すときは，けがをしないように十分注意してください。また，針を外すと紛失しやすくなりますので気をつけましょう。

① 片側でとじてあるもの

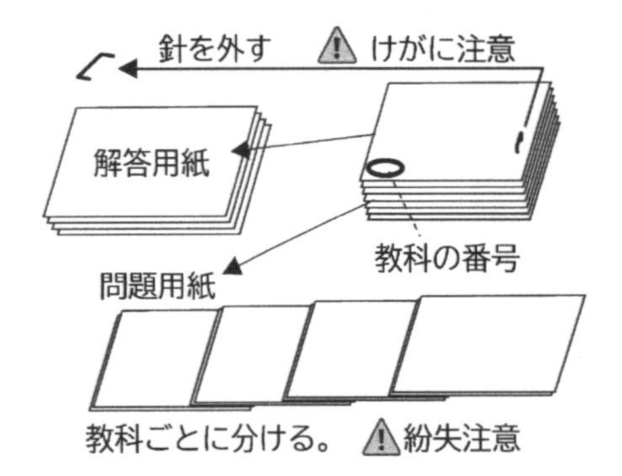

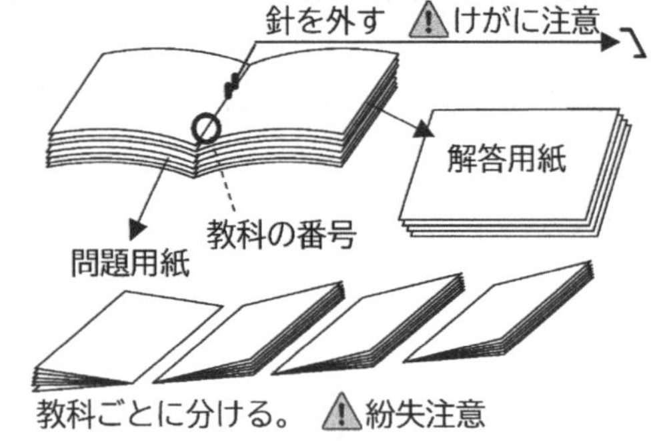

※教科数が上図と異なる場合があります。
解答用紙がない場合や，問題と一体になっている場合があります。
教科の番号は，教科ごとに分けるときの参考にしてください。

■ 最新年度 実物データ

実物をなるべくそのままに編集していますが，収録の都合上，実際の試験問題とは異なる場合があります。実物のサイズ，様式は右表で確認してください。

問題用紙	Ａ４冊子（二つ折り）
解答用紙	Ｂ４片面プリント

リアル過去問の活用

～リアル過去問なら入試本番で力を発揮することができる～

本番を体験しよう！

問題用紙の形式（縦向き／横向き），問題の配置や余白など，実物に近い紙面構成なので本番の臨場感が味わえます。まずはパラパラとめくって眺めてみてください。「これが志望校の入試問題なんだ！」と思えば入試に向けて気持ちが高まることでしょう。

入試を知ろう！

同じ教科の過去数年分の問題紙面を並べて，見比べてみましょう。

① 問題の量

毎年同じ大問数か，年によって違うのか，また全体の問題量はどのくらいか知っておきましょう。どのくらいのスピードで解けば時間内に終わるのか，大問ひとつにかけられる時間を計算してみましょう。

② 出題分野

よく出題されている分野とそうでない分野を見つけましょう。同じような問題が過去にも出題されていることに気がつくはずです。

③ 出題順序

得意な分野が毎年同じ大問番号で出題されていると分かれば，本番で取りこぼさないように先回りして解答することができるでしょう。

④ 解答方法

記述式か選択式か（マークシートか），見ておきましょう。記述式なら，単位まで書く必要があるかどうか，文字数はどのくらいかなど，細かいところまでチェックしておきましょう。計算過程を書く必要があるかどうかも重要です。

⑤ 問題の難易度

必ず正解したい基本問題，条件や指示の読み間違いといったケアレスミスに気をつけたい問題，後回しにしたほうがいい問題などをチェックしておきましょう。

問題を解こう！

志望校の入試傾向をつかんだら，問題を何度も解いていきましょう。ほかにも問題文の独特な言いまわしや，その学校独自の答え方を発見できることもあるでしょう。オリンピックや環境問題など，話題になった出来事を毎年出題する学校だと分かれば，日頃のニュースの見かたも変わってきます。

こうして志望校の入試傾向を知り対策を立てることこそが，過去問を解く最大の理由なのです。

実力を知ろう！

過去問を解くにあたって，得点はそれほど重要ではありません。大切なのは，志望校の過去問演習を通して，苦手な教科，苦手な分野を知ることです。苦手な教科，分野が分かったら，教科書や参考書に戻って重点的に学習する時間をつくりましょう。今の自分の実力を知れば，入試本番までの勉強の道すじが見えてきます。

試験に慣れよう！

入試では時間配分も重要です。本番で時間が足りなくなってあわてないように，リアル過去問で実戦演習をして，時間配分や出題パターンに慣れておきましょう。教科ごとに気持ちを切り替える練習もしておきましょう。

心を整えよう！

入試は誰でも緊張するものです。入試前日になったら，演習をやり尽くしたリアル過去問の表紙を眺めてみましょう。問題の内容を見る必要はもうありません。どんな形式だったかな？受験番号や氏名はどこに書くのかな？…ほんの少し見ておくだけでも，志望校の入試に向けて心の準備が整うことでしょう。

そして入試本番では，見慣れた問題紙面が緊張した心を落ち着かせてくれるはずです。

※まれに入試形式を変更する学校もありますが，条件はほかの受験生も同じです。心を整えてあせらずに問題に取りかかりましょう。

2024 解答例
令和6年度

筑陽学園中学校

《国　語》

一　問一．⑴保健　⑵仮病　⑶大名　⑷香料　⑸試み　⑹構える　⑺たわら　⑻むしゃ　⑼ろうほう　⑽し
問二．⑴一　⑵三　問三．⑴イ　⑵エ　問四．⑴口　⑵目　問五．⑴ア　⑵エ　問六．⑴親　⑵理

二　問一．⑴A．オ　B．イ　C．ア　⑵イ　問二．細切れの断片的な情報　問三．考える～になる　問四．ウ
問五．１．悪書　２．金と時間と注意力　問六．エ　問七．１．本を見る目　２．自分にとって必要な本
問八．B

三　問一．⑴A．オ　B．エ　C．イ　⑵エ　問二．１．あふれんばかりの緑　２．そびえ立つ山　問三．ばあちゃんが人　問四．ア　問五．ウ　問六．凶暴な～になる　問七．自分と～一の糸　問八．B

《算　数》

1　⑴12　⑵44　⑶6.24　⑷$\frac{19}{35}$　⑸$\frac{7}{8}$　⑹$1\frac{1}{9}$　⑺5　⑻$1\frac{11}{12}$　⑼8　⑽5　⑾12　⑿125.6
⒀22.5　⒁0.503　⒂5000　⒃12　⒄5.1　⒅3　⒆71　⒇36

2　⑴18　⑵24

3　⑴27　⑵108

4　⑴15　⑵1.5　⑶60

5　⑴16　⑵16　⑶591

《理　科》

1　問１．②　問２．2.3　問３．名前…気こう　番号…④　問４．③
問５．右図　問６．①，⑤

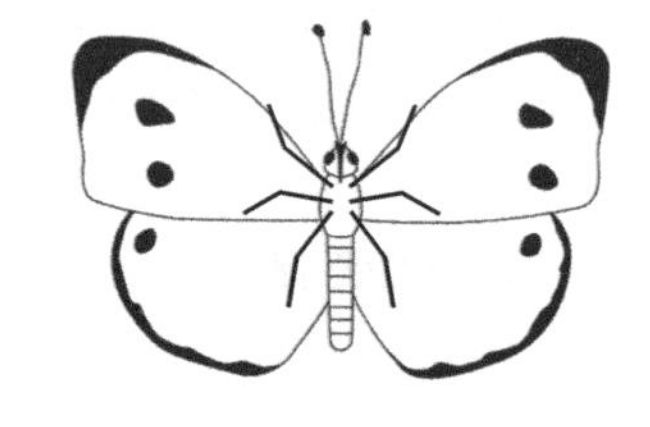

2　問１．④　問２．②　問３．78　問４．②　問５．①　問６．①

3　問１．③　問２．①ア　②エ　問３．①　問４．はくちょう　問５．④
問６．①

4　問１．②　問２．④　問３．①　問４．③　問５．③　問６．75

《社　会》

1　問１．イ　問２．⑴エ　⑵ア　⑶ウ　問３．阿波　問４．エ　問５．宇都宮　問６．ウ
問７．⑴太平洋ベルト　⑵空洞

2　X．銀閣　Y．唐招提寺　問１．ア　問２．エ　問３．カ　問４．紫式部　問５．エ　問６．エ
問７．ウ　問８．エ　問９．ア，ウ　問10．ウ

3　問１．ウ　問２．ア　問３．議院内閣制　問４．非核三原則　問５．⑴イ　⑵青年海外協力隊
問６．ウ　問７．ウクライナ

2024 算数解説 令和6年度 筑陽学園中学校

1 (2) 与式＝20＋24＝**44**

(4) 与式＝$\frac{14}{35}+\frac{5}{35}=\mathbf{\frac{19}{35}}$

(5) 与式＝$\frac{125}{100}\times\frac{7}{10}=\frac{5}{4}\times\frac{7}{10}=\mathbf{\frac{7}{8}}$

(6) 与式＝$(\frac{6}{3}-\frac{2}{3})\div\frac{12}{10}=\frac{4}{3}\times\frac{10}{12}=\frac{10}{9}=\mathbf{1\frac{1}{9}}$

(7) 与式より，$(\square-3)\div 6=\frac{1}{3}$　$\square-3=\frac{1}{3}\times 6$　$\square-3=2$　$\square=2+3=\mathbf{5}$

(8) 与式＝$3\frac{2}{3}-1\frac{5}{10}-\frac{5}{6}\times\frac{3}{10}=3\frac{2}{3}-1\frac{1}{2}-\frac{1}{4}=3\frac{8}{12}-1\frac{6}{12}-\frac{3}{12}=2\frac{2}{12}-\frac{3}{12}=1\frac{14}{12}-\frac{3}{12}=\mathbf{1\frac{11}{12}}$

(9) 与式より，$\frac{32}{10}\times(\frac{5}{\square}-\frac{5}{32})\times 10=15$　$\frac{5}{\square}-\frac{5}{32}=15\div 10\div\frac{32}{10}$　$\frac{5}{\square}-\frac{5}{32}=15\times\frac{1}{10}\times\frac{10}{32}$　$\frac{5}{\square}-\frac{5}{32}=\frac{15}{32}$　$\frac{5}{\square}=\frac{15}{32}+\frac{5}{32}$　$\frac{5}{\square}=\frac{5}{8}$　よって，□＝**8**

(10) 14は2.4を$14\div 2.4=\frac{140}{24}=\frac{35}{6}$(倍)した数だから，$\square=\frac{6}{7}\times\frac{35}{6}=\mathbf{5}$

(11) 2でも3でも割り切れる数は6の倍数である。1から29までの整数のうち6の倍数は4個で，1から100までの整数のうち6の倍数は，100÷6＝16あまり4より，16個である。よって，30から100までの整数のうち2でも3でも割り切れる6の倍数は，16－4＝**12**(個)ある。

(12) 円柱の体積は，(底面積)×(高さ)で求められるから，求める体積は，2×2×3.14×10＝**125.6**(㎤)

(13) 100人の中央値は，小さい方から50番目と51番目の平均である。21.0㎝から22.0㎝までは，3＋16＋30＝49(人)だから，50番目と51番目はともに22.5㎝とわかる。よって，中央値は**22.5**㎝である。

(14) 1割＝0.1，1厘＝0.001だから，5割3厘＝**0.503**である。

(15) 昨年の1.6倍が8000円だから，昨年のお年玉は，8000÷1.6＝**5000**(円)

(16) Aを学級委員とすると，美化委員の選び方はBかCかDの3通りである。B，C，Dが学級委員のときも同じように美化委員の選び方は3通りずつあるから，選び方は全部で，4×3＝**12**(通り)である。

(17) 1.7㎞を20分＝$\frac{20}{60}$時間＝$\frac{1}{3}$時間で進むから，求める速さは，時速$(1.7\div\frac{1}{3})$㎞＝時速(1.7×3)㎞＝時速**5.1**㎞である。

(18) 3，1，4，1，5，9という6つの数がくり返されている。265番目は，265÷6＝44あまり1より，3，1，4，1，5，9を44回くり返したあとの1つ目の数だから，**3**である。

(19) 全体の合計点は，71.4×50＝3570(点)で，女子の合計点は，72×20＝1440(点)である。よって，男子の合計点は，3570－1440＝2130(点)，男子の人数は，50－20＝30(人)だから，男子の平均点は，2130÷30＝**71**(点)

(20) 右図のように面積が等しい部分を動かして考える。かげのついた部分の面積は，1辺が6㎝の正方形の面積に等しくなるから，求める面積は，6×6＝**36**(㎠)

2 (1) 右図のように，図2の三角形の半分の直角三角形には，図1の直角三角形は，上段に1個，中段に3個，下段に5個で，合わせて1＋3＋5＝9(個)並ぶ。よって，図2の二等辺三角形に並ぶ図1の直角三角形は，9×2＝**18**(個)である。

(2) 右図のように，図3の直角三角形には，図1の直角三角形は，1段目に1個，2段目に3個，3段目に5個，4段目に7個，…と奇数個ずつ並ぶ。図1の直角三角形の個数の合計は，2段目までは1＋3＝4(個)，3段目までは1＋3＋5＝9(個)，4段目までは1＋3＋5＋7＝16(個)，…となるから，□段目までは(□×□)個になる。したがって，図1の直

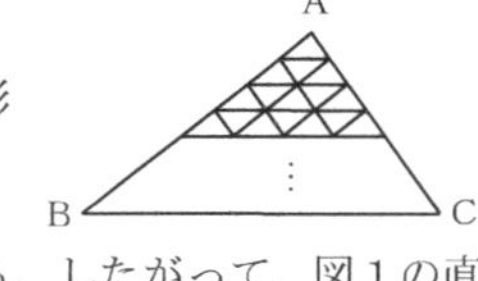

角三角形が100個になるときは，100＝10×10より，10段目まで並べたことになり，ＡＢ＝４×10＝40(cm)，ＡＣ＝３×10＝30(cm)，ＢＣ＝５×10＝50(cm)である。三角形ＡＢＣの面積は，30×40÷２＝600(cm²)となるから，辺ＢＣを底辺としたときの高さを□cmとすると，50×□÷２＝600より，□＝600×２÷50＝24
よって，求める高さは**24** cmである。

3 ⑴ 四角形ＡＢＣＬは，ＡＬ＝６÷２＝３(cm)，ＡＢ＝ＢＣ＝６cmの台形だから，面積は，(３＋６)×６÷２＝**27**(cm²)

⑵ **【解き方】体積を求める立体は，四角形ＡＢＣＬを底面として高さをＢＦとする四角柱から，三角形ＢＦＭを底面として高さをＡＢとする三角柱をのぞいた立体である。**

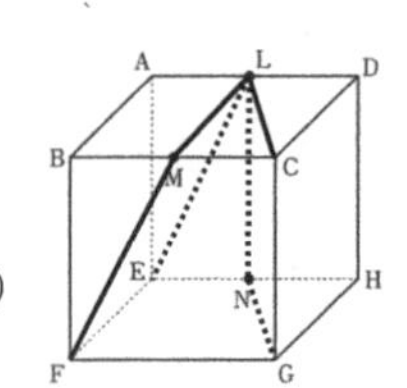

四角形ＡＢＣＬを底面として高さをＢＦ＝６cmとする四角柱の体積は，27×６＝162(cm³)
三角形ＢＦＭを底面として高さをＡＢ＝６cmとする三角柱の体積は，３×６÷２×６＝54(cm³)
よって，求める立体の体積は，162－54＝**108**(cm³)

4 ⑴ 陽太さんは最初の６km＝6000ｍを30分で進んだから，速さは，分速(6000÷30)ｍ＝分速200ｍである。そのあと，分速200ｍ×$\frac{1}{2}$＝分速100ｍで80－30＝50(分)，分速200ｍで100－80＝20(分)進んだから，家から公園までの道のりは，6000＋100×50＋200×20＝15000(ｍ)，つまり，**15** kmである。

⑵ **【解き方】グラフより，陽太さんとお父さんの道のりの差が最も大きいのは，30分後か80分後である。**
お父さんの速さは，分速(15000÷100)ｍ＝分速150ｍだから，出発して30分で150×30＝4500(ｍ)進む。したがって，出発して30分後の陽太さんとお父さんの道のりの差は，6000－4500＝1500(ｍ)　出発して80分で，陽太さんは6000＋5000＝11000(ｍ)，お父さんは150×80＝12000(ｍ)進んだから，出発して80分後の陽太さんとお父さんの道のりの差は，12000－11000＝1000(ｍ)　よって，２人の道のりの差が最も大きいのは，出発して30分後で1500ｍ＝**1.5** kmである。

⑶ **【解き方】お父さんが陽太さんに追いつくのは30分後から80分後の間のグラフが交わる点である。**
⑵より，出発して30分後，お父さんと陽太さんは1500ｍはなれている。このあと２人の道のりの差は１分あたり150－100＝50(ｍ)ずつ小さくなるから，あと1500÷50＝30(分)でお父さんは陽太さんに追いつく。よって，お父さんが陽太さんに追いつくのは，２人が出発してから，30＋30＝**60**(分後)である。

5 ⑴ 正三角形①の１辺の長さは１cmだから，正三角形④の１辺の長さは１＋１＝２(cm)，正三角形⑤の１辺の長さも２cmで，正三角形⑥の１辺の長さは１＋２＝３(cm)，正三角形⑦の１辺の長さは１＋３＝４(cm)
よって，求める長さは，１＋２×２＋３＋４×２＝**16**(cm)

⑵ 右図より，正方形⑧の１辺の長さは４＋１＝５(cm)，正三角形⑨の１辺の長さは５＋２＝７(cm)，正三角形⑩の１辺の長さは７＋２＝９(cm)，正三角形⑪の１辺の長さが９＋３＝12(cm)だから，正三角形⑫の１辺の長さは，12＋４＝**16**(cm)である。

⑶ **【解き方】正三角形①の面積を１として，それぞれの正三角形は正三角形①が何個分かを考えて面積を求める。**

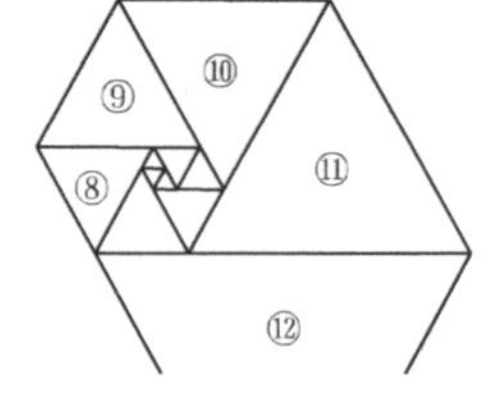

右図より，１辺が２cmの正三角形の面積は４，１辺が３cmの正三角形の面積は９，１辺が４cmの正三角形は16，…となるから，１辺が□cmの正方形の面積は□×□になる。
したがって，正三角形①，②，③の面積は１，正三角形④，⑤の面積は４，正三角形⑥の面積は９，正三角形⑦の面積は４×４＝16，正三角形⑧の面積は５×５＝25，正三角形⑨の面積は７×７＝49，正三角形⑩の面積は９×９＝81，正三角形⑪の面積は12×12＝144，正三角形⑫の面積は16×16＝256となる。正三角形⑫まで加えたときにできる図形の面積は，１＋１＋１＋４＋４＋９＋16＋25＋49＋81＋144＋256＝591だから，この図形の面積は，正三角形①の面積の**591**倍である。

2023 解答例
令和5年度

筑陽学園中学校

《国　語》

一 問一．⑴業績　⑵直径　⑶看板　⑷迷路　⑸連なる　⑹快い　⑺はそん　⑻つごう　⑼たよ　⑽ふる
問二．⑴虫　⑵頭　問三．⑴エ　⑵イ　問四．⑴道　⑵以　問五．⑴エ　⑵ウ　問六．⑴不　⑵配

二 問一．⑴A．エ　B．イ　C．オ　⑵ウ　問二．3　問三．狭い地～れない　問四．1．生きている人間の感覚　2．地球全体の問題　問五．ア　問六．エ　問七．⑴ア　⑵受け身の感覚

三 問一．⑴A．イ　B．エ　⑵X．エ　Y．ア　問二．イ　問三．ペットショップに長くいた　問四．動物の本能を尊重する　問五．1．モコに～あった　2．あせり～らだち　問六．ウ　問七．1．自力でえものを捕る　2．えさ　問八．ウ

《算　数》

1 ⑴91　⑵10　⑶0.96　⑷$4\frac{11}{15}$　⑸$\frac{14}{27}$　⑹$6\frac{2}{3}$　⑺6　⑻$\frac{2}{5}$　⑼5　⑽8　⑾4　⑿36
⒀43　⒁63　⒂6.2　⒃12　⒄14　⒅7　⒆86　⒇228

2 ⑴34　⑵4.8

3 ⑴40　⑵288

4 ⑴25　⑵113　⑶15

5 ⑴2　⑵180　⑶27，30

《理　科》

1 問1．②　問2．子葉　問3．①イ　②日あたりがよい　問4．④　問5．36　問6．㋑，㋓，㋔

2 問1．②　問2．二酸化炭素　問3．①　問4．④　問5．②　問6．40

3 問1．②　問2．③　問3．④　問4．D　問5．③　問6．③

4 問1．①　問2．③　問3．5.6　問4．㋓，㋕　問5．③　問6．②

《社　会》

1 問1．⑴㋓　⑵対馬　問2．⑴㋓　⑵㋑　問3．学校当局により削除　問4．⑴㋒　⑵温室効果
問5．⑴原油〔別解〕石油　⑵㋑　⑶ラムサール　問6．㋑　問7．米

2 1．大仙　2．平城　3．卑弥呼　4．北条政子　5．足利義満　問1．㋒　問2．㋓　問3．㋐
問4．㋐　問5．㋑　問6．天下布武　問7．㋑　問8．貴族院　問9．㋓　問10．㋐

3 問1．少子高齢　問2．メディアリテラシー　問3．㋒　問4．㋑　問5．㋒　問6．刑事
問7．㋓，㋔　問8．㋑　問9．閣議　問10．㋓　問11．ワーク・ライフ・バランス　問12．㋓
問13．㋐

1 ⑵　与式＝18－８＝**10**

⑷　与式$=\frac{21}{15}+\frac{50}{15}=\frac{71}{15}=\mathbf{4\frac{11}{15}}$

⑸　与式$=\frac{1}{5}\times\frac{7}{3}\times\frac{10}{9}=\mathbf{\frac{14}{27}}$

⑹　与式$=\frac{4}{3}\div\frac{1}{5}=\frac{4}{3}\times 5=\frac{20}{3}=\mathbf{6\frac{2}{3}}$

⑺　与式より，(□＋４)×4.4＝44　　□＋４＝44÷4.4　　□＝10－４＝**6**

⑻　与式$=\frac{3}{2}\div 3\times(\frac{7}{5}-\frac{3}{5})=\frac{1}{2}\times\frac{4}{5}=\mathbf{\frac{2}{5}}$

⑼　与式より，$(\frac{1}{10}+\frac{2}{10})\times(□-\frac{8}{3})=\frac{7}{10}$　　$□-\frac{8}{3}=\frac{7}{10}\div\frac{3}{10}$　　$□-\frac{8}{3}=\frac{7}{10}\times\frac{10}{3}$　　$□=\frac{7}{3}+\frac{8}{3}=\frac{15}{3}=\mathbf{5}$

⑽　与式より，$\frac{1}{10}\times(\frac{5}{24}+\frac{1}{□})=\frac{14}{45}\times(\frac{2}{4}+\frac{1}{4})-\frac{2}{10}$　　$\frac{1}{10}\times(\frac{5}{24}+\frac{1}{□})=\frac{14}{45}\times\frac{3}{4}\ \ \frac{2}{10}$　　$\frac{1}{10}\times(\frac{5}{24}+\frac{1}{□})=\frac{7}{30}-\frac{2}{10}$
$\frac{1}{10}\times(\frac{5}{24}+\frac{1}{□})=\frac{1}{30}$　　$\frac{5}{24}+\frac{1}{□}=\frac{1}{30}\times 10$　　$\frac{1}{□}=\frac{1}{3}-\frac{5}{24}=\frac{8}{24}-\frac{5}{24}=\frac{3}{24}=\frac{1}{8}$　　よって，□＝**8**

⑾　３つ以上の数の最大公約数を求めるときは，右のような筆算を利用する。
３つの数を割り切れる数で次々に割っていき，割った数をすべてかけあわせれば
最大公約数となる。よって，求める最大公約数は，２×２＝**4**

$$\begin{array}{r|rrr} 2 & 12 & 24 & 56 \\ \hline 2 & 6 & 12 & 28 \\ \hline & 3 & 6 & 14 \end{array}$$

⑿　**【解き方】点Ｏと点Ｃを直線で結ぶ。三角形ＡＯＣ，三角形ＢＯＣは二等辺三角形になる。**
角ＯＣＢ＝角ＯＢＣ＝54°であり，三角形の１つの外角は，これととなり合わない２つの内角の和に等しいから，角ＡＯＣ＝54°＋54°＝108°　　角㋐＝(180°－108°)÷２＝**36°**

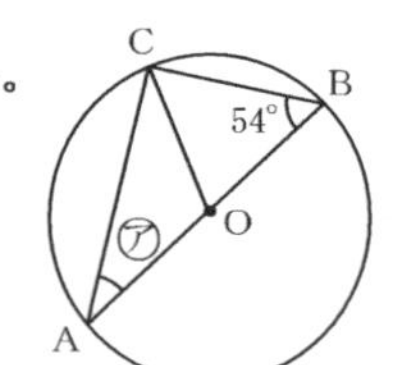

⒀　**【解き方】午前 11 時 35 分＝午前 10 時(60＋35)分＝午前 10 時 95 分として計算する。**
求める時刻は，午前 10 時 95 分－52 分＝午前 10 時 **43 分**

⒁　**【解き方】Ｂの比の数を 12 と 20 の最小公倍数 60 に合わせる。**
Ａ：Ｂ＝５：12＝25：60，Ｂ：Ｃ＝20：21＝60：63 だから，Ａ：Ｃ＝**25：63**

⒂　**【解き方】食塩水の濃度(のうど)は$\frac{(食塩水に溶けている食塩の重さ)}{(食塩水の重さ)}\times 100$で求められる。**
求める濃度は，$\frac{100\times 0.08+150\times 0.05}{100+150}\times 100=\frac{8+7.5}{250}\times 100=\mathbf{6.2}$(%)

⒃　４個ずつ配ると９個余り，５個ずつ配ると３個足りないのだから，４個ずつ配ったあと，もう１個ずつ追加して配るときに必要なおかしは９＋３＝12(個)である。よって，子どもの人数は **12 人**である。

⒄　**【解き方】時速３㎞を分速○ｍの形に直す。**
時速３㎞＝分速(３×1000÷60)ｍ＝分速 50ｍである。よって，700ｍ歩くと 700÷50＝**14**(分)かかる。

⒅　**【解き方】２個のさいころの目の数の和は最大で６＋６＝12 だから，５の倍数は５と 10 である。**
出た目の和が５となるとき，(大，小)＝(１，４)(２，３)(３，２)(４，１)の４通り。
出た目の和が 10 となるとき，(大，小)＝(４，６)(５，５)(６，４)の３通り。
よって，出た目の数の和が５の倍数となるのは，４＋３＝**7**(通り)である。

⒆　**【解き方】(平均点)×(回数)＝(合計点)となることを利用する。**
５回のテストの得点の平均は 74 点だから，合計点は 74×５＝370(点)，６回のテストの得点の平均は 76 点だから，合計点は 76×６＝456(点)である。よって，６回目のテストの得点は 456－370＝**86**(点)

(20)　【解き方】右の「葉っぱ型の図形の面積」を利用する。

求める面積は，20×20×0.57＝**228**(㎠)

葉っぱ型の図形の面積

右の斜線部分の面積は，

(円の$\frac{1}{4}$の面積)×２－(正方形の面積)＝

(１×１×3.14×$\frac{1}{4}$)×２－１×１＝0.57 だから，

(葉っぱ型の面積)＝(正方形の面積)×0.57

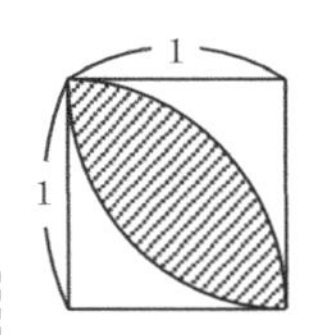

2　(1)　**【解き方】ＡＰ＝ＢＱ＝３㎝であり，ＰＱ＝ＡＱ－ＡＰ＝５－３＝２(㎝)だから，四角形ＰＱＲＳは１辺２㎝の正方形である。**

求める面積は，４つの合同な直角三角形の面積と正方形ＰＱＲＳの面積の和だから，

３×５÷２×４＋２×２＝**34**(㎠)

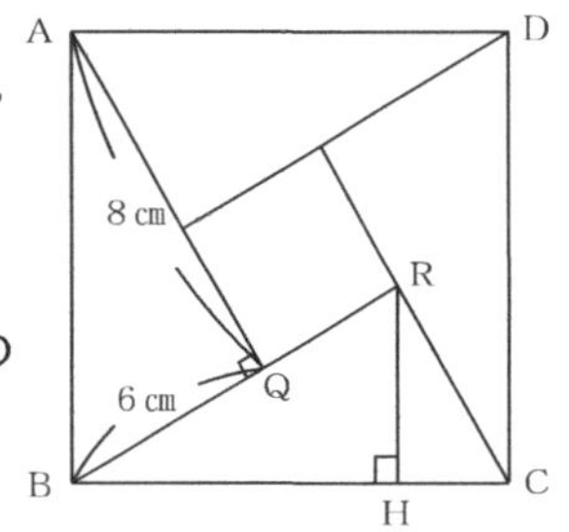

(2)　**【解き方】三角形ＡＢＱの面積は６×８÷２＝24(㎠)だから，三角形ＢＣＲの面積も24㎠である。よって，ＢＣを底辺，ＲＨを高さとしたときの三角形ＢＣＲの面積が24㎠と考える。**

(1)と同様に正方形ＡＢＣＤの面積を求めると，24×４＋２×２＝100(㎠)となる。

また，100＝10×10 だから，ＡＢ＝ＢＣ＝10 ㎝である。よって，ＲＨ＝24×２÷10＝**4.8**(㎝)である。

3　(1)　２段積み重ねた立体は５つの立方体からできているので，求める体積は２×２×２×５＝**40**(㎤)

(2)　**【解き方】この立体を正面，後ろ，右，左から見たときに見える図形の面積は同じである。また，上から見たときに見える図形は，下から見たときに見える図形の面積と同じである。よって，表面積は(下から見た面積)×２＋(正面から見た面積)×４として求めることができる。**

上下から見た図形は，１辺の長さが２×４＝８(㎝)の正方形である。

正面，後ろ，右，左から見た図形は，１辺が２㎝の正方形が１＋２＋３＋４＝10(個)，右図のように積まれた図形である。

よって，求める表面積は(８×８)×２＋(２×２×10)×４＝128＋160＝**288**(㎠)

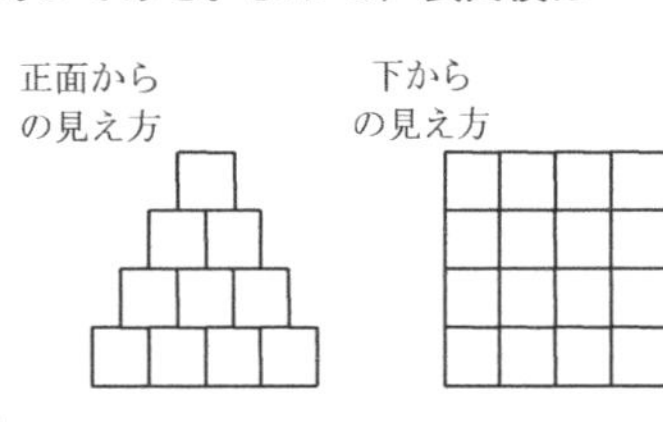

4　(1)　**【解き方】奇数番目ではタイルＡ，偶数番目ではタイルＢが追加される。**
１番目の図形ではタイルＡが１＝１×１(枚)，３番目の図形ではタイルＡが９＝３×３(枚)と表せるので，ｎ番目(ｎは奇数)のタイルＡの枚数はｎ×ｎ(枚)である。

求めるタイルＡの枚数は，ｎ＝５のときだから，５×５＝**25**(枚)である。

(2)　**【解き方】(1)と同様に考えて，ｍ番目(ｍは偶数)のタイルＢの枚数はｍ×ｍ(枚)である。**

８番目の図形ではタイルＢが追加されるから，７番目の図形のタイルＡの枚数と８番目の図形のタイルＢの枚数の和を考えればよい。よって，求める枚数は７×７＋８×８＝**113**(枚)

(3)　**【解き方】タイルＡとＢを合わせた枚数が421枚のとき，それぞれのタイルは421÷２＝210余り１より，210枚に近い枚数だと考える。**

２回かけると210に近くなる数を考えると，14×14＝196，15×15＝225が見つかる。196＋225＝421となり，条件にあうので，タイルＡとタイルＢを合わせた枚数が421枚になるのは**15**番目の図形である。

5　(1)　図２より，ＰはＡを出発してから20分でＢと重なる。よって，20分で40㎝進んだので，40÷20＝２より，Ｐの速さは毎分**２**㎝である。

(2)　図２より，ＰはＢＣ間を50－20＝30(分)で進むので，ＢＣ＝２×30＝60(㎝)，ＣＤ間を75－50＝25(分)で進むので，ＣＤ＝２×25＝50(㎝)である。よって，台形ＡＢＣＤの周りの長さは，40＋60＋50＋30＝**180**(㎝)

(3)　**【解き方】三角形ＡＰＤが１回目に二等辺三角形となるのは，ＰがＡＢ上にあり，ＡＰ＝ＡＤとなるときで**

ある。三角形ＡＰＤが２回目に二等辺三角形となるのは，ＰがＢＣ上にあり，ＡＰ＝ＰＤとなるときである。

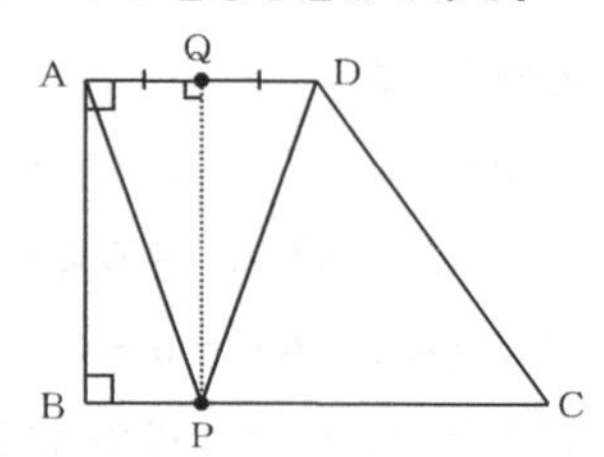

右図のように，ＰからＡＤに垂直に引いた直線との交点をＱとする。

三角形ＡＰＤが二等辺三角形となるとき，ＱはＡＤの真ん中の点である。

よって，ＢＰ＝ＡＱ＝30÷２＝15(cm)だから，Ｐが40＋15＝55(cm)を進んだときに三角形ＡＰＤが２回目に二等辺三角形になるので，求める時間は，

55÷２＝27.5(分)，つまり**27分30秒**である。

★筑陽学園中学校

《国　語》

一 問一．(1)点検　(2)夢中　(3)貿易　(4)運河　(5)延びる　(6)盛る　(7)じょうはつ　(8)かんしょう　(9)いただき　(10)うつ　問二．(1)塩　(2)二　問三．(1)エ　(2)ウ　問四．(1)秋　(2)絶　問五．(1)エ　(2)ア
問六．(1)意〔別解〕存　(2)暖

二 問一．(1)A．オ　B．エ　C．ア　(2)イ　問二．【2】　問三．大量生産・大量消費
問四．生産活動を行うという点　問五．イ，エ　問六．1．優雅で便利な生活　2．子孫たちの負担
問七．ウ　問八．イ

三 問一．(1)A．イ　B．オ　C．ア　(2)ウ　問二．わがま～ていた　問三．ほんの～ていた　問四．ウ
問五．白雪姫役をゆずる　問六．「わたし、　問七．ウ　問八．エ

《算　数》

1 (1)58　(2)32　(3)3.14　(4)$10\frac{7}{12}$　(5)$17\frac{2}{25}$　(6)24.6　(7)52　(8)$1\frac{1}{8}$　(9)9　(10)9　(11)6
(12)141.3　(13)98　(14)800　(15)150　(16)8000　(17)6　(18)1.2　(19)40　(20)5

2 (1)30.96　(2)41.04

3 (1)青色　(2)297　(3)101

4 (1)60　(2)21.98

5 (1)90　(2)100　(3)41，24

《理　科》

1 問1．②　問2．④　問3．①ア　②日光　問4．③　問5．①　問6．はらのふくろに入った養分で

2 問1．①ア　②ウ　問2．①　問3．10　問4．③　問5．③　問6．①ア　②ウ　③カ

3 問1．①　問2．④　問3．②　問4．ウ→エ→イ　問5．②　問6．④

4 問1．ア，ウ，エ　問2．直列つなぎ　問3．④　問4．②　問5．ア．きょり　イ．小さく
問6．③

《社　会》

1 問1．㋐　問2．ナイル　問3．過疎　問4．㋓　問5．㋒　問6．秋吉　問7．兵庫　問8．㋑
問9．(1)水害〔別解〕洪水　(2)自然／環境／生態系 などから1つ

2 問1．㋓　問2．㋑　問3．㋒　問4．扇状地

3 問1．㋒　問2．㋐　問3．奉公　問4．㋓　問5．書院造　問6．㋒　問7．㋒　問8．㋑
問9．参勤交代　問10．富岡製糸場　問11．(1)㋑　(2)㋓　問12．(1)太平洋　(2)サンフランシスコ
問13．関東大震災

4 問1．男女雇用機会均等法　問2．㋐　問3．社会　問4．㋑　問5．㋓　問6．㋒　問7．納税
問8．公共／福祉　問9．政治　問10．㋑　問11．㋓　問12．自衛隊

1 (1) 与式$=157-100+1=57+1=58$

(2) 与式$=24+8=32$

(4) 与式$=5\frac{1}{3}+5\frac{1}{4}=10+\frac{4}{12}+\frac{3}{12}=10\frac{7}{12}$

(5) 与式$=\frac{732}{100}\times\frac{7}{3}=\frac{183}{25}\times\frac{7}{3}=\frac{427}{25}=17\frac{2}{25}$

(6) 与式$=12.3\div\frac{1}{2}=12.3\times2=24.6$

(7) 与式より，$(\square+3)\div11=5$　$\square+3=5\times11$　$\square+3=55$　$\square=55-3=52$

(8) 与式$=2\frac{2}{3}-1\frac{1}{4}-\frac{7}{6}\times\frac{1}{4}=2\frac{16}{24}-1\frac{6}{24}-\frac{7}{24}=2\frac{16}{24}-1\frac{13}{24}=1\frac{3}{24}=1\frac{1}{8}$

(9) 与式より，$(\frac{6}{30}+\frac{5}{30})\times(\square+\frac{1}{11})=\frac{10}{3}$　$\frac{11}{30}\times(\square+\frac{1}{11})=\frac{10}{3}$　$(\square+\frac{1}{11})=\frac{10}{3}\times\frac{30}{11}$　$\square+\frac{1}{11}=\frac{100}{11}$
$\square=\frac{100}{11}-\frac{1}{11}=\frac{99}{11}=9$

(10) 与式より，$\frac{1}{10}\times\frac{1}{5}\div\frac{3}{10}\times(\frac{5}{18}+\frac{5}{\square})=\frac{1}{18}$　$\frac{1}{50}\times\frac{10}{3}\times(\frac{5}{18}+\frac{5}{\square})=\frac{1}{18}$　$\frac{1}{15}\times(\frac{5}{18}+\frac{5}{\square})=\frac{1}{18}$
$\frac{5}{18}+\frac{5}{\square}=\frac{1}{18}\div\frac{1}{15}$　$\frac{5}{18}+\frac{5}{\square}=\frac{15}{18}$　$\frac{5}{\square}=\frac{15}{18}-\frac{5}{18}=\frac{10}{18}=\frac{5}{9}$　よって，$\square=9$

(11) **【解き方】３でも５でも割り切れる数は，３と５の最小公倍数 15 で割り切れる数である。**
100÷15＝６余り 10 より，１から 100 までの整数のうち，３でも５でも割り切れる数は６個ある。

(12) **【解き方】円柱の体積は，(底面積)×(高さ)で求める。**
底面積が３×３×3.14＝28.26(cm²)だから，体積は，28.26×５＝141.3(cm³)

(13) 午前９時 35 分－午前７時 57 分＝１時間 38 分だから，60＋38＝98(分前)

(14) **【解き方】定価の２割引きは，定価の１－0.2＝0.8 にあたる。**
定価は，640÷0.8＝800(円)

(15) **【解き方】１日目に残ったページ→本全体のページの順に求めていく。**
28 ページは１日目に残ったページの$1-\frac{18}{25}=\frac{7}{25}$にあたるから，１日目に残ったページは$28\div\frac{7}{25}=28\times\frac{25}{7}=$100(ページ)である。これは本全体のページ数の$1-\frac{1}{3}=\frac{2}{3}$にあたるから，本のページ数は，$100\div\frac{2}{3}=100\times\frac{3}{2}=$150(ページ)

(16) **【解き方】4000 円を使う前と使った後の２人の所持金の差は変わらないことに着目する。**
4000 円使う前の２人の所持金の比の数の差は３－２＝１で，使った後の２人の所持金の比の数の差も２－１＝１だから，4000 円使う前の陽太さんの所持金を②とすると，花子さんの所持金は③，4000 円使った後の陽太さんの所持金は①，花子さんの所持金は②と表せる。よって，②－①＝①が 4000 円にあたるから，陽太さんのはじめの所持金は，4000×２＝8000(円)

(17) **【解き方】(A，B，C)の組を書き出していく。**
(赤，青，黄)(赤，黄，青)(青，赤，黄)(青，黄，赤)(黄，赤，青)(黄，青，赤)の６通り。

(18) **【解き方】10 分＝$(10\times\frac{1}{60})$時間＝$\frac{1}{6}$時間である。**
$7.2\times\frac{1}{6}=1.2$(km)

(19) **【解き方】５日間に売れたケーキの個数の合計は，37×５＝185(個)である。**

4日目までに売れたケーキの個数は，32＋36＋38＋39＝145(個)だから，５日目に，185－145＝40(個)売れた。

⒇　**【解き方】右図のように記号をおく。**

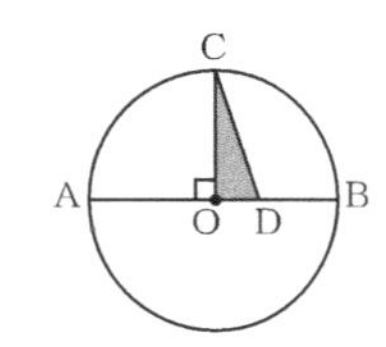

ＡＢ＝７＋３＝10(cm)だから，ＯＡ＝ＯＢ＝ＯＣ＝10÷２＝５(cm)

ＯＤ＝ＯＢ－ＢＤ＝５－３＝２(cm)だから，

かげのついた部分の面積は，２×５÷２＝５(cm²)

2　⑴　**【解き方】１辺の長さが12 cmの正方形の面積から，半径が12÷２＝６(cm)の円の面積を引けばよい。**

12×12－６×６×3.14＝144－113.04＝30.96(cm²)

⑵　**【解き方】右のように，内側の正方形を回転させてもかげのついた部分の面積は変わらない。**

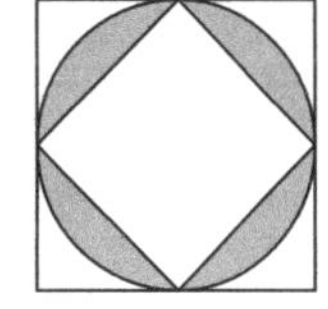

内側の正方形は，対角線の長さが12 cmの正方形だから，面積は，12×12÷２＝72(cm²)

よって，かげのついた部分の面積は，113.04－72＝41.04(cm²)

3　⑴　**【解き方】赤→青→黄と３枚を１つの周期としてカードは置かれている。**

20÷３＝６余り２より，20枚目のカードの色は，周期の２番目の青色である。

⑵　**【解き方】周期の２番目の青が最後だから，黄色のカードの枚数だけ１枚少ない。**

周期の和は１＋２＋３＝６で，黄色には３が書かれているから，和は，６×50－３＝297

⑶　**【解き方】⑵をふまえる。**

周期の和は６だから，201÷６＝33余り３，赤と青のカードの数の和は１＋２＝３になるので，

置かれたカードの枚数は，３×33＋２＝101(枚)

4　⑴　５×４×３＝60(cm³)

⑵　**【解き方】太線のかかれた面だけの展開図をつくると右図のようになる。**

このとき，三角形ＡＥＩと三角形ＨＤＡは合同な直角三角形になる。

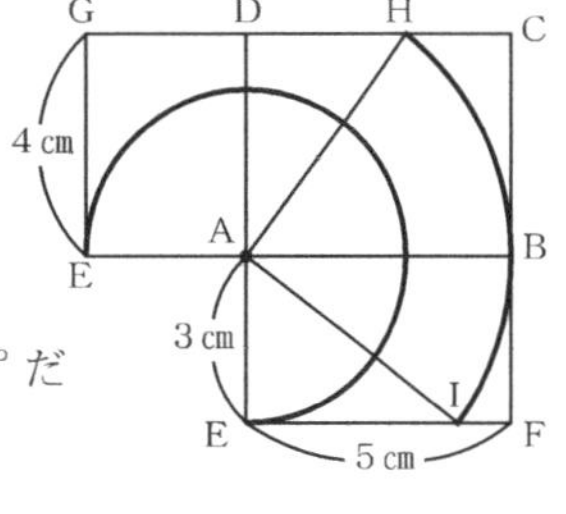

角ＤＡＨ＝角ＥＩＡ，角ＥＩＡ＋角ＥＡＩ＝90°だから，

角ＤＡＨ＋角ＥＡＩ＝90°となるので，角ＨＡＩ＝90°である。半径３cmの

おうぎ形の中心角の大きさは90°×３＝270°，半径５cmのおうぎ形の中心角は90°だ

から，太線の長さの和は，$(3\times2)\times3.14\times\frac{270°}{360°}+(5\times2)\times3.14\times\frac{90°}{360°}=$

$\frac{9}{2}\times3.14+\frac{5}{2}\times3.14=(\frac{9}{2}+\frac{5}{2})\times3.14=7\times3.14=21.98$(cm)

5　⑴　**【解き方】Ｂさんが地点Ｐにもどったのは出発してから92分後だから，92分後の２人の速さの差は，Ａさんの速さになる。また，地点Ｐに到着(とうちゃく)直前のＢさんの速さは，Ａさんより毎分40ｍだけ速い。**

Ｂさんの，出発して28分後から92分後までの速さは，毎分(50＋40)ｍ＝毎分90ｍ

⑵　**【解き方】出発して28分後から50分後までの２人の速さの差は毎分20ｍであり，出発時の速さはＡさんの方が速いので，Ａさんのはじめの速さは，毎分(90＋20)ｍ＝毎分110ｍになる。これより，時間別のそれぞれの速さをまとめると，右表のようになる。Ａさんのはじめの速さを，**

出発してからの時間(分)	０～50	50～
Ａさんの速さ	毎分110ｍ	毎分50ｍ
出発してからの時間(分)	０～28	28～92
Ｂさんの速さ	毎分80ｍ	毎分90ｍ

毎分(90－20)ｍ＝毎分70ｍにすると，Ｂさんのはじめの速さが毎分(70－30)ｍ＝毎分40ｍになり，Ｂさんは，92分間で，40×28＋90×(92－28)＝6880(ｍ)しか進まず条件に合わないことに注意する。

進んだ道のりが4000×２＝8000(ｍ)になるときに地点Ｐにもどる。50分後に110×50＝5500(ｍ)進んでいて，

そこから毎分50ｍで8000－5500＝2500(ｍ)進んで地点Ｐにもどる。

よって，求める時間は，50＋2500÷50＝100(分)

⑶ **【解き方】2人の進んだ道のりの和が4000×2＝8000(m)になるときに初めて2人は出会う。**

はじめのＢさんの速さは，毎分80mである。

出発して28分後までに2人が進んだ道のりの和は，(110＋80)×28＝5320(m)だから，まだ出会っていない。

出発して50分後までに2人が進んだ道のりの和は，5320＋(110＋90)×(50－28)＝9720(m)だから，出会ったあとである。したがって，最初に出会うのは，28分後から50分後の間である。28分後から2人が進んだ道のりの和が8000－5320＝2680(m)になって出会うから，2680÷(110＋90)＝13.4より，出発してから最初に出会うのは28＋13.4＝41.4(分後)，つまり，41分(0.4×60)秒後＝41分24秒後である。

★筑陽学園中学校

《国　語》

一　問一．(1)保留　(2)墓地　(3)所属　(4)清潔　(5)群がって　(6)修める　(7)こころざし　(8)ひょうが　(9)もう　(10)なか　問二．(1)音　(2)目　問三．(1)エ　(2)ウ　問四．(1)賛　(2)故　問五．(1)ア　(2)イ　問六．(1)興　(2)断

二　問一．(1)A．ア　B．エ　C．オ　(2)エ　問二．Ⅲ　問三．(1)独立した脳　(2)1．脳神経～な動き　2．生命活～ている　問四．ウ　問五．厳しい～ること　問六．納得が～たとき／どんな～るとき　問七．A

三　問一．(1)A．イ　B．オ　C．ウ　(2)イ　問二．1．魂をなくしてしまった　2．死んだ人　問三．異界との境がうすれる　問四．あたし～ことば　問五．あたしは世　問六．ウ　問七．イ　問八．ウ

《算　数》

1　(1)49　(2)45　(3)1.69　(4)$4\frac{1}{6}$　(5)6　(6)6　(7)3　(8)$\frac{7}{20}$　(9)$\frac{2}{3}$　(10)11　(11)0.512　(12)56　(13)200－a×3　(14)16　(15)9　(16)12　(17)42　(18)5，20　(19)6　(20)32

2　(1)27.42　(2)128.5

3　(1)7　(2)4　(3)741

4　(1)80　(2)4.4

5　(1)1：3　(2)1：5　(3)O，36

《理　科》

1　問1．③　問2．④　問3．ア．気こう　イ．水蒸気　問4．①　問5．②　問6．③

2　問1．右グラフ　問2．①　問3．②　問4．①　問5．名前…水素　番号…②　問6．7

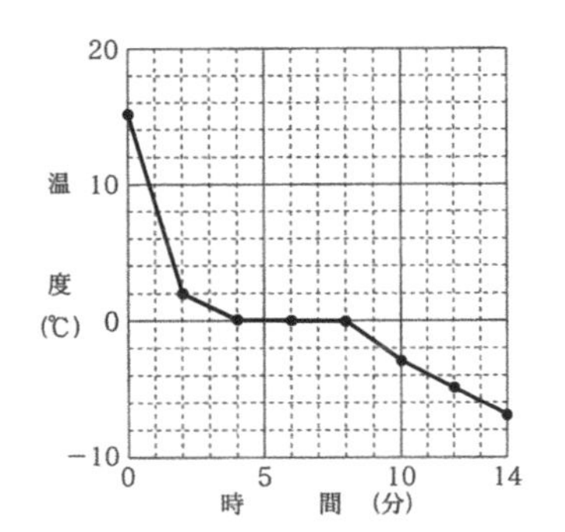

3　問1．①　問2．②　問3．②，⑤　問4．④　問5．④　問6．化石

4　問1．右図　問2．③　問3．ア．D　イ．B　問4．④　問5．③　問6．18

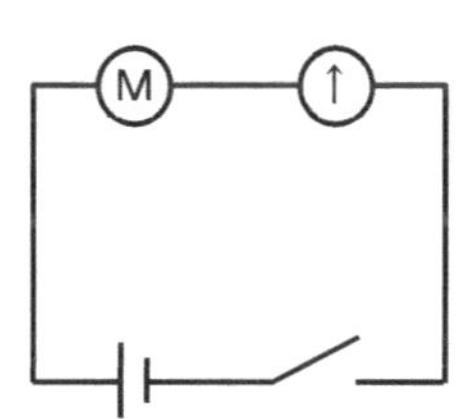

《社　会》

1　問1．㋒　問2．㋓　問3．㋕　問4．フォッサマグナ　問5．㋓　問6．㋐　問7．㋓　問8．信濃

2　問1．サウジアラビア　問2．赤潮　問3．ラムサール　問4．㋑　問5．7

3　問1．卑弥呼　問2．渡来人　問3．遣隋使　問4．㋑　問5．㋒　問6．御家人　問7．金閣　問8．南蛮　問9．㋐　問10．㋐　問11．野口英世　問12．㋑　問13．ノルマントン　問14．㋓　問15．㋒

4　問1．㋑　問2．㋒　問3．18　問4．㋐　問5．安倍　問6．議院内閣　問7．優越　問8．司法　問9．㋒　問10．性別　問11．WHO　問12．㋒

1 (2) 与式＝48－３＝45

(4) 与式＝$2\frac{4}{6}+1\frac{3}{6}=3\frac{7}{6}=4\frac{1}{6}$

(5) 与式＝$\frac{48}{5}\div\frac{16}{10}=\frac{48}{5}\div\frac{8}{5}=\frac{48}{5}\times\frac{5}{8}=6$

(6) 与式より，□×２÷４＝３　□×２＝３×４　□×２＝12　□＝12÷２＝６

(7) 与式＝2.4÷0.8＝３

(8) 与式＝$(\frac{3}{5}+\frac{5}{4})-(\frac{9}{8}\div\frac{3}{4})=(\frac{12}{20}+\frac{25}{20})-(\frac{9}{8}\times\frac{4}{3})=\frac{37}{20}-\frac{3}{2}=\frac{37}{20}-\frac{30}{20}=\frac{7}{20}$

(9) 与式より，$(\square+\frac{1}{6})\div(\frac{3}{6}+\frac{2}{6})=1$　$(\square+\frac{1}{6})\div\frac{5}{6}=1$　$\square+\frac{1}{6}=1\times\frac{5}{6}$　$\square=\frac{5}{6}-\frac{1}{6}=\frac{4}{6}=\frac{2}{3}$

(10) 与式より，$\frac{5}{3}\times6\times(\frac{\square}{12}+1\frac{3}{4})=\frac{80}{3}$　$10\times(\frac{\square}{12}+1\frac{3}{4})=\frac{80}{3}$　$\frac{\square}{12}+\frac{7}{4}=\frac{80}{3}\div10$　$\frac{\square}{12}+\frac{7}{4}=\frac{8}{3}$
$\frac{\square}{12}=\frac{8}{3}-\frac{7}{4}$　$\frac{\square}{12}=\frac{32}{12}-\frac{21}{12}$　$\frac{\square}{12}=\frac{11}{12}$　□＝11

(11) ８×８×８＝512(cm³)　1000 cm³＝１Lだから，512 cm³は，$\frac{512}{1000}$＝0.512(L)

(12) 右のように作図する。五角形の内角の和は180°×(５－２)＝540°だから，正五角形の１つの角の大きさは，540°÷５＝108°になるので，

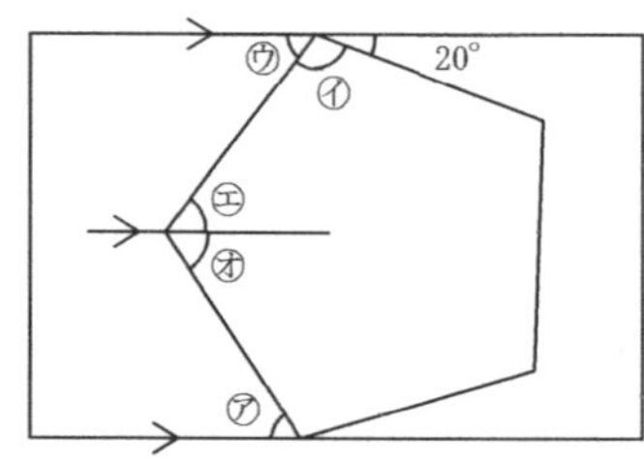

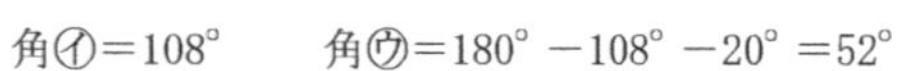
角イ＝108°　角ウ＝180°－108°－20°＝52°

平行線の錯角は等しいから，角エ＝角ウ＝52°

角エ＋角オ＝108°だから，角オ＝108°－52°＝56°

平行線の錯角は等しいから，角ア＝角オ＝56°

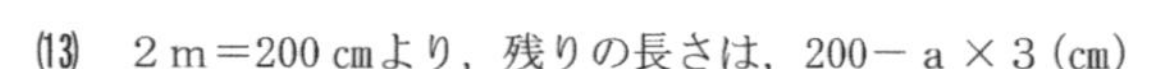
(13) ２m＝200 cmより，残りの長さは，200－a×３(cm)

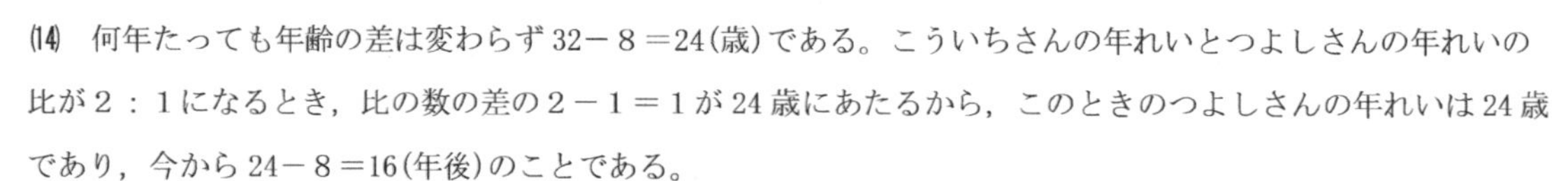
(14) 何年たっても年齢の差は変わらず32－８＝24(歳)である。こういちさんの年れいとつよしさんの年れいの比が２：１になるとき，比の数の差の２－１＝１が24歳にあたるから，このときのつよしさんの年れいは24歳であり，今から24－８＝16(年後)のことである。

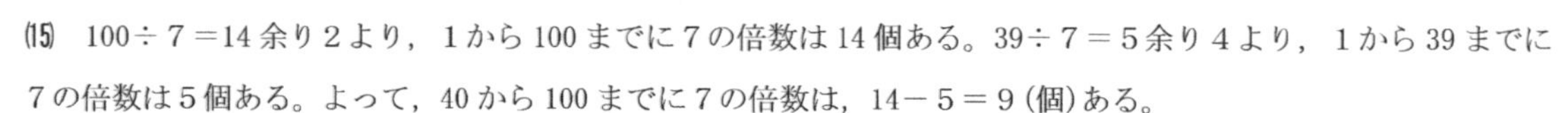
(15) 100÷７＝14余り２より，１から100までに７の倍数は14個ある。39÷７＝５余り４より，１から39までに７の倍数は５個ある。よって，40から100までに７の倍数は，14－５＝９(個)ある。

(16) ５の倍数の一の位は０か５になるから，１～５の５枚のカードから３枚を選んで３けたの整数をつくるときにできる５の倍数の一の位は５である。残りの１～４までの４枚のカードを使って，百の位と十の位をつくるとき，百の位には１～４までの４通り，十の位には百の位で使った数を除いた３通りの数を使うことができるから，できる５の倍数は，４×３＝12(個)

(17) 下りの速さは時速(36÷２)km＝時速18 kmで，流れのないところでのボートの速さは時速16 kmだから，川の流れの速さは，時速(18－16)km＝時速２kmである。よって，上りの速さは，時速(16－２)km＝時速14 kmになるので，３時間かけて上ると，進むことができるのは，14×３＝42(km)

(18) かべの面積は２×６＝12(m²)である。あきさんがぬった面積は，$12\times\frac{2}{3}$＝８(m²)だから，あきさんがかべをぬるのにかかった時間は，８÷２＝４(分)である。
なつみさんは12－８＝４(m²)をぬるのに，$4\div3=\frac{4}{3}=1\frac{1}{3}$(分)かかる。$\frac{1}{3}$分は$\frac{1}{3}\times60$＝20(秒)だから，
かべをぬるのにかかった時間は，４分＋１分20秒＝５分20秒

(19) 右のように記号をおく。Dと3をかけたときの一の位の数は3であり，3に0～9をかけたとき，一の位の数字が9になるのは3だけだから，D＝3である。D×3に繰り上がりがないから，C×3の一の位の数は1になる。3に0～9をかけたとき，一の位の数字が1になるのは7だけだから，C＝7である。また，I＝D×2＝3×2＝6，C×2＝7×2＝14 より，Hは4である。2×Aの一の位と繰り上がった1との和が1になることから，A×2の一の位は0である。2に0～9をかけたとき，一の位の数字が0になるのは0と5のときで，Aには0はあてはまらないことから，A＝5に決まる。ACD＝573 だから，573×23＝13179 より，B＝1　　A＋B＝5＋1＝6

```
   A C D
×    2 3
 E F 1 9
G 1 H I
J K B L 9
```

(20) 2枚の正方形の周囲の長さの和は 10×4×2＝80(cm) だから，重なっている長方形の周囲の長さは，80－56＝24(cm) である。この長方形の縦と横の長さの和は 24÷2＝12(cm) で，縦は 10－6＝4(cm) だから，横は 12－4＝8(cm) になる。よって，重なっている長方形の面積は，4×8＝32(cm²)

2 (1) **【解き方】右図のように位置を変えても，太い線の部分の長さは変わらないので，角㋐と角㋑の大きさを求めて考える。**

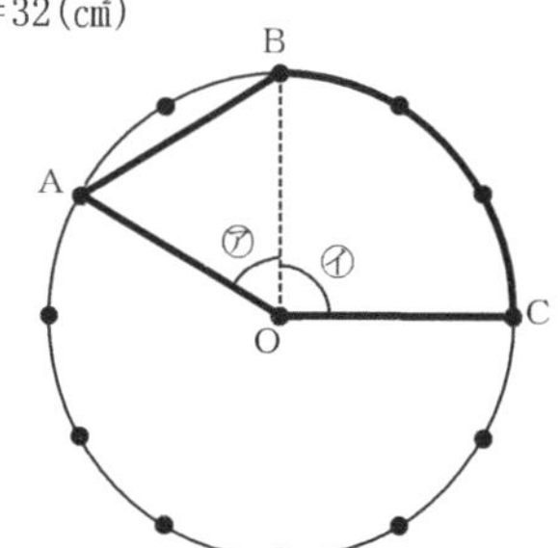

角㋐の大きさは，$360° \times \frac{2}{12} = 60°$ だから，三角形OABは，OB＝OA，角AOB＝60° の二等辺三角形，つまり，正三角形になる。

角㋑の大きさは，$360° \times \frac{3}{12} = 90°$ だから，曲線BCの長さは，

$2 \times 6 \times 3.14 \times \frac{90°}{360°} = 9.42$(cm)

直線部分の長さの和は，6×3＝18(cm) だから，太い線の部分の長さは，18＋9.42＝27.42(cm)

(2) **【解き方】まず，右図の斜線部分の面積を求める。**

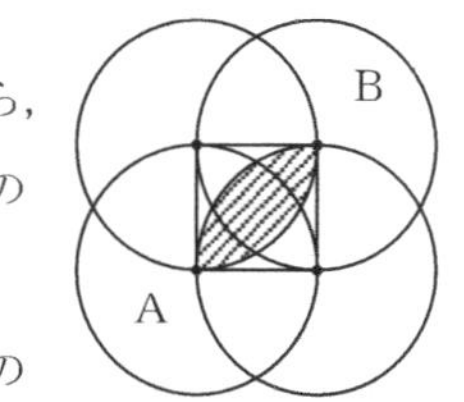

右図の斜線部分の面積は，半径が5cmで中心角が 90° のおうぎ形の面積2個分から，1辺の長さが5cmの正方形の面積を引くと求めることができる。右図の斜線部分の面積は，$5 \times 5 \times 3.14 \times \frac{90°}{360°} \times 2 - 5 \times 5 = 14.25$(cm²)

AとBの円の重なりは，斜線部分と同じ図形だから，AとBを重ねたときの面積の和は，5×5×3.14×2－14.25＝142.75(cm²)

よって，求める面積は，142.75－14.25＝128.5(cm²)

3 (1) **【解き方】1つの三角形に注目すると，3つの頂点の数の和は真ん中の頂点の数の3倍に等しい。**

3つの頂点につけられた数の和が 42 になる三角形の真ん中の頂点につけられた数は，42÷3＝14 である。

真ん中の頂点につけられた数を半分にすると，左から数えた三角形の数になるから，この三角形は，左から数えて 14÷2＝7(番目) である。

(2) **【解き方】1cm²，2cm²，3cm²，4cm²の4つの三角形を1つの周期として考える。**

128÷4＝32 より，左から数えて 128 番目に並んでいる三角形の面積は，周期の4番目の4cm²である。

(3) **【解き方】(2)と同様に4つの三角形の面積を1つの周期として考える。**

1周期の中の4つの三角形の面積の和は 1＋2＋3＋4＝10(cm²) である。923÷10＝92 余り3，1＋2＝3 より，1番左の三角形からの面積の和が 923cm²になるのは，93 回目の周期の2番目の三角形の面積まで足したときである。これは，左から数えて 92×4＋2＝370(番目) の三角形で，真ん中の数は 370×2＝740 だから，右下の頂点につけられた数は，740＋1＝741

4 (1)　**【解き方】こぼれた水の体積を求めて，容器の容積から引けばよい。**

右図において，ＡＢとＤＥは平行だから，錯角は等しくなるので，角ａ＝45°である。

長方形の４つの角はすべて90°だから，角ｂ＝90°－45°＝45°である。

三角形ＡＢＣは，直角二等辺三角形になるから，ＡＣ＝ＢＣ＝４㎝である。

よって，こぼれた水の体積は，底面積が４×４÷２＝８(㎠)で高さが４㎝の三角柱の体積に等しく，８×４＝32(㎤)である。よって，図２の容器の中に残った水の体積は，４×４×７－32＝80(㎤)

(2)　**【解き方】右図のように，底面が１辺５㎝の正方形で高さが㋑＋㋒の長さの直方体を考えると，この直方体の体積は水の体積の２倍に等しくなる。**

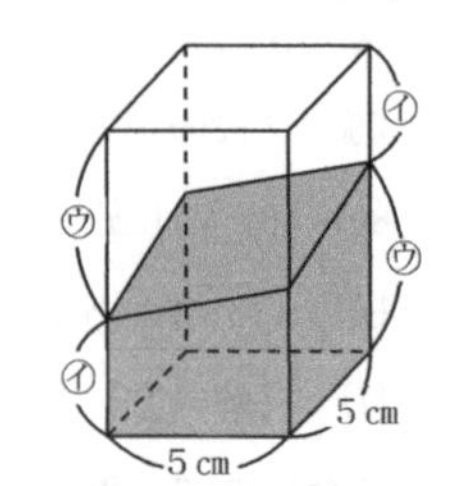

右図の直方体の体積は，(1)で求めた水の体積の２倍に等しく，80×２＝160(㎤)だから，㋑＋㋒の長さは，160÷(５×５)＝6.4(㎝)である。

㋑＝２㎝だから，㋒＝6.4－２＝4.4(㎝)

5 (1)　**【解き方】正三角形ＯＡＢの１辺の長さを①，正三角形ＯＣＤの１辺の長さを[1]とする。Ｑの動きに注目する。**

Ｑは６秒間でＯＣ＋ＣＤ＋ＤＯ＋ＯＢの長さを進んだから，６秒間に進んだ長さは，[1]＋[1]＋[1]＋①＝[3]＋①

Ｐは０Ａ＋ＡＢを進むのに６秒かかったから，ＢＯを進むのにかかる時間は６÷２＝３(秒)である。その３秒間で，ＱはＢＡ＋ＡＯ＋ＯＣの長さを進んだから，３秒間に進んだ長さは，①＋①＋[1]＝②＋[1]

Ｑは，(②＋[1])×２＝④＋[2]の長さを進むのに３×２＝６(秒)かかるから，[3]＋①＝④＋[2]より，[1]＝③である。よって，正三角形ＯＡＢとＯＣＤの辺の比は，①：[1]＝①：③＝１：３である。

(2)　**【解き方】６秒間にＰ，Ｑが進んだ長さを三角形ＯＡＢの長さ①で考える。**

Ｐは６秒間にＯＡ＋ＡＢ＝①＋①＝②の長さを進んだ。同じ６秒間でＱは[3]＋①の長さを進んだ。

(2)より，[1]＝③だから，Ｑが６秒間に進んだ長さは，③×３＋①＝⑩である。

よって，２点Ｐ，Ｑの速さの比は，同じ時間に進んだ長さの比に等しく，②：⑩＝１：５

(3)　**【解き方】Ｐは正三角形ＯＡＢの辺上を１辺あたり３秒，正三角形ＯＣＤの辺上を１辺あたり３×３＝９(秒)で進む。ＰとＱの速さの比は１：５だから，かかる時間は５：１になるので，Ｑが１辺を動く時間は，正三角形ＯＡＢ上が３÷５＝0.6(秒)，正三角形ＯＣＤ上が９÷５＝1.8(秒)になる。したがって，Ｑが頂点にぴったりとした整数の時間でとまるときを考える。**

Ｑは，２つの正三角形ＯＡＢとＯＣＤを動くのに，1.8×３＋0.6×３＝7.2(秒)かかる。Ｑが頂点Ｏを出発してから，それぞれの頂点を通過する時間は右表１のようになる。Ｐは，右表２のようになる。よって，２回目に頂点で重なるのは，36秒後のＯである。

表１	O	C	D	O	B	A
時間(秒)	0	1.8	3.6	5.4	6	6.6
	7.2	9	10.8	12.6	13.2	13.8
	14.4	16.2	18	19.8	20.4	21
	21.6	23.4	25.2	27	27.6	28.2
	28.8	30.6	32.4	34.2	34.8	35.4
	36					

表２	O	C	D	O	A	B
時間(秒)				0	3	6
	9	18	27	36	39	42

■ ご使用にあたってのお願い・ご注意

（1）問題文等の非掲載

著作権上の都合により，問題文や図表などの一部を掲載できない場合があります。

誠に申し訳ございませんが，ご了承くださいますようお願いいたします。

（2）過去問における時事性

過去問題集は，学習指導要領の改訂や社会状況の変化，新たな発見などにより，現在とは異なる表記や解説になっている場合があります。過去問の特性上，出題当時のままで出版していますので，あらかじめご了承ください。

（3）配点

学校等から配点が公表されている場合は，記載しています。公表されていない場合は，記載していません。

独自の予想配点は，出題者の意図と異なる場合があり，お客様が学習するうえで誤った判断をしてしまう恐れがあるため記載していません。

（4）無断複製等の禁止

購入された個人のお客様が，ご家庭でご自身またはご家族の学習のためにコピーをすることは可能ですが，それ以外の目的でコピー，スキャン，転載（ブログ，ＳＮＳなどでの公開を含みます）などをすることは法律により禁止されています。学校や学習塾などで，児童生徒のためにコピーをして使用することも法律により禁止されています。

ご不明な点や，違法な疑いのある行為を確認された場合は，弊社までご連絡ください。

（5）けがに注意

この問題集は針を外して使用します。針を外すときは，けがをしないように注意してください。また，表紙カバーや問題用紙の端で手指を傷つけないように十分注意してください。

（6）正誤

制作には万全を期しておりますが，万が一誤りなどがございましたら，弊社までご連絡ください。

なお，誤りが判明した場合は，弊社ウェブサイトの「ご購入者様のページ」に掲載しておりますので，そちらもご確認ください。

■ お問い合わせ

解答例，解説，印刷，製本など，問題集発行におけるすべての責任は弊社にあります。

ご不明な点がございましたら，弊社ウェブサイトの「お問い合わせ」フォームよりご連絡ください。迅速に対応いたしますが，営業日の都合で回答に数日を要する場合があります。

ご入力いただいたメールアドレス宛に自動返信メールをお送りしています。自動返信メールが届かない場合は，「よくある質問」の「メールの問い合わせに対し返信がありません。」の項目をご確認ください。

また弊社営業日（平日）は，午前９時から午後５時まで，電話でのお問い合わせも受け付けています。

2025 春

株式会社教英出版

〒422-8054　静岡県静岡市駿河区南安倍３丁目 12-28

TEL　054-288-2131　　FAX　054-288-2133

URL　https://kyoei-syuppan.net/

MAIL　siteform@kyoei-syuppan.net

教英出版 2025　10 の 1　筑陽学園中

神奈川県

①[県立]
- 相模原中等教育学校
- 平塚中等教育学校

②[市立]南高等学校附属中学校
③[市立]横浜サイエンスフロンティア高等学校附属中学校
④[市立]川崎高等学校附属中学校
✿⑤聖光学院中学校
✿⑥浅野中学校
⑦洗足学園中学校
⑧法政大学第二中学校
⑨逗子開成中学校（1次）
⑩逗子開成中学校（2·3次）
⑪神奈川大学附属中学校（第1回）
⑫神奈川大学附属中学校（第2·3回）
⑬栄光学園中学校
⑭フェリス女学院中学校

新潟県

①[県立]
- 村上中等教育学校
- 柏崎翔洋中等教育学校
- 燕中等教育学校
- 津南中等教育学校
- 直江津中等教育学校
- 佐渡中等教育学校

②[市立]高志中等教育学校
③新潟第一中学校
④新潟明訓中学校

石川県

①[県立]金沢錦丘中学校
②星稜中学校

福井県

①[県立]高志中学校

山梨県

①山梨英和中学校
②山梨学院中学校
③駿台甲府中学校

長野県

①[県立]
- 屋代高等学校附属中学校
- 諏訪清陵高等学校附属中学校

②[市立]長野中学校

岐阜県

①岐阜東中学校
②鶯谷中学校
③岐阜聖徳学園大学附属中学校

静岡県

①[国立]静岡大学教育学部附属中学校（静岡·島田·浜松）
②
- [県立]清水南高等学校中等部
- [県立]浜松西高等学校中等部
- [市立]沼津高等学校中等部

③不二聖心女子学院中学校
④日本大学三島中学校
⑤加藤学園暁秀中学校
⑥星陵中学校
⑦東海大学付属静岡翔洋高等学校中等部
⑧静岡サレジオ中学校
⑨静岡英和女学院中学校
⑩静岡雙葉中学校
⑪静岡聖光学院中学校
⑫静岡学園中学校
⑬静岡大成中学校
⑭城南静岡中学校
⑮静岡北中学校
⑯
- 常葉大学附属常葉中学校
- 常葉大学附属橘中学校
- 常葉大学附属菊川中学校

⑰藤枝明誠中学校
⑱浜松開誠館中学校
⑲静岡県西遠女子学園中学校
⑳浜松日体中学校
㉑浜松学芸中学校

愛知県

①[国立]愛知教育大学附属名古屋中学校
②愛知淑徳中学校
③
- 名古屋経済大学市邨中学校
- 名古屋経済大学高蔵中学校

④金城学院中学校
⑤椙山女学園中学校
⑥東海中学校
⑦南山中学校男子部
⑧南山中学校女子部
⑨聖霊中学校
⑩滝中学校
⑪名古屋中学校
⑫大成中学校
⑬愛知中学校
⑭星城中学校
⑮名古屋葵大学中学校（名古屋女子大学中学校）
⑯愛知工業大学名電中学校
⑰海陽中等教育学校（特別給費生）
⑱海陽中等教育学校（I·II）
⑲中部大学春日丘中学校
新刊⑳名古屋国際中学校

三重県

①[国立]三重大学教育学部附属中学校
②暁中学校
③海星中学校
④四日市メリノール学院中学校
⑤高田中学校
⑥セントヨゼフ女子学園中学校
⑦三重中学校
⑧皇學館中学校
⑨鈴鹿中等教育学校
⑩津田学園中学校

滋賀県

①[国立]滋賀大学教育学部附属中学校
②[県立]
- 河瀬中学校
- 守山中学校
- 水口東中学校

京都府

①[国立]京都教育大学附属桃山中学校
②[府立]洛北高等学校附属中学校
③[府立]園部高等学校附属中学校
④[府立]福知山高等学校附属中学校
⑤[府立]南陽高等学校附属中学校
⑥[市立]西京高等学校附属中学校
⑦同志社中学校
⑧洛星中学校
⑨洛南高等学校附属中学校
⑩立命館中学校
⑪同志社国際中学校
⑫同志社女子中学校（前期日程）
⑬同志社女子中学校（後期日程）

大阪府

①[国立]大阪教育大学附属天王寺中学校
②[国立]大阪教育大学附属平野中学校
③[国立]大阪教育大学附属池田中学校

④[府立]富田林中学校
⑤[府立]咲くやこの花中学校
⑥[府立]水都国際中学校
⑦清風中学校
⑧高槻中学校(A日程)
⑨高槻中学校(B日程)
⑩明星中学校
⑪大阪女学院中学校
⑫大谷中学校
⑬四天王寺中学校
⑭帝塚山学院中学校
⑮大阪国際中学校
⑯大阪桐蔭中学校
⑰開明中学校
⑱関西大学第一中学校
⑲近畿大学附属中学校
⑳金蘭千里中学校
㉑金光八尾中学校
㉒清風南海中学校
㉓帝塚山学院泉ヶ丘中学校
㉔同志社香里中学校
㉕初芝立命館中学校
㉖関西大学中等部
㉗大阪星光学院中学校

兵庫県

①[国立]神戸大学附属中等教育学校
②[県立]兵庫県立大学附属中学校
③雲雀丘学園中学校
④関西学院中学部
⑤神戸女学院中学部
⑥甲陽学院中学校
⑦甲南中学校
⑧甲南女子中学校
⑨灘中学校
⑩親和中学校
⑪神戸海星女子学院中学校
⑫滝川中学校
⑬啓明学院中学校
⑭三田学園中学校
⑮淳心学院中学校
⑯仁川学院中学校
⑰六甲学院中学校
⑱須磨学園中学校(第1回入試)
⑲須磨学園中学校(第2回入試)
⑳須磨学園中学校(第3回入試)
㉑白陵中学校
㉒夙川中学校

奈良県

①[国立]奈良女子大学附属中等教育学校
②[国立]奈良教育大学附属中学校
③[県立] 国際中学校 / 青翔中学校
④[市立]一条高等学校附属中学校
⑤帝塚山中学校
⑥東大寺学園中学校
⑦奈良学園中学校
⑧西大和学園中学校

和歌山県

①[県立] 古佐田丘中学校 / 向陽中学校 / 桐蔭中学校 / 日高高等学校附属中学校 / 田辺中学校
②智辯学園和歌山中学校
③近畿大学附属和歌山中学校
④開智中学校

岡山県

①[県立]岡山操山中学校
②[県立]倉敷天城中学校
③[県立]岡山大安寺中等教育学校
④[県立]津山中学校
⑤岡山中学校
⑥清心中学校
⑦岡山白陵中学校
⑧金光学園中学校
⑨就実中学校
⑩岡山理科大学附属中学校
⑪山陽学園中学校

広島県

①[国立]広島大学附属中学校
②[国立]広島大学附属福山中学校
③[県立]広島中学校
④[県立]三次中学校
⑤[県立]広島叡智学園中学校
⑥[市立]広島中等教育学校
⑦[市立]福山中学校
⑧広島学院中学校
⑨広島女学院中学校
⑩修道中学校
⑪崇徳中学校
⑫比治山女子中学校
⑬福山暁の星女子中学校
⑭安田女子中学校
⑮広島なぎさ中学校
⑯広島城北中学校
⑰近畿大学附属広島中学校福山校
⑱盈進中学校
⑲如水館中学校
⑳ノートルダム清心中学校
㉑銀河学院中学校
㉒近畿大学附属広島中学校東広島校
㉓AICJ中学校
㉔広島国際学院中学校
㉕広島修道大学ひろしま協創中学校

山口県

①[県立] 下関中等教育学校 / 高森みどり中学校
②野田学園中学校

徳島県

①[県立] 富岡東中学校 / 川島中学校 / 城ノ内中等教育学校
②徳島文理中学校

香川県

①大手前丸亀中学校
②香川誠陵中学校

愛媛県

①[県立] 今治東中等教育学校 / 松山西中等教育学校
②愛光中学校
③済美平成中等教育学校
④新田青雲中等教育学校

高知県

①[県立] 安芸中学校 / 高知国際中学校 / 中村中学校

福岡県

①[国立] 福岡教育大学附属中学校（福岡・小倉・久留米）

②[県立] 育徳館中学校 / 門司学園中学校 / 宗像中学校 / 嘉穂高等学校附属中学校 / 輝翔館中等教育学校

③西南学院中学校
④上智福岡中学校
⑤福岡女学院中学校
⑥福岡雙葉中学校
⑦照曜館中学校
⑧筑紫女学園中学校
⑨敬愛中学校
⑩久留米大学附設中学校
⑪飯塚日新館中学校
⑫明治学園中学校
⑬小倉日新館中学校
⑭久留米信愛中学校
⑮中村学園女子中学校
⑯福岡大学附属大濠中学校
⑰筑陽学園中学校
⑱九州国際大学付属中学校
⑲博多女子中学校
⑳東福岡自彊館中学校
㉑八女学院中学校

佐賀県

①[県立] 香楠中学校 / 致遠館中学校 / 唐津東中学校 / 武雄青陵中学校

②弘学館中学校
③東明館中学校
④佐賀清和中学校
⑤成穎中学校
⑥早稲田佐賀中学校

長崎県

①[県立] 長崎東中学校 / 佐世保北中学校 / 諫早高等学校附属中学校

②青雲中学校
③長崎南山中学校
④長崎日本大学中学校
⑤海星中学校

熊本県

①[県立] 玉名高等学校附属中学校 / 宇土中学校 / 八代中学校

②真和中学校
③九州学院中学校
④ルーテル学院中学校
⑤熊本信愛女学院中学校
⑥熊本マリスト学園中学校
⑦熊本学園大学付属中学校

大分県

①[県立]大分豊府中学校
②岩田中学校

宮崎県

①[県立]五ヶ瀬中等教育学校

②[県立] 宮崎西高等学校附属中学校 / 都城泉ヶ丘高等学校附属中学校

③宮崎日本大学中学校
④日向学院中学校
⑤宮崎第一中学校

鹿児島県

①[県立]楠隼中学校
②[市立]鹿児島玉龍中学校
③鹿児島修学館中学校
④ラ・サール中学校
⑤志學館中等部

沖縄県

①[県立] 与勝緑が丘中学校 / 開邦中学校 / 球陽中学校 / 名護高等学校附属桜中学校

もっと過去問シリーズ

北海道

北嶺中学校
7年分(算数・理科・社会)

静岡県

静岡大学教育学部附属中学校
(静岡・島田・浜松)
10年分(算数)

愛知県

愛知淑徳中学校
7年分(算数・理科・社会)
東海中学校
7年分(算数・理科・社会)
南山中学校男子部
7年分(算数・理科・社会)
南山中学校女子部
7年分(算数・理科・社会)
滝中学校
7年分(算数・理科・社会)
名古屋中学校
7年分(算数・理科・社会)

岡山県

岡山白陵中学校
7年分(算数・理科)

広島県

広島大学附属中学校
7年分(算数・理科・社会)
広島大学附属福山中学校
7年分(算数・理科・社会)
広島学院中学校
7年分(算数・理科・社会)
広島女学院中学校
7年分(算数・理科・社会)
修道中学校
7年分(算数・理科・社会)
ノートルダム清心中学校
7年分(算数・理科・社会)

愛媛県

愛光中学校
7年分(算数・理科・社会)

福岡県

福岡教育大学附属中学校
(福岡・小倉・久留米)
7年分(算数・理科・社会)
西南学院中学校
7年分(算数・理科・社会)
久留米大学附設中学校
7年分(算数・理科・社会)
福岡大学附属大濠中学校
7年分(算数・理科・社会)

佐賀県

早稲田佐賀中学校
7年分(算数・理科・社会)

長崎県

青雲中学校
7年分(算数・理科・社会)

鹿児島県

ラ・サール中学校
7年分(算数・理科・社会)

※もっと過去問シリーズは
国語の収録はありません。

教英出版
〒422-8054
静岡県静岡市駿河区南安倍3丁目12-28
TEL 054-288-2131
FAX 054-288-2133
詳しくは教英出版で検索
教英出版 検索
URL https://kyoei-syuppan.net/

令和６年度
Ａ日程　入学試験問題

国　　語

筑陽学園中学校

（50分）

注　意

1．受験番号、出身小学校名、氏名を忘れずに記入してください。

2．解答はすべて解答用紙の定められた欄（らん）に記入してください。

3．試験問題は 一 から 三 まであります。

2024(R6) 筑陽学園中
K 教英出版

一 次の問いに答えなさい。

問一 次の――部のカタカナは漢字に直し、漢字は読みを答えなさい。(送りがなが必要なものは送りがなも答えなさい。)

(1) ホケン委員会に所属する。
(2) ケビョウをつかう。
(3) ダイミョウ行列。
(4) コウリョウの入っていないせっけん。
(5) 初のココロミ。
(6) 立派な家をカマエル。
(7) 俵を持ち上げる。
(8) 武者ぶるいをする。
(9) 君にとって朗報だ。
(10) トレーニングを強いる。

問二 次の意味の慣用句になるように、下の(　　)に入る漢数字をそれぞれ答えなさい。

(1) (意味)何度も話を聞くよりも自分で見た方が理解できる。…百聞は(　　)見にしかず。
(2) (意味)たとえおとなしい人でも何度もひどいことをされれば怒る。…仏の顔も(　　)度まで。

問三 次の文の(　　)に入る最も適当なものを後から選び、それぞれ記号で答えなさい。

(1) 手が(　　)ほど店が忙しい。
ア あく　イ 足りない　ウ かかる　エ こむ
(2) 彼は気が(　　)友人だ。
ア 重い　イ 進まない　ウ ひける　エ 置けない

問四 次の四字熟語のカタカナの部分を、それぞれ漢字に直しなさい。

(1) 異ク同音　(2) 青天白ジツ

問五 次の熟語の読みは、後のどの組み合わせになっていますか。それぞれ記号で答えなさい。

(1) 高低　(2) 場所
ア 音と音　イ 訓と訓　ウ 音と訓　エ 訓と音

問六 次の上と下の語句が、(1)は同じ意味(＝)に、(2)は反対の意味(↕)になるように、□に入る漢字一字をそれぞれ答えなさい。

(1) 厚意＝□切　(2) 感情↕□性

二　次の文章を読んで、後の問いに答えなさい。（字数制限がある場合は、句読点や記号も一字とする。）

同じことでも、本を通して知ることと、①ネットを通して知ることとは違います。

[A]、新大陸を発見したクリストファー・コロンブス（1451頃〜1506年）についてネットで数行で紹介されているものに目を通すのと、コロンブス個人や大航海の背景にある当時のヨーロッパの地政学※について記述した関連書物を読むのとでは、同じ「知る」でも、その意味合いがかなり違います。

ネットで検索すれば、簡単に知ることはできます。しかし、そこで得られるのは単なる情報にすぎません。細切れの断片的な情報をいくらたくさん持っていても、それは知識とは呼べません。

なぜなら情報は「考える」作業を経ないと、知識にならないからです。考えることによって、さまざまな情報が有機的※に結合し、知識になるのです。読書で得たものが知識になるのは、本を読む行為が往々※にして「考える」ことを伴うものだからです。

②何かについて本当に「知る」ということは、少なくとも知識というレベルにまで深まっていなければならないと思います。

そして決定的なのは、人類が悠久※の時間をかけて積み重ねてきた膨大な知識は、[　　　　]という事実です。

生物進化の果てになぜ人間が生まれ、言葉を持ち、文明を築いたのか？　この大宇宙のなかでなぜ地球だけが高度に発達した生命がいるのか？　はたまた生命とはそもそも何なのか？　世界は考えれば、まだまだわからないことだらけです。

詰まるところ、人間がこの世界についてわかっていることなど、1％もないのかもしれません。

つまり、われわれが生きている世界は、ほとんど「知らないこと」でできている。そのことを考慮すれば、「知っている」という驕り※は生まれようがない。

「何も知らない」という前提があるから読書はできるのだし、いくら読書を重ねても、その前提が消えることは永遠にありません。

「何も知らない」ことを知る。③人が成長する上で、これほど大事なことはないのです。

本はいってみれば、人間力を磨くための栄養です。草木にとっての水のようなものといえます。

したがって④雑草にせっせと水をやるよりは、大木になりそうな木に水をやったほうがいい。しかしながら、どれが⑤大きく育つ木になるのかがわからなかったり、そもそも大木か雑草かの見分けがつかなかったりすることもあります。となると、乱読※はともすれば、雑草にもたくさん水をやるような行為になりえます。

ドイツの哲学者※ショウペンハウエル（1788〜1860年）は著書『読書について』で、「娯楽のための読書は雑草を育てているようなもの」と書いています。

[B]私は、雑草に水をやるような読書は無駄である、といいたいわけではありません。雑草があるからこそ、大木の価値もわかるわけだし、雑草のような本をいろいろ読むことで本を見る目も養われます。

ショウペンハウエルは「雑草は麦の養分を奪い、麦を枯らす。すなわち悪書は読者の金と時間と注意力を奪う」と手厳しいですが、雑草には雑草の価値がある。

書店に行けば、雑草や花や木が生い茂っています。それを眺め渡して、「この辺はちょっと変わった花が咲いているな。面白い木があるな」と思って買ってみる。面白そうな木や変わった花だと思ったものが、読んでみると、雑草のこともある。[C]反対に雑草と思ったものが、後からとんでもない大木になったりするかもしれない。

これは面白い——自分にとって必要な本だと思えば、類書を当たったり、巻末の参考文献からまた面白そうなものを探してみる。絶版になっている古い本であれば図書館に問い合わせたり、インターネットで古書を探してみる。そうやって育つ木は枝葉を縦横に伸ばし、さらに大きくなっていきます。

本を買うことは、宝くじを買うようなギャンブルではありません。買って読んでみたけど雑草だったというような無駄なお金をたくさん使うことで、「これはいい花を咲かせそうだ」とか「太いしっかりした木に育ちそうだ」といった見当がだんだんつくようになります。そして、買った本のなかで雑草だったという割合が減ってくる。

その意味では、⑥読んでみたけど雑草だったという経験は必要なのです。

（丹羽宇一郎『死ぬほど読書』による）

※ 地政学 …… 政治現象と地理的条件との関係を研究する学問。
※ 有機的 …… 多くの部分が互いに関連し合って全体を形作っているさま。
※ 悠久 …… 果てしなく長く続くこと。　※ 驕り …… 思い上がり。　※ 往々にして …… くり返し起こるさま。
※ 乱読 …… 手当たりしだいに書物などを読むこと。　※ 哲学者 …… 人生や事物などの根本を追究する学問の学者。

問一 空らん部について

(1) A～C に入る言葉として最も適当なものをそれぞれ次の中から選び、記号で答えなさい。

ア あるいは　イ もっとも　ウ つまり　エ まして　オ たとえば

(2) 　 に入る言葉として最も適当なものを次の中から選び、記号で答えなさい。

ア 世界中に知れ渡っているわけではない
イ この世界についてのごく一部にすぎない
ウ 受けつぐ人がいなければ失われてしまう
エ 現実社会で活用されなければ意味がない

問二 ——部①「ネットを通して知ること」とあるが、「ネットを通して」得られるものは何ですか。本文中から十字でぬき出して答えなさい。

問三 ——部②「何かについて……思います」とあるが、「何かについて本当に『知る』」とは、どういうことですか。解答らんに合うように本文中から三十字程度でぬき出し、最初と最後の三字で答えなさい。

問四 ——部③「人が成長する上で、これほど大事なことはないのです」とあるが、それはなぜですか。その理由として最も適当なものを次の中から選び、記号で答えなさい。

ア 読書を重ねることで、人はわれわれがなぜ生まれ進化し文明を築くことができたのかを深く考えるようになり、そのことが人間的な奥行き（おくゆ）を育んでいくから。

イ ネットで調べるのではなく読書を通して知識を増やしていくことにより、物事を多角的にとらえ真実は何なのかを常に考え続けようとする姿勢が養われるから。

ウ いくら知識を得ようとも人が何も知らないことに変わりはなく、その何も知らないという自覚があるからこそ人はひかえめな態度になり学び続けようとするから。

エ 人は自分が何も知らないことを知ることで、人類が積み重ねてきた知識を十分に吸収できるようになり、その結果優れた頭脳を手に入れることができるから。

問五　――部④「雑草にせっせと水をやる」とは、どのようなことのたとえですか。それを説明した次の文の空らん［1］・［2］に入る最も適当な言葉を、本文中からそれぞれ指定の字数でぬき出して答えなさい。

［1（二字）］に、［2（八字）］を向けること。

問六　――部⑤「大きく育つ木」とあるが、「大きく育つ」とは、どのようなことをたとえた表現ですか。その例として最も適当なものを次の中から選び、記号で答えなさい。

ア　日本で読みつがれてきた『かぐや姫』が、翻訳されたり映画化されたりすることによって海外でも広く愛される作品になった。
イ　自分が面白いと思った本をネットで人々にすすめているうちにしだいに評判が広まり、その年のベストセラー本になった。
ウ　花屋でアルバイトを始めてから、それまで興味がなかった園芸に関する本が気になり出し、定期的に読むようになった。
エ　犬と少年の旅を描いた本を読んで犬に興味を持ち、図書館で犬の習性や世界の犬の成育環境に関する本を読みあさった。

問七　――部⑥「読んでみたけど雑草だったという経験は必要なのです」というのはなぜですか。その理由を説明した次の文の空らん［1］・［2］に入る最も適当な言葉を、本文中からそれぞれ指定の字数でぬき出して答えなさい。

雑草のような本をたくさん読むことによって［1（五字）］が育成され、［2（十字）］が何なのかということがわかってくるようになるから。

問八　次の文章は、渡部昇一『ものを考える人考えない人』の一部です。本文とこの文章を読んだ四人の生徒が会話しています。生徒A～Dの発言のうち、二つの文章の内容に最も合っているものを選び、生徒の記号で答えなさい。

> 読書の的確な方法とは何だろうか。それは、自分の境遇に率直に従った読書を心がけることである。自分の中に知的、精神的欲求がないうちは、いかなる名著をひもといても何も蓄積されない。逆に、もしその欲求があれば、何を読んでも心の滋養になるであろう。
> もちろん、読む本は必ずしも古典や名著と言われるものに限る必要はない。漫画でも童話でも、名著に劣らない価値を持っているものもある。
> たとえてみれば、料理をおいしく食べるのと同じである。いくらメニューが豪華であっても、〝食〟への欲求がなければ、つまり空腹でなければ、おいしくは食べられない。食べたい時に、食べたい料理を賞味することが大切なのである。
> それから、いつもまずいものばかりを食べていると、うまいものの味がわからなくなる。逆に言えば、一度おいしい料理を口にすると、何がまずいのかもわかるものである。これはかなりシビアな原則で、そのまま読書にも当てはまる。私は、つねに〝グルメな読書〟をする心がけを持つことをおすすめしたい。
>
> ※　名著をひもといても　……　すぐれた書物を読んでも。　※　滋養　……　栄養。　※　賞味する　……　おいしく味わう。
> ※　シビア　……　きびしいさま。　※　グルメ　……　食べ物の味や知識によく通じていること。

生徒A：読書をするとき、どんな本を読もうか迷うことがあるよ。この文章では、「自分の境遇に率直に従った読書を心がけること」をすすめているね。「自分の境遇に従う」というのは、それぞれの年齢(ねんれい)や立場にふさわしい本を選んで読みなさいということだよね。

生徒B：そうかな？自分の中に「知的、精神的欲求」があれば「心の滋養になる」と書いてあるから、素直に、自分が読みたい時に読みたいと思う本を読みなさいと言っているんだと思うよ。

生徒C：この文章と本文は、読書についてたとえを使って説明しているね。この文章での「まずい料理」は本文での「雑草」と同じものを表していて、両方とも漫画や童話などの名著とは言えない本を指していると思うな。

生徒D：それは違うと思うよ。この文章の「まずい料理」は、読みたいという欲求が起こらない本をたとえているのではないかな？どちらの文章もさまざまなジャンルの本を読むことが必要だと言っているんだね。

三

次の文章を読んで、後の問いに答えなさい。（字数制限がある場合は、句読点や記号も一字とする。）

《あらすじ》

両親の離婚後、引きこもりになった「人生」は、一緒に暮らしていた母親に見捨てられて困っていた。そこで父方の祖母であり、幼い頃から大好きだった「ばあちゃん」を頼ってやって来た。「人生」はそこで両親を亡くした義理の妹にあたる「つぼみ」と初めて出会い、三人で暮らし始めるが、「つぼみ」は「人生」に気を許すことができないままだった。ある日、「ばあちゃん」は「人生」と「つぼみ」を自分の大好きな湖に連れて行きたいと言い、三人はそこへ向かった。湖を見た「人生」は、幼い頃にこの場所へ来た時のことを思い出していた。

いま、三人の目の前に横たわる湖は、凍ってこそいなかったが、真冬の冷たさをたたえて、どこまでも沈黙していた。背景にそびえ立つ山も、枯れ木立が揺れるばかりだが、春になれば木々が芽吹き、夏になればあふれんばかりの緑に覆われるのだろう。

①幼い頃に見た夏の風景。もう一度見てみたい、という思いに、人生は駆られた。

夏がくるまで、おそらく、自分はここにはいられないだろうけれど。

ダウンジャケットのポケットの中で握りしめていた携帯を取り出すと、人生は、湖に向かってフラップ※を開けた。カメラのシャッターキーを押す。パシャ、とシャッターを切る電子音が響いて、ばあちゃんがこちらを向いた。

「何、それ？　カメラなの？」

どうやらケータイという文明の利器※について、ばあちゃんは詳しく知らないらしい。

「うん。携帯電話だけど、カメラもついてるんだよ」

人生は、ほら、と携帯をばあちゃんに差し出して見せた。ばあちゃんは手に取って、しげしげとそれを眺めた。

「最近は便利になったわねえ。電話にカメラまでついてるなんて」

「カメラだけじゃないよ。インターネットって言って、ネットワークを使って、世界中のニュースや情報を見ることもできるんだ。テレビも見られるし、ゲームもできるんだよ」

まあ、とばあちゃんが感嘆の声を上げた。

「ほんとうに？　すごいわね。こんな小さなものに、いろんなことが詰まってるのね」

流行のスマートフォンではない、型落ちの携帯電話を褒められて、人生は妙な気分になった。

「②ばっかみたい。そんな流行遅れのケータイ、大事そうにしちゃって。ケータイなんてなくたって、別に生きていけるのに」

つぼみが攻撃的な口調で言った。ばあちゃんが人生の持ち物にしきりに感心しているのが気に入らなかったようだ。気に障る物言いは彼女の特徴のようだったが、そんなふうに言われると、人生のほうもついむっとしてしまうのだった。

「なんだよ。そっちだってケータイ使ってんだろ。いまどきケータイなしで生きてく人間のほうが珍しいし」

言い返すと、つぼみはつんとして答えた。

「あたし、ケータイなんか持ってないよ。ケータイに頼って生きてくなんて、そこまで弱い人間じゃないもん」

ったく③どこまで生意気なんだ、こいつは。

さっき身の上話を打ち明けられたときは、思わず同情したけど、［　　］態度のどこにも対人恐怖症の形跡なんかないじゃないか。

「ちょっといいかしら。これで、どうやって写真を撮るの？　教えてくれない？」
火花を散らすふたりのあいだに、絶妙のタイミングでばあちゃんが割って入った。年下の女子相手に本気でケンカを買いそうになった人生は、助け舟を出されて、④一瞬ほっと息をついた。そして、※たどたどしく携帯を握るばあちゃんの手もとを指差しながら、急いで説明をした。
「それはね。こうやってレンズを風景に向けて……真ん中の丸いボタンを押せば……」
水際ぎりぎりに立ち、ばあちゃんは手を［A］伸ばした。水面の上にめいっぱい右手を出して、対岸の森に※フォーカスする。力を入れすぎているのか、携帯がぶるぶる震えている。
次の瞬間、ばあちゃんの手から、携帯が［B］滑り落ちた。
それは、ほんとうに、あっというまの出来事だった。
ぽちゃん、と魚が跳ねるような音を立てて、人生の携帯電話は水の中に消えた。
一瞬のことだったのに、まるでスローモーションでも見ているかのように、人生の視界の中で、かつて「命にも等しい」と思っていた携帯が水没してしまった。人生も、つぼみも、ばあちゃんも、［C］息をのんで、その瞬間を凝視した。
最初に声を上げたのは、人生だった。わあっと叫ぶと、いきなり水の中へ突進した。「危ないっ」とばあちゃんが、すぐさま止めようとした。
「おばあちゃん、やめて！　水に落ちちゃうよっ」
つぼみが、とっさにばあちゃんの腕をつかんだ。人生はすねまで水に浸かり、つんのめって水中にひっくり返りそうになった。
「——人生！」
はっきりと、名前を呼ぶ声がした。それは、確かにばあちゃんの声だった。
人生は、水の中で立ち止まった。振り向くと、ばあちゃんとつぼみの不安そうな顔が水際に並んで見えた。
しばし呆然として、かき混ぜられて濁った水の中に視線を落とした。足首の周辺で、ゆっくりと波紋を作っていた水面が、やがて静かになった。
恐ろしいほどの寒気が足もとから上がってくる。
ケータイが。……おれの、ケータイが。
自分と世界とをつないでくれていた唯一の糸が、ぷつりと切れてしまった。
同時に、人生の中で、どうにか自分を保っていた何ものかのスイッチまでもが切れた気がした。
「ごめんなさい、私……」
ばあちゃんのか細い声がした。人生は、⑤頭の中心が、突然かっと熱を帯びるのを感じた。
——おれのいちばん大切なものが……台無しにされた。
ぐっと拳を握りしめる。すんでのところで凶暴な感情が爆発しそうになるのを、どうにか抑えつけた。
と、その瞬間、つぼみがいきなりしゃがみこんで、水の中に手を突っこんだ。魚を釣り上げるように、彼女の右手が水を被って取り上げたものは、携帯電話だった。
水をしたたらせた右手を人生に向かって差し出すと、感情を抑えた声でつぼみが言った。

「ほら。……あんたの、宝物だよ」
人生は、言葉を失ってそれをみつめた。つぼみの小さな手は、濡れて震えていた。
どうしようもなくやるせない気分が、体の底から湧き上がってきた。人生は、無言のままで、⑥氷の塊のように冷えきった携帯電話を受け取った。
ばあちゃんは、ふたりの様子を凝視していたが、しゃがれた声をようやく振り絞って言った。
「早く……早く、こっちへ来て。すっかり濡れて、風邪を引いてしまうわ。さあ、早く」
人生は、ばあちゃんを見た。まるで自分が水に落ちてしまったかのように、顔色をなくして震えるばあちゃんを。それから、つぼみを見た。ばあちゃんを責めたら許さない、と鋭い眼差しが訴えている。
人生は、一瞬、固く目をつぶった。それから、⑦大きく振りかぶって、湖面に向かって、思い切り携帯電話を投げつけた。

（原田マハ『生きるぼくら』徳間書店による）

※ フラップ …… 携帯電話の開閉部分。
※ 文明の利器 …… 文明がもたらした便利な道具・機械。
※ たどたどしく …… 未熟で危なげであるさま。
※ フォーカスする …… ピントを合わせる。

問一 空らん部について

(1) A ～ C に入る言葉として最も適当なものをそれぞれ次の中から選び、記号で答えなさい。

ア はらりと　イ はっと　ウ きっと　エ するりと　オ ぐっと

(2) □ に入る言葉として最も適当なものを次の中から選び、記号で答えなさい。

ア 意気地がない　イ 肝が小さい　ウ 人あたりの良い　エ 鼻っ柱の強い

問二 ――部①「幼い頃に見た夏の風景」とあるが、それはどのような「風景」ですか。それを説明した次の文の空らん 1 ・ 2 に入る最も適当な言葉を、本文中からそれぞれ指定の字数でぬき出して答えなさい。

1 （九字） に染まった 2 （六字） の前に湖が広がる風景。

問三 ――部②「ばっかみたい」とあるが、つぼみがこのような言い方をした理由を、人生はどのように考えていますか。それが分かる一文を本文中からぬき出し、最初の七字で答えなさい。

問四 ――部③「どこまで生意気なんだ、こいつは」とあるが、この時の人生の気持ちを説明したものとして最も適当なものを次の中から選び、記号で答えなさい。

ア さとりきったような様子で張り合ってくるなど、年下のつぼみが自分にえらそうな態度をとってくることに、怒りを感じている。
イ ばあちゃんとの楽しい会話をじゃまされたうえ、自分が大事にしている携帯電話を馬鹿にされたことに、情けなさを感じている。
ウ 丁寧に携帯電話の説明をしてあげたのにもかかわらず、つぼみに攻撃的な反応をされたことに対して、わずらわしさを感じている。
エ 自分が最新のものではない携帯電話を大事にしていることを、ばあちゃんだけではなくつぼみにも否定され、焦りを感じている。

問五 ――部④「一瞬ほっと息をついた」とあるが、この時の人生の気持ちを説明したものとして最も適当なものを次の中から選び、記号で答えなさい。

ア　ばあちゃんが話しかけてくれたおかげで、大人げなくつぼみと口げんかをして負けずにすんだことに感謝する気持ち。
イ　ばあちゃんが話に割って入ったことで、自分の高ぶった感情をぶつける相手がいなくなってしまったことにとまどう気持ち。
ウ　ばあちゃんが質問してくれたおかげで、年下のつぼみを相手に、大人げなくケンカを買わずにすんだことに安心する気持ち。
エ　ばあちゃんが二人のケンカを止めたせいで、生意気なつぼみをこらしめる機会が失われたことにがっかりする気持ち。

問六 ――部⑤「頭の中心が、突然かっと熱を帯びる」とあるが、これと同じような意味の言葉を本文中から十五字以内でぬき出し、最初と最後の三字で答えなさい。

問七 ――部⑥「氷の塊のように冷えきった携帯電話」とあるが、人生にとって携帯電話とはどのようなものだったのですか。それが比ゆを用いて述べられている部分を本文中から二十字でぬき出し、最初と最後の三字で答えなさい。

問八 ――部⑦「大きく振りかぶって……投げつけた」とあるが、この部分について先生と生徒が話し合いをしています。生徒Ａ～Ｄの発言のうち、本文の内容に当てはまらないものを一つ選び、生徒の記号で答えなさい。

先生　：この場面は、人生が自分に対するやりどころのない感情を携帯電話にぶつけた場面です。ここには様々な感情がふくまれていますが、どのような感情が考えられるでしょうか?皆さんで意見を出し合ってください。
生徒Ａ：ぼくは、「恥(は)ずかしさ」だと思う。人生に対しての感情をはっきりと口に出さないようにふるまうつぼみを見て、自分の幼さや精神的な弱さを思い知ったんじゃないかな。
生徒Ｂ：同じような感情かもしれないけれど、わたしは「情けなさ」もあると思うな。あんなに大事にしていた携帯電話なのに、自分の代わりにつぼみに拾わせてしまったんだもの。わたしだったらそう思うわ。
生徒Ｃ：わたしは「自分への怒り」も入っているように思うわ。いくら大切な携帯電話が水没してしまったからとはいえ、大人げなくばあちゃんに怒りをぶつけようとしてしまった自分が許せなかったのよ。
生徒Ｄ：それに加えて「自分を嫌(きら)う気持ち」もあるんじゃないかな。携帯電話にこだわるあまりに、ばあちゃんを不安にさせているからね。自分がどれだけダメな人間か、思い知らされたんだよ。

令和６年度
Ａ日程　入学試験問題

算　　数

筑陽学園中学校

（50分）

注　意

１．受験番号、出身小学校名、氏名を忘れずに記入してください。

２．解答はすべて解答用紙の定められた欄（らん）に記入してください。

３．試験問題は 1 から 5 まであります。

1 次の □ にあてはまる数を答えなさい。分数は，それ以上約分できない形で答えなさい。ただし，円周率は3.14とします。

（1）$120-108=$ □

（2）$5\times4+8\times3=$ □

（3）$2.64+3.6=$ □

（4）$\frac{2}{5}+\frac{1}{7}=$ □

（5）$1.25\times\frac{7}{10}=$ □

（6）$\left(2-\frac{2}{3}\right)\div1.2=$ □

（7）$\left(\square-3\right)\div(2+4)=\frac{1}{3}$

（8）$3\frac{2}{3}-1.5-\frac{5}{6}\times0.3=$ □

（9）$3.2\times\left(\frac{5}{\square}-\frac{5}{32}\right)\times10=15$

（10）$2.4:\frac{6}{7}=14:$ □

（11）30から100までの整数のうち，２でも３でも割り切れる整数は □ 個あります。

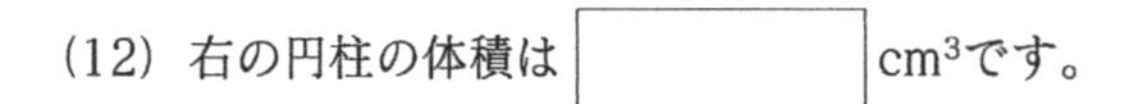

（12）右の円柱の体積は □ cm^3です。

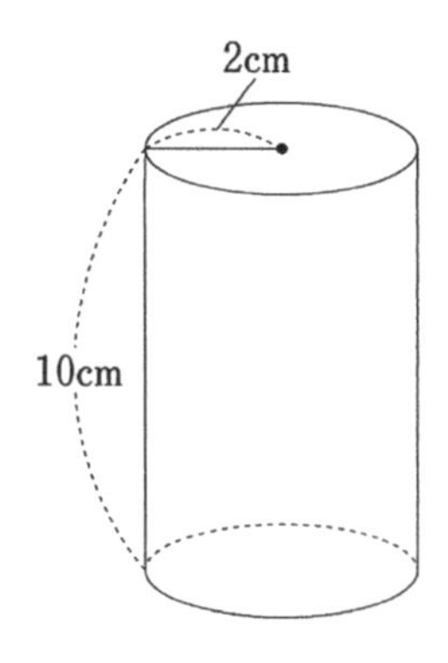

(13) 下の表は，小学生100人のくつのサイズを調べた結果をまとめたものです。

このとき，中央値は □ cmです。

サイズ (cm)	21.0	21.5	22.0	22.5	23.0	23.5	24.0	計
人数 (人)	3	16	30	28	10	10	3	100

(14) 5割3厘を小数で表すと □ です。

(15) 今年もらったお年玉は8000円で，これは昨年もらったお年玉の1.6倍でした。

このとき，昨年もらったお年玉は □ 円です。

(16) A, B, C, Dの4人の中から，学級委員と美化委員を1人ずつ決めるとき，

選び方は □ 通りです。

(17) 時速 □ kmで20分間走ると1.7km進みます。

(18) 下の数字は，ある規則にしたがって並んでいます。

このとき，265番目の数字は □ です。

3，1，4，1，5，9，3，1，4，1，5，9，3，1，4，1，5，9，3，1，……

(19) 50人が算数のテストを受けたとき，全体の得点の平均は71.4点でした。

そのうち女子は20人で，女子のみの得点の平均は72点です。このとき，男子のみの得点の平均は □ 点です。

(20) 直径6cmの4つの円が，右の図のようにくっついています。

このとき，かげのついた部分の面積は □ cm^2です。

2 図１のような，３辺の長さが３cm，４cm，５cmである直角三角形をすきまなく並べます。次の問いに答えなさい。

（1）図２の二等辺三角形は，図１の直角三角形をいくつ並べたものですか。その個数を求めなさい。

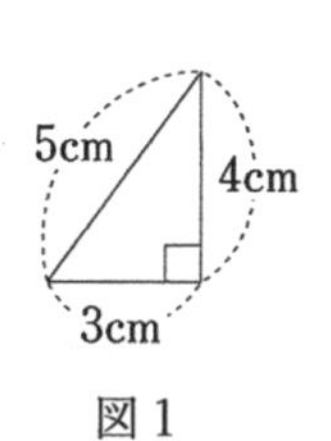

図１

15cm
15cm
18cm

図２

（2）図３の直角三角形ABCは，図１の直角三角形100個を並べたものです。この三角形ABCについて，辺BCを底辺としたときの高さを求めなさい。

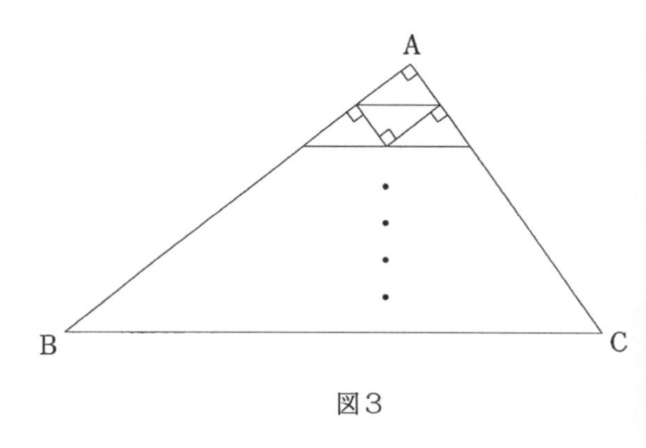

図３

3　図１は，１辺の長さが６cmの立方体で，辺AD，BC，EHの真ん中の点をそれぞれL，M，Nとします。
図２は，図１の立方体を４点L，C，G，Nを通る平面で切り，２つの立体に分けたもののうち，頂点Aをふくむ方の立体です。
　次の問いに答えなさい。

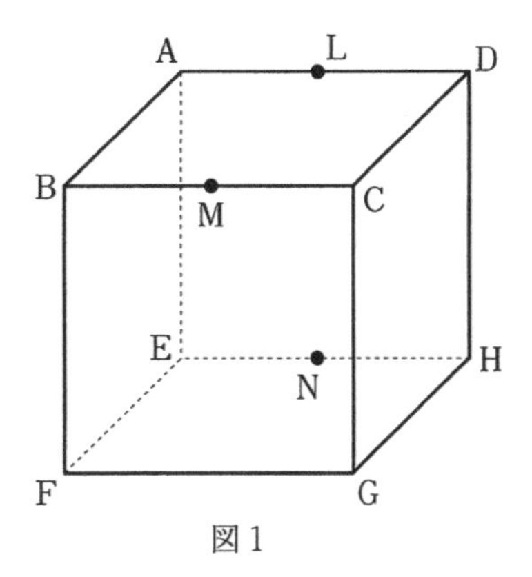

図１

（1）図２において，四角形ABCLの面積を求めなさい。

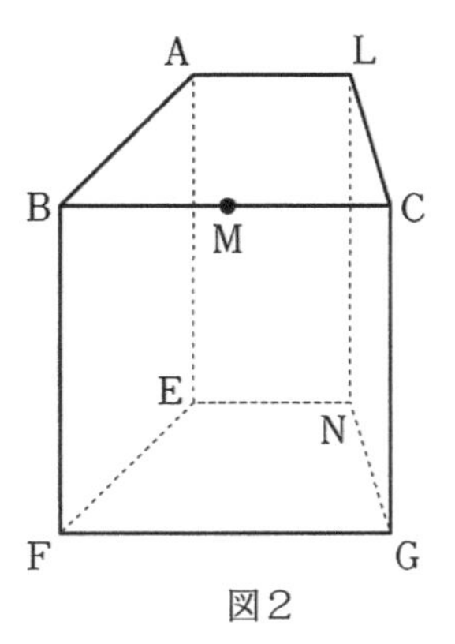

図２

（2）図３は，図２の立体を４点L，M，F，Eを通る平面で切り，２つの立体に分けたもののうち，頂点Cをふくむ方の立体です。この立体の体積を求めなさい。

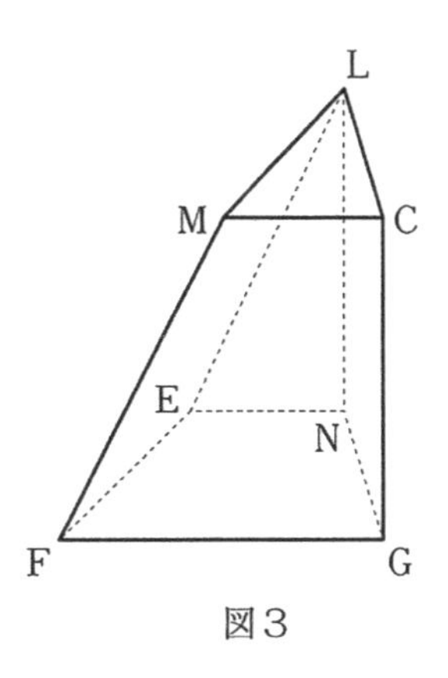

図３

4 陽太さんとお父さんが，同時に家を出発し，同じ道を通って自転車で公園まで行きました。陽太さんは，最初きまった速さで進み，途中からは最初の$\frac{1}{2}$倍の速さに変え，しばらくしてから，ふたたび最初と同じ速さで進みました。また，お父さんは家から公園まできまった速さで進み，陽太さんと同時に公園に着きました。

右のグラフは，２人が家を出発してからの時間と道のりの関係を表したものです。

次の問いに答えなさい。

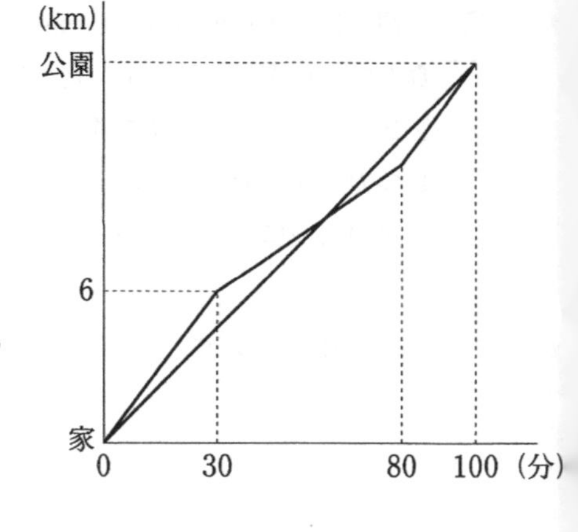

（1）家から公園までの道のりを求めなさい。

（2）陽太さんとお父さんの道のりの差が最も大きいとき，その差を求めなさい。

（3）お父さんが陽太さんに追いついたのは，２人が家を出発してから何分後か求めなさい。

5 図１は，１辺の長さが１cmの正三角形①，②，③と，１辺の長さが２cmの正三角形④，⑤を組み合わせたものです。そうしてできた図形に，その最も長い辺を１辺とする正三角形⑥，⑦を図２，図３のように，順につけ加えていきます。この操作をくり返し，正三角形⑧，⑨，… と順につけ加えていきます。

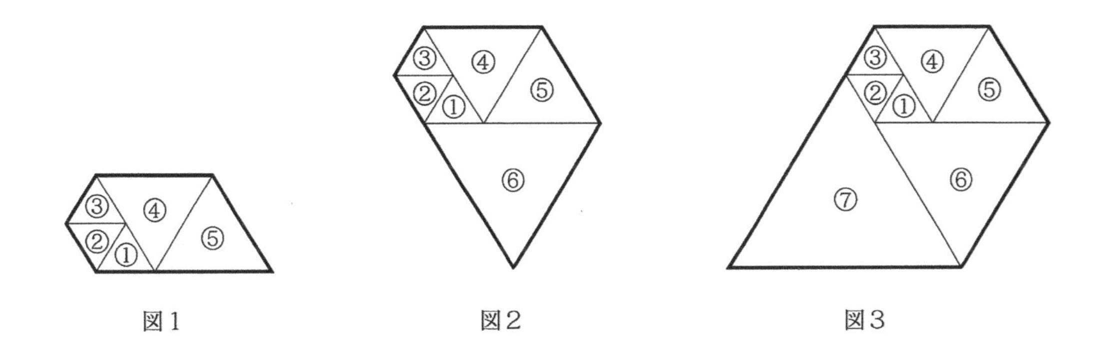

図１　　図２　　図３

次の問いに答えなさい。

（1）図３の図形のまわり（太線の部分）の長さを求めなさい。

（2）正三角形⑫の１辺の長さを求めなさい。

（3）正三角形⑫までつけ加えたときにできる図形の面積は，正三角形①の面積の何倍か求めなさい。

令和６年度
Ａ日程　入学試験問題

理　　科

筑陽学園中学校

（30分）

注　意

１．受験番号、出身小学校名、氏名を忘れずに記入してください。

２．解答はすべて解答用紙の定められた欄（らん）に記入してください。

３．試験問題は 1 から 4 まであります。

1　次のⅠ，Ⅱの問いに答えなさい。

Ⅰ　植物のからだのつくりと水の通り道の関係について調べるために，ホウセンカを用いて実験と観察を行いました。

［実験１］　青い色水を入れた三角フラスコにホウセンカを入れて，根を水にひたした。次に，図１のように，ホウセンカのくきをだっし綿で固定し，水面の位置に印をつけた。数時間後，水面の位置とホウセンカを観察した結果，水の体積が減少し，ホウセンカのからだのさまざまな部分が青く染まっていた。

だっし綿
印
色水

図１

［実験２］　同じ量の水を入れたメスシリンダーＡ～Ｄを用意し，表１のようにワセリンのぬり方を変えたホウセンカを，図２のようにそれぞれ入れた。数時間後，それぞれの水の減少量を調べたところ，表２のような結果になった。ただし，実験に用いたホウセンカは，葉の数と大きさ，くきの太さや長さが同じものであり，また，ワセリンは水の出入りを防ぐためのものである。

A	ワセリンをぬらなかったもの
B	葉の表側にワセリンをぬったもの
C	葉のうら側にワセリンをぬったもの
D	葉の表側とうら側にワセリンをぬったもの

表１

	水の減少量（cm^3）
A	3.1
B	2.3
C	1.3
D	0.5

表２

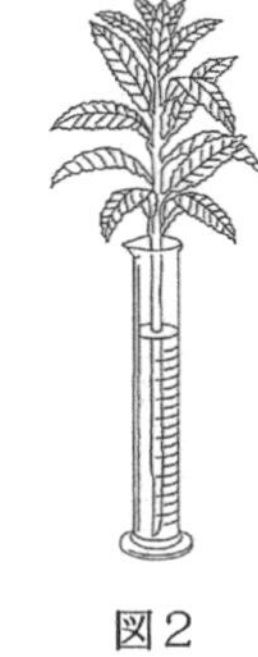

図２

［観察］　ホウセンカの葉をねじるようにして切り，葉の表面のうすい皮をはがし，うすい皮の部分をはさみで切り取って，プレパラートを作った。このプレパラートをけんび鏡で観察すると，図３のXのような小さな穴がいくつか見られた。

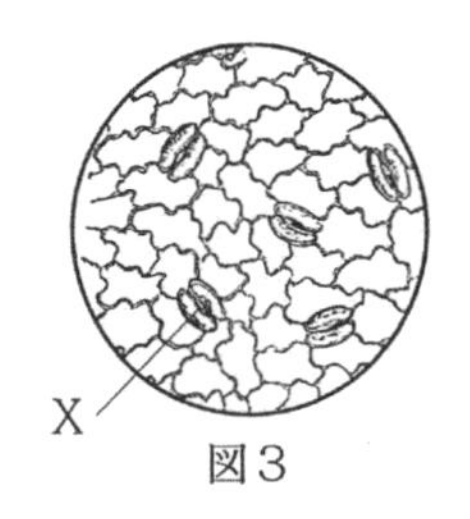

図３

問１　実験１で，青く染まったくきを横に切ったときの断面のようすとして最も適当なものを，次の①～④の中から選び，番号で答えなさい。ただし，青く染まった部分を黒くぬりつぶしています。

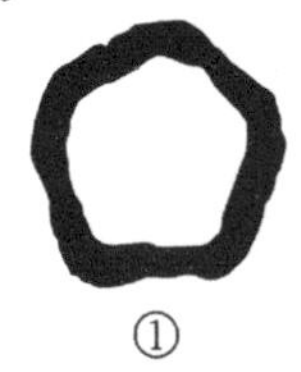

①　②

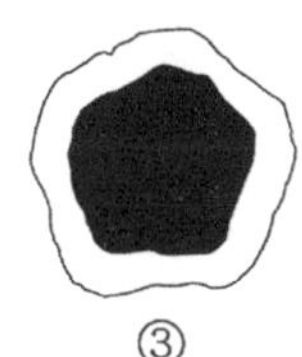

③

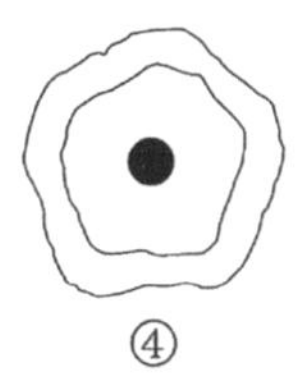

④

問２　実験２で，葉のうら側から蒸散した水の体積は，葉の表側から蒸散した水の体積の何倍ですか。小数第２位を四捨五入して小数第１位まで答えなさい。ただし，ワセリンをぬったところからは水の出入りは起こらなかったものとします。

問３　観察において見られたＸの名前を答えなさい。また，観察に用いたけんび鏡の使い方としてまちがっているものを，次の①～④の中から１つ選び，番号で答えなさい。

①　直射日光の当たらない明るいところで観察する。

②　対物レンズは，はじめは低い倍率のレンズを使い，その後，高い倍率のレンズを使う。

③　対物レンズとプレパラートをできるだけ近づけた後，遠ざけながらピントを合わせる。

④　プレパラートをステージの上に置いた後，反射鏡の向きを変えて明るく見えるようにする。

Ⅱ　次の文は，ある晴れた日の正午に，キャベツ畑を訪れたマサミさんとケントさんが，モンシロチョウについて会話したときのものです。また，図４はこの会話に出てくる写真を示したものです。

マサミ：たくさんのモンシロチョウがキャベツの葉の上や下をせわしなく飛んでいるね。
ケント：あれはオスのモンシロチョウだよ。メスを探して飛んでいるんだよ。
マサミ：私たちは，モンシロチョウのオスとメスを区別することが難しいのに，モンシロチョウは，どうやって区別しているのかな？はねの形やもようかな？それともにおいかな？
ケント：太陽の光には，人の目に見える光のほかに，紫外線(しがいせん)や赤外線といった人の目には見えない光も含まれているんだけど，モンシロチョウはその中の紫外線を見ることができるみたいだよ。
マサミ：モンシロチョウにはどのように見えているのかな？
ケント：この本の写真を見てごらん。これはモンシロチョウのオスとメスに紫外線を当てたときに，紫外線を見分けることができるカメラでとった写真だよ。
マサミ：このように見えているとしたら，オスとメスで全然ちがうね。
ケント：そうなんだ。モンシロチョウのオスのはねは紫外線を吸収してはね返さないから暗く写るんだ。一方でメスのはねは，紫外線をはね返すから明るく写るんだよ。
マサミ：ということは，モンシロチョウのオスは，メスのはねに当たった紫外線をたよりにメスを見分けて集まるんだね。
ケント：そうなんだよ。はねの大きさや形，においは関係ないんだよ。

（アマナイメージズより引用）

オス

メス

図４

問４　モンシロチョウの成長のようすについて述べた文としてまちがっているものを，次の①～④の中から１つ選び，番号で答えなさい。
① たまごは，１mmくらいの大きさで，黄色であった。
② たまごからかえってすぐは，葉ではなくたまごのからを食べた。
③ よう虫は，全部で７回皮をぬいで育った。
④ さなぎは，動き回らなかった。

問５　図５はモンシロチョウのせい虫を，あしのついている側から見て，と中までスケッチしたものです。解答らんの図にあしをかき加えてスケッチを完成させなさい。

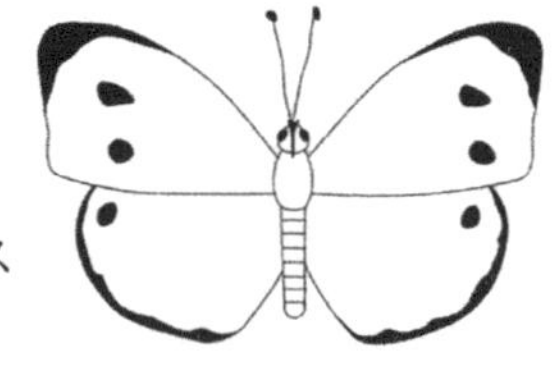
図５

問６　会話文について，キャベツ畑をせわしなく飛んでいるモンシロチョウのオスが，集まってくると考えられるものとして適当なものを，次の①～⑥の中から**すべて**選び，番号で答えなさい。
① においのみを通さない密閉したとうめいの容器に入れたモンシロチョウのメスのはね
② においのみを通さない密閉したとうめいの容器に入れたモンシロチョウのオスのはね
③ モンシロチョウのオスのはねと同じように紫外線を吸収するふくろに入れたメスのはね
④ モンシロチョウのオスのはねと同じように紫外線を吸収するふくろに入れたオスのはね
⑤ モンシロチョウのはねとちがう形に切った，メスのはねと同じように紫外線をはね返す紙
⑥ モンシロチョウのはねと同じ形に切った，オスのはねと同じように紫外線を吸収する紙

2 次のⅠ，Ⅱの問いに答えなさい。

Ⅰ 水のあたたまり方を調べるために，実験を行いました。

［実験１］ 絵の具を少しの量の水でとかして，水を入れたビーカーの底全体にスポイトで静かに入れた。その後，図１のように，実験用ガスこんろでビーカーのはしを加熱し，絵の具の動きを調べた。

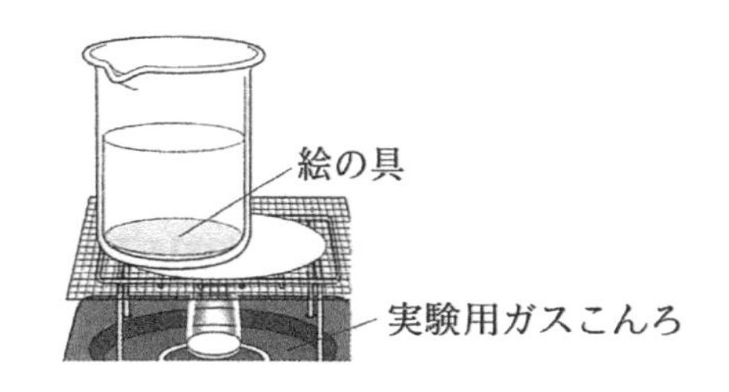

図１

［実験２］ 図２のように，20℃の水を加熱し，１分ごとに水の温度をはかった。図３は，このときの水の温度の変化をまとめたものである。

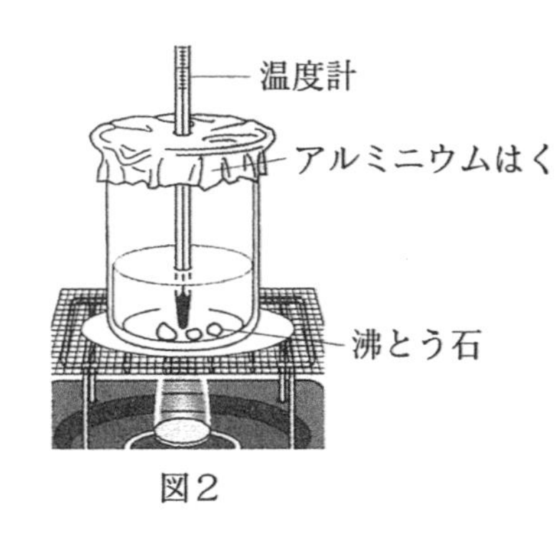

図２

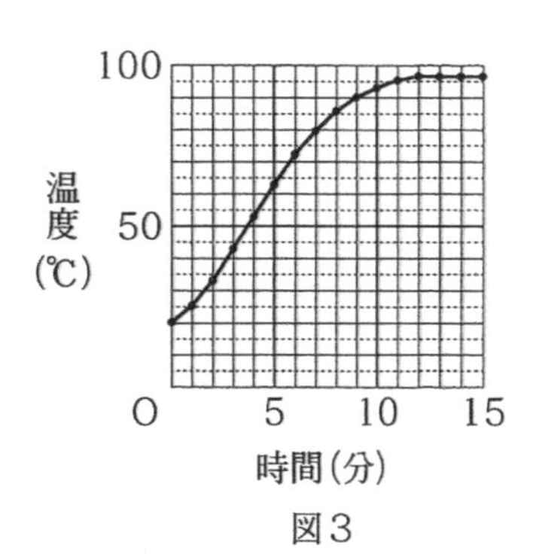

図３

問１ 実験１で，絵の具の動きを表したものとして最も適当なものを，次の①～④の中から選び，番号で答えなさい。

①

②

③

④

問２ 実験２について述べた文として最も適当なものを，次の①～④の中から選び，番号で答えなさい。

① 加熱を始めてから５分間で上昇した温度は，次の５分間で上昇した温度の約３倍である。
② 加熱を始めてから９分間で上昇した温度は，約70℃である。
③ 加熱を始めて９分から10分の間で上昇した温度は，約10℃である。
④ ３分間で上昇した温度が最も大きいのは，加熱を始めてから10分から13分の間である。

問３ 水は，水蒸気や氷に変わると重さは変化しませんが，体積は変化します。０℃の氷50cm³をあたためて水にした後，すべて100℃の水蒸気にすると，その体積は何Ｌになりますか。小数第１位を四捨五入して，整数で答えなさい。ただし，０℃の氷１cm³あたりの重さは0.92ｇで，０℃の水１ｇが100℃の水蒸気に変わるとその体積は1.7Ｌになるものとします。

Ⅱ　ものが燃えるときの空気の変化について調べるために，実験を行いました。

［実験３］　図４のように，かわいたびんを用意し，ろうそくを燃やす前の酸素と二酸化炭素の体積の割合を気体検知管でそれぞれ調べた。その後，図５のように，火のついたろうそくをびんに入れ，ふたをした。火が消えたらろうそくを出し，酸素と二酸化炭素の体積の割合を再び気体検知管でそれぞれ調べた。表１は，これらの結果をまとめたものである。

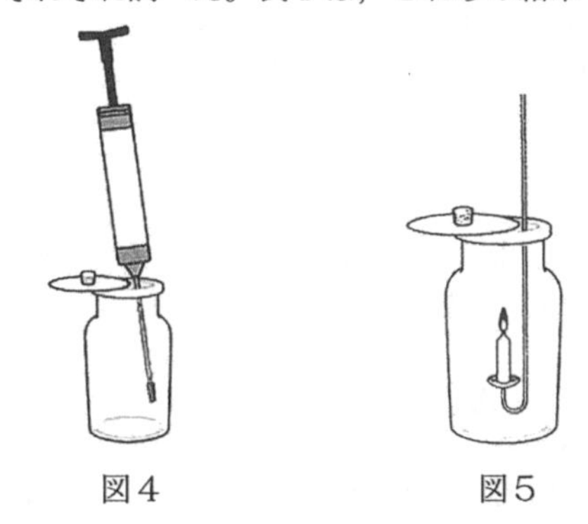

図４　　　　図５

	燃やす前	燃やした後
酸素の体積の割合(%)	21	17
二酸化炭素の体積の割合(%)	0.03	4

表１

問４　気体検知管の使い方について述べた文としてまちがっているものを，次の①～④の中から１つ選び，番号で答えなさい。

① チップホルダで検知管の両はしを折りとる。
② 気体をとりこむときは，ハンドルをゆっくり引いて固定する。
③ ハンドルを引いた後は，目もりを読むまで決められた時間待つ。
④ 酸素用検知管は使用すると熱くなるため，冷めるまでさわらず待つ。

問５　図６は，実験３でろうそくを燃やす前のびんの中にある気体の体積の割合を，□や●の数で表したもので，□はちっ素，●は酸素をそれぞれ示しています。図６と比べたとき，ろうそくを燃やした後のびんの中にある気体の体積の割合を表したものとして最も適当なものを，次の①～④の中から選び，番号で答えなさい。ただし，▲は二酸化炭素を示し，２％未満の気体は図の中に表さないものとします。

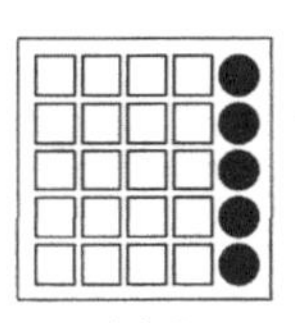

図６

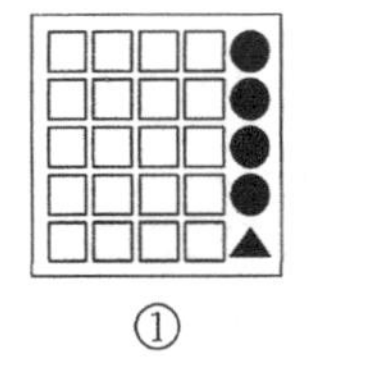

①

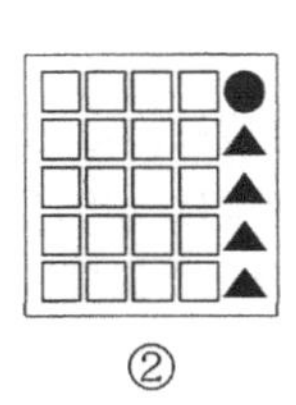

②

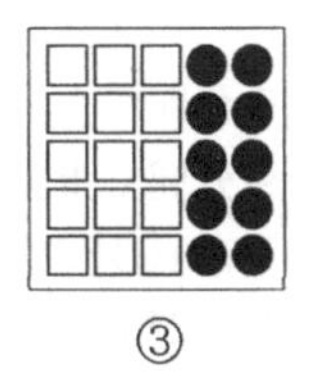

③

④

問６　二酸化炭素について述べた文として最も適当なものを，次の①～④の中から選び，番号で答えなさい。

① 二酸化炭素は，植物に日光が当たると植物にとり入れられる。
② 二酸化炭素は，呼吸のとき，はく空気よりも吸う空気に多く含まれる。
③ 二酸化炭素がとけた水よう液を，赤色リトマス紙につけると青色に変化する。
④ 二酸化炭素がとけた水よう液は，とうめいでにおいがある。

3　次のⅠ，Ⅱの問いに答えなさい。

Ⅰ　図１は４月13日，図２は４月15日の午前11時の雲画像をそれぞれ示しています。

(日本気象協会ウェブサイトより引用)

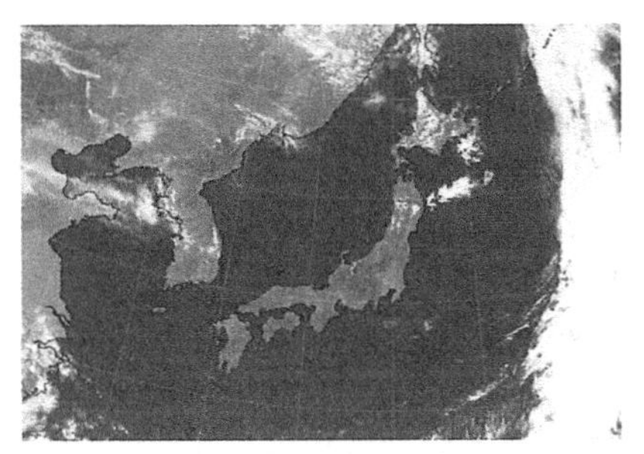
図１

図２

問１　雲と天気について述べた文として最も適当なものを，次の①～④の中から選び，番号で答えなさい。

①　空全体の広さを10としたとき，雲のしめる量が６のときの天気はくもりである。
②　積乱雲（せきらんうん）は低い空に広く発生し，雨を長時間ふらすことが多い。
③　台風の目とよばれる台風の中心部分には雲がほとんどないため，雨はあまりふらない。
④　春のころの日本の天気は，雲の動きと同じようにおよそ東から西へと変わっていく。

問２　次の文は，雲画像について述べたものです。文中の①，②の(　　)の中から適当なものをそれぞれ選び，記号で答えなさい。

> 雲画像は①(ア.気象衛星　イ.アメダス)から送られてくる気象情報である。雲画像を調べることによって，②(ウ.風の強さ　エ.台風の位置)を知ることができる。

問３　図３のＸとＹは，図１，２のいずれかの日における，太宰府（だざいふ）市の気温の変化を示しています。４月13日の気温の変化を表したグラフと，この日の午前11時における太宰府市の天気の組み合わせとして最も適当なものを，下の①～④の中から選び，番号で答えなさい。

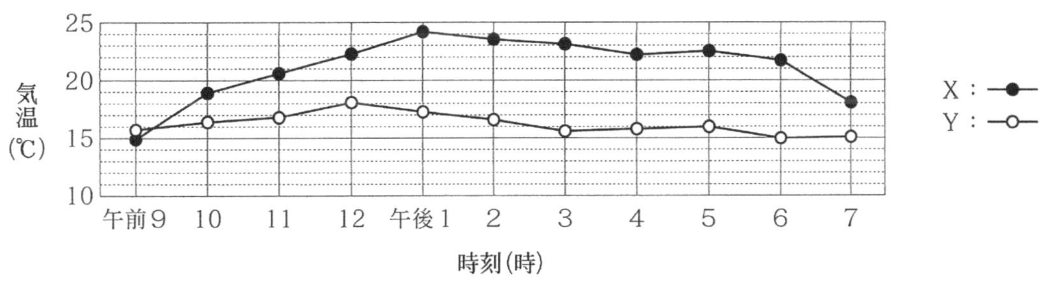

図３

	グラフ	天気
①	Ｘ	晴れ
②	Ｘ	雨
③	Ｙ	晴れ
④	Ｙ	雨

Ⅱ　次の会話文は，家族といっしょにキャンプ場に出かけたリョウさんとカンナさんが，夜に空を見ながら話したときのものです。

リョウ：あっ，夏の大三角が見えるよ。
カンナ：夏の大三角はベガ，デネブ，アルタイルの３つの星をむすんだものだったね。
リョウ：うん。デネブは(ア)座をつくる星の１つでもあったよね。
カンナ：そうだったね。
リョウ：いろいろな星の明るさと色をくらべてみると，[X]ことがわかるよ。
カンナ：この前学校で習ったとおりだね。北の空にもたくさんの星が見えるよ。
リョウ：そうだね。北の空には，A北斗七星（ほくとしちせい）と北極星が見えるよ。
(２時間後)
カンナ：あれ，２時間前とくらべてB北極星の位置は変わっていないのに，北斗七星の位置は変わっているよ。
リョウ：本当だね。家に帰ったら，北斗七星と北極星の位置の関係について調べてみよう。
(３日後)
リョウ：インターネットで調べてみたら，北斗七星は北極星の周りを反時計回りに，同じ速さで１日に１回転することがわかったよ。
カンナ：これで，キャンプ場で見た北斗七星の位置の変化が説明できたね。

問４　会話文の(ア)に当てはまる星座の名前をひらがなで答えなさい。

問５　会話文の[X]に当てはまるものとして最も適当なものを，次の①～④の中から選び，番号で答えなさい。
①　明るさも色も同じ
②　明るさは同じだけど，色にちがいがある
③　明るさにちがいはあるけど，色は同じ
④　明るさにも色にもちがいがある

問６　図４は，下線部Ａのときの北斗七星と北極星の位置を表したものです。下線部Ｂのときの北斗七星の位置を表したものとして最も適当なものを，次の①～④の中から選び，番号で答えなさい。

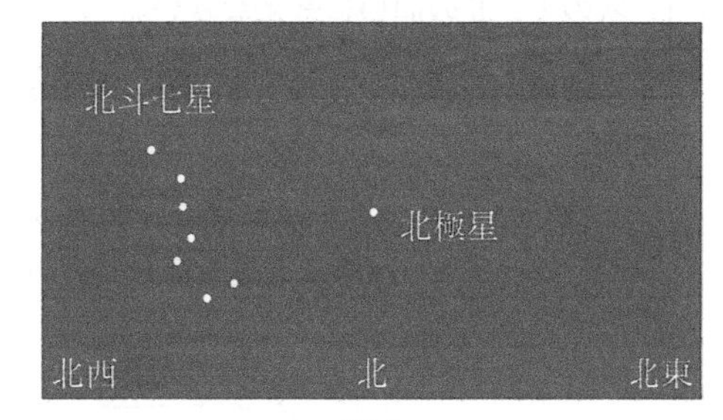

図４

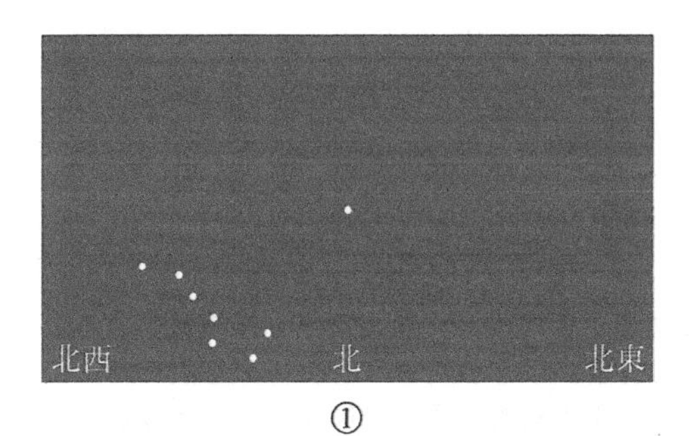

①

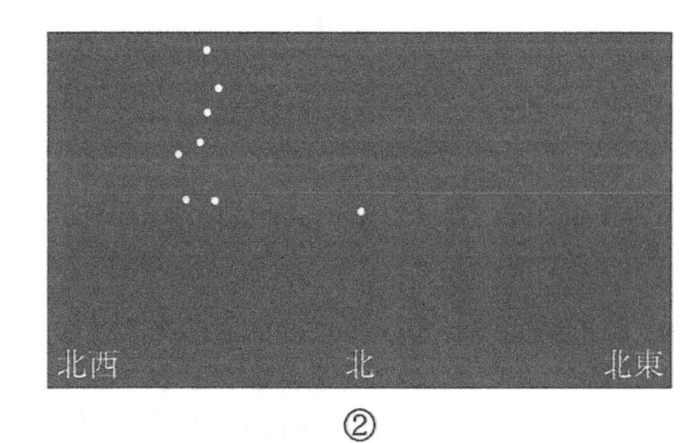

②

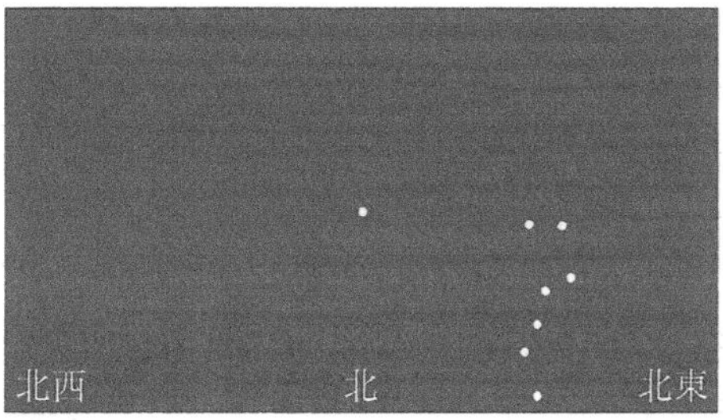

③

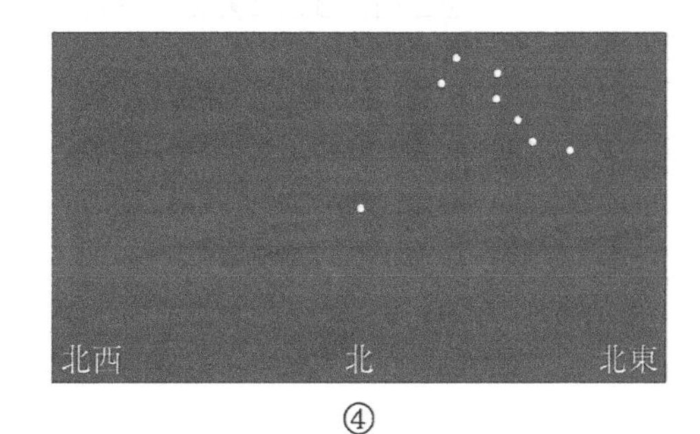

④

4 次のⅠ，Ⅱの問いに答えなさい。

Ⅰ 電磁石について調べるために，実験を行いました。

［実験１］ 電磁石とかん電池，スイッチを用いて回路をつくり，図１のように方位磁針を置いた。次に，回路に電流を流し，方位磁針のようすを調べた。図２は，その結果を示したものである。

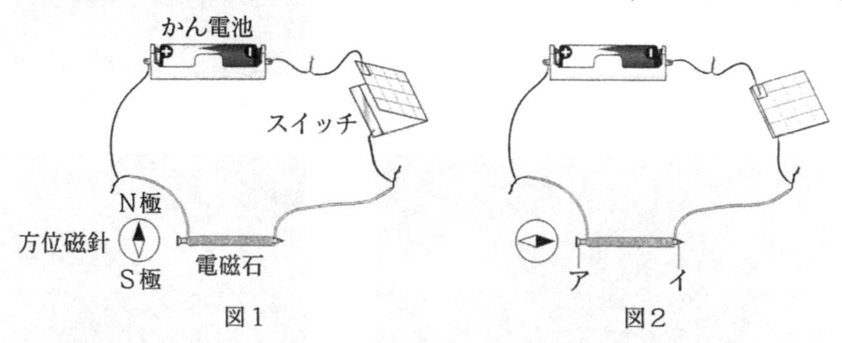

図１　図２

［実験２］ 図３のような回路をつくり，50回巻きのコイルに電流を流して電流の大きさをはかった。次に，電磁石をクリップに近づけ，引きつけられたクリップの数を調べた。この操作を５回くり返し行い，クリップの数の平均を求めた。また，図４，５のように，かん電池の数を２個，３個と変えて直列につなぎ，同様の実験を行った。表１は，その結果をまとめたものである。

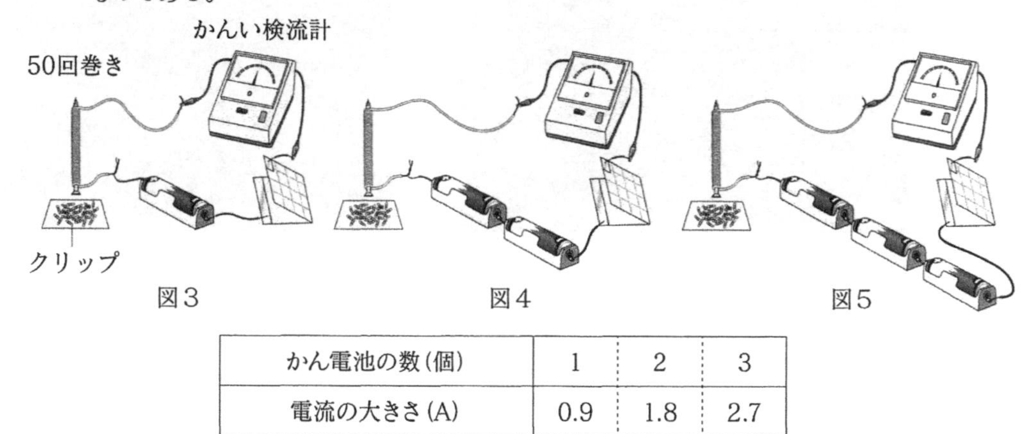

図３　図４　図５

かん電池の数（個）	1	2	3
電流の大きさ（A）	0.9	1.8	2.7
クリップの数の平均（個）	2	4	6

表１

［実験３］ 図６のような回路をつくり，50回巻きのコイルにかん電池２個を直列につなぎ電流を流して電流の大きさをはかった。次に，電磁石をクリップに近づけ，引きつけられたクリップの数を調べた。この操作を５回くり返し行い，クリップの数の平均を求めた。また，コイルの巻き数を変え，同様の実験を行った。表２は，その結果をまとめたものである。

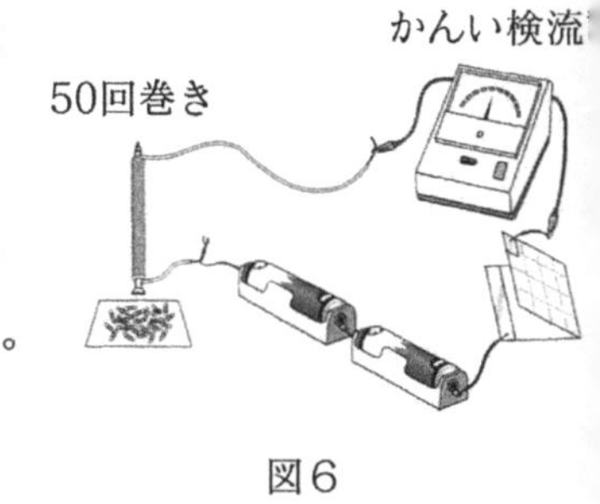

図６

コイルの巻き数（回）	50	100	200
電流の大きさ（A）	1.8	1.8	1.8
クリップの数の平均（個）	4	8	16

表２

問１　電磁石を利用しているものとして正しいものを，次の①～④の中から１つ選び，番号で答えなさい。

①　光電池　　②　超(ちょう)電導リニア　　③　豆電球　　④　コンデンサー

問２　実験１について，図２の電磁石のア，イはそれぞれＮ極とＳ極のどちらになっていますか。その組み合わせとして正しいものを，次の①～④の中から１つ選び，番号で答えなさい。

	ア	イ
①	Ｎ極	Ｓ極
②	Ｎ極	Ｎ極
③	Ｓ極	Ｓ極
④	Ｓ極	Ｎ極

問３　実験２，３から考えられる，かん電池１個にコイルをつないだときのコイルの巻き数と引きつけられたクリップの数の平均の関係を表すグラフとして最も適当なものを，次の①～④の中から選び，番号で答えなさい。

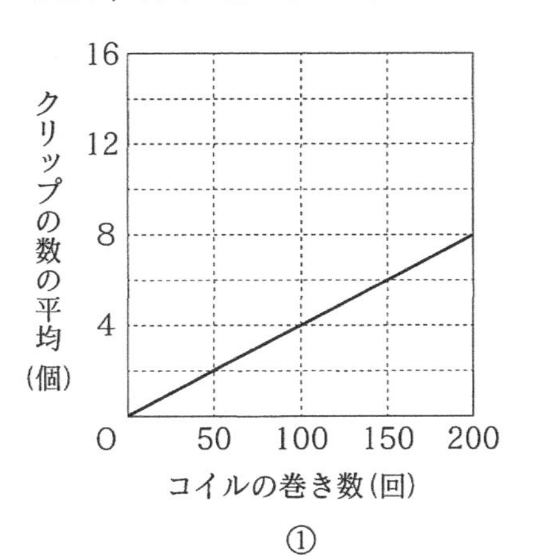

①

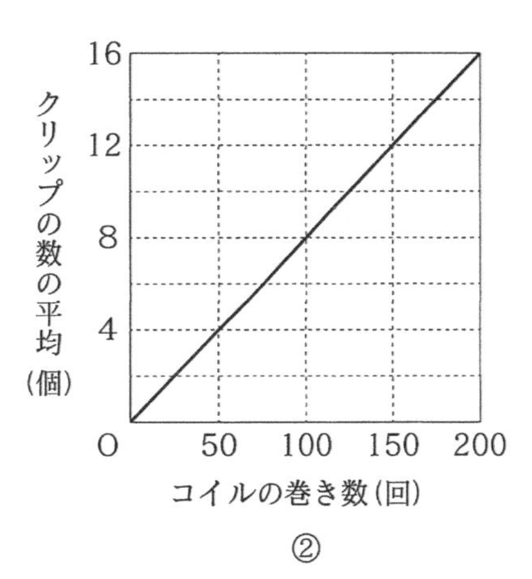

②

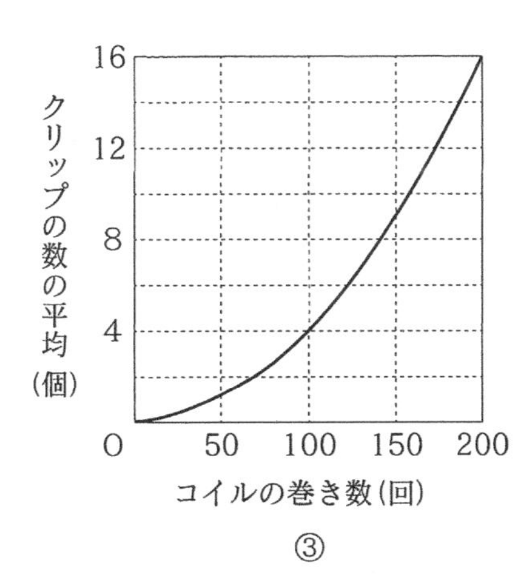

③

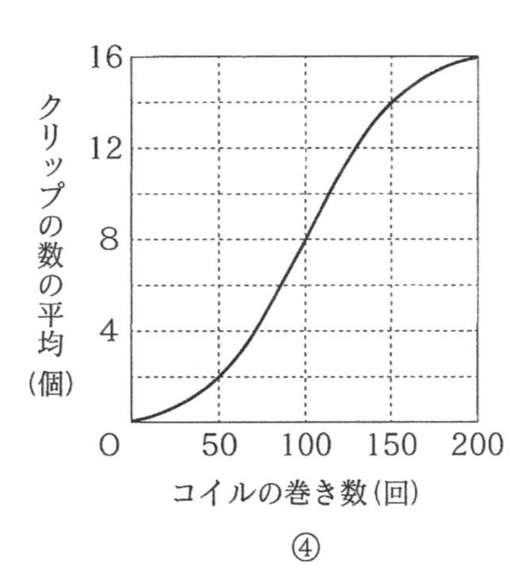

④

Ⅱ　実験用てことおもりを用いて，実験を行いました。

［実験４］　図７のように，てこの左うでの目もり４に10ｇのおもりを３個つるした。次に，右うでの目もり１に10ｇのおもりをつるして，てこが水平につり合うときのおもりの数を調べた。また，おもりをつるす目もりを変えて同様の操作を行った。表３は，その結果をまとめたものである。ただし，表３の×は，てこが水平につり合わなかったことを表している。

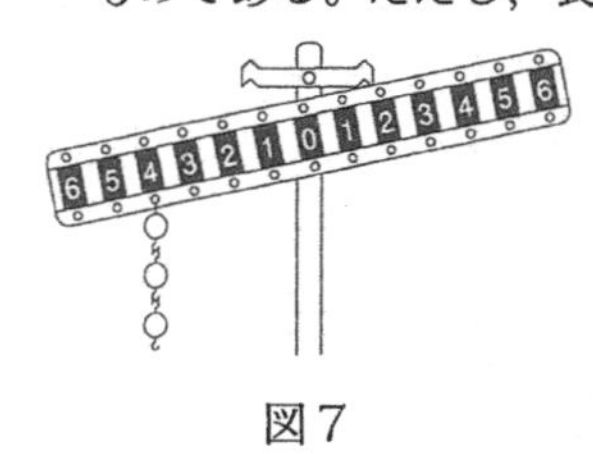

図７

	左うで	右うで					
目もり	4	1	2	3	4	5	6
おもり(個)	3	12	6	4	3	×	2

表３

［実験５］　図８のように，てこの左うでの目もり５に10ｇのおもりを２個つるし，左うでの目もり１にばねばかりをつけて上向きに引っ張り，てこが水平につり合うときのばねばかりの値を調べた。また，おもりをつるした目もりとおもりの数を変えずに，ばねばかりをつける左うでの目もりを変えて同様の操作を行った。表４は，その結果をまとめたものである。

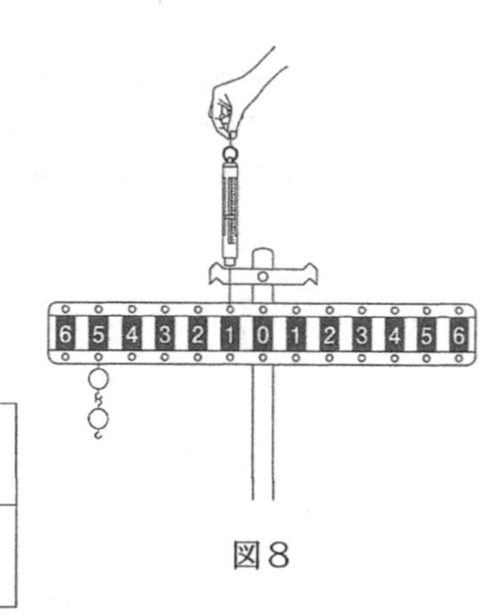

図８

はねばかりをつける左うでの目もり	1	2	3	4	5	6
はねばかりの値(g)	100	50	33	25	20	17

表４

問４　作用点が力点と支点の間にある道具として正しいものを，次の①～④の中から１つ選び，番号で答えなさい。

ペンチ　くぎぬき　せんぬき　トング

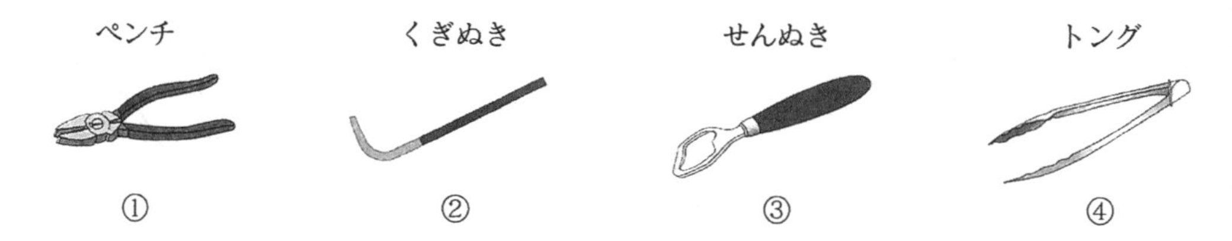

①　②　③　④

問５　実験４で，てこが水平につり合うときに成り立つ関係として正しいものを，次の①～④の中から１つ選び，番号で答えなさい。

①　左うでの目もり ＋ 左うでのおもりの数 ＝ 右うでの目もり ＋ 右うでのおもりの数

②　左うでの目もり ＋ 右うでのおもりの数 ＝ 右うでの目もり ＋ 左うでのおもりの数

③　左うでの目もり × 左うでのおもりの数 ＝ 右うでの目もり × 右うでのおもりの数

④　左うでの目もり × 右うでのおもりの数 ＝ 右うでの目もり × 左うでのおもりの数

問６　実験５の結果から，てこの左うでの目もり５に10ｇのおもりを３個つるし，左うでの目もり２にばねばかりをつけ，てこが水平につり合うとき，ばねばかりの値は何ｇになると考えられますか。

令和６年度
Ａ日程　入学試験問題

社　　会

筑陽学園中学校

(30分)

注　　意

1．受験番号、出身小学校名、氏名を忘れずに
　記入してください。

2．解答はすべて解答用紙の定められたらんに
　記入してください。

3．試験問題は 1 から 3 まであります。

1 次の文を読んであとの問いに答えなさい

近年、①日本列島各地で②台風による被害が相次いでいます。また、台風が接近しているにもかかわらず、③徳島県最大の盆踊りのイベントを開催したという報道もありました。そもそも台風とは北太平洋の南西部に発生する熱帯低気圧のうち、最大風速が毎秒17.2メートル以上に発達したものです。直径数百から千キロメートルほどのうず巻で、風は中心に向かって反時計回りに吹き込みます。風速は中心から数十キロメートル離れたところが最大で、中心では静かになっていることが多いです。気象庁の記録として残る最古の台風被害は1902年の足尾台風によるものです。この台風は④千葉県から新潟県、北海道北部を通過し、主に関東地方から東北地方南部にかけて被害をもたらしました。（ X ）気象台によると、この台風によって⑤栃木県内では死者・行方不明者219名、家屋の全壊・流失約8200棟の被害が出ました。台風は農業や⑥漁業、⑦工業においても大きな被害をもたらしてきました。台風に対してしっかりと対策することが大切です。

問１　下線部①について、次の**図１**は日本の国土の範囲を表した地図です。地図中**Ａ～Ｄ**は日本の国土の端の島です。**Ａ～Ｄ**の島の名前の組み合わせとして正しいものを次の㋐～㋓の中から１つ選び、記号で答えなさい

図１

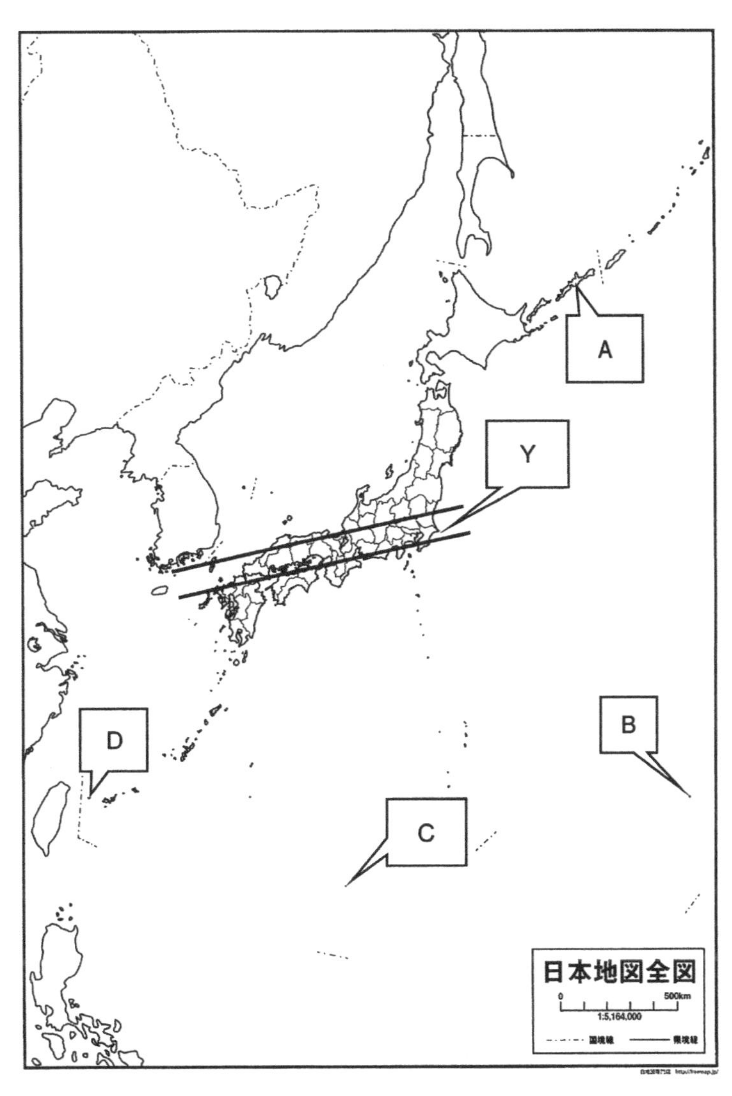

	A	B	C	D
㋐	国後島	南鳥島	沖ノ鳥島	尖閣諸島
㋑	択捉島	南鳥島	沖ノ鳥島	与那国島
㋒	国後島	沖ノ鳥島	南鳥島	与那国島
㋓	択捉島	沖ノ鳥島	南鳥島	尖閣諸島

問２　下線部②について、あとの問いに答えなさい。

（１）次の**図２**は気象庁が発表した過去30年間の地域別・月別の台風接近の平年値（平均の数）をまとめた図です。例えば、沖縄地方の６月は平均0.6個の台風が接近していて、１年間の平均は7.7個の台風が接近していることを表しています。この図について述べた文としてあやまっているものを次の㋐～㋓の中から１つ選び、記号で答えなさい。

図２

		1月	2月	3月	4月	5月	6月	7月	8月	9月	10月	11月	12月	年間
沖縄地方					0.0	0.4	0.6	1.5	2.2	1.9	1.1	0.3	0.0	**7.7**
九州南部・奄美地方	奄美地方				0.0	0.2	0.4	0.7	1.1	1.3	0.7			**4.3**
	九州南部				0.0	0.1	0.4	0.7	1.0	1.2	0.5			**3.9**
九州北部地方（注1）					0.0	0.1	0.3	0.8	1.1	1.1	0.4			**3.8**
四国地方						0.1	0.3	0.7	0.9	1.0	0.4			**3.3**
中国地方（注1）						0.1	0.2	0.6	0.8	1.1	0.3			**3.0**
近畿地方						0.1	0.3	0.6	0.7	1.1	0.7			**3.4**
東海地方						0.1	0.2	0.6	0.8	1.2	0.7			**3.5**
北陸地方							0.2	0.5	0.7	1.0	0.4			**2.8**
関東甲信地方	関東地方（注2）、甲信地方					0.0	0.2	0.4	0.8	1.2	0.7			**3.3**
	伊豆諸島、小笠原諸島				0.1	0.4	0.4	0.7	1.0	1.5	1.3	0.3	0.0	**5.4**
東北地方						0.0	0.2	0.3	0.8	0.9	0.5			**2.7**
北海道地方							0.1	0.2	0.7	0.7	0.2			**1.9**

（注１）「九州北部地方」は山口県を含み、「中国地方」は山口県を含みません。
（注２）「関東地方」は伊豆諸島および小笠原諸島を含みません。
（注３）小数点第２位以下切り捨てにより、各月の平年値の合計と年間の平年値とは必ずしも一致しません。

(気象庁HPより)

㋐　台風の接近が一年間で最も多いのは沖縄地方である。
㋑　一年間に北海道地方に接近する台風は九州北部地方に接近する台風の約半分である。
㋒　一か月間で接近する台風が最も多いのは沖縄地方の８月である。
㋓　沖縄地方は全ての月で他の地方よりも多くの台風が接近している。

(2) 2023年9月、台風13号が東日本に接近しました。その時の被害の状況として正しいものを、次の㋐～㋓の中から1つ選び、記号で答えなさい。

㋐　線状降水帯がもたらした大雨によって、千葉県で洪水被害が起きた。
㋑　台風の暴風域の中での風速50m/sの強風により10階建てビルが倒壊(とうかい)した。
㋒　台風接近にともなう高波によってタンカーが転ぷくして、原油が流出した。
㋓　台風に巻き込まれて航空機が着陸に失敗して、多くの死傷者を出した。

(3) 日本に向かう台風は主にどのような経路をたどりますか。**図3**中の矢印㋐～㋓の中から1つ選び、記号で答えなさい。

図3

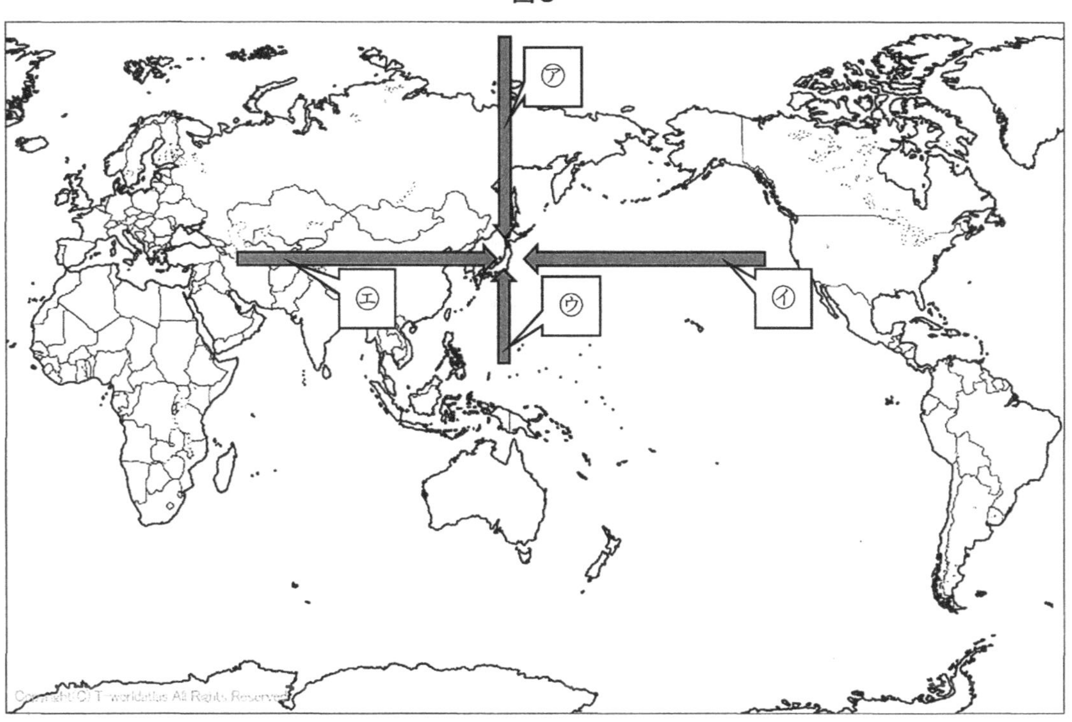

問３　下線部③を何といいますか。下の写真を参考にして、解答らんに合うように答えなさい。

問４　下線部④について、下の㋐～㋓は那覇市・新潟市・長野市・千葉市の雨温図です。千葉市を表しているものを１つ選び、記号で答えなさい。

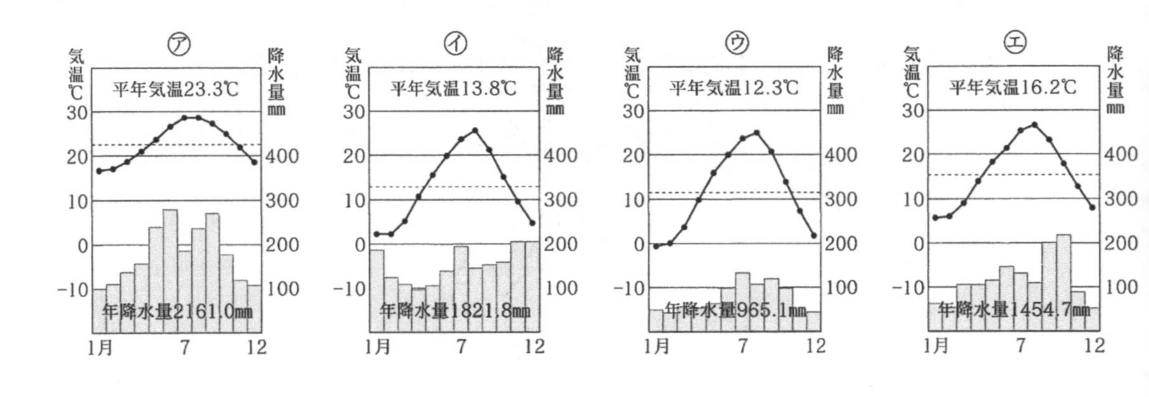

問５　本文中の空らん（　X　）には下線部⑤の県庁所在地が入ります。空らん（　X　）にあてはまる市の名称を解答らんに合うように**漢字**で答えなさい。

問６　下線部⑥について、次の**図４**は主な魚種の価格の推移（全国）です。この図について述べた文としてあやまっているものを次の㋐～㋓の中から１つ選び、記号で答えなさい。

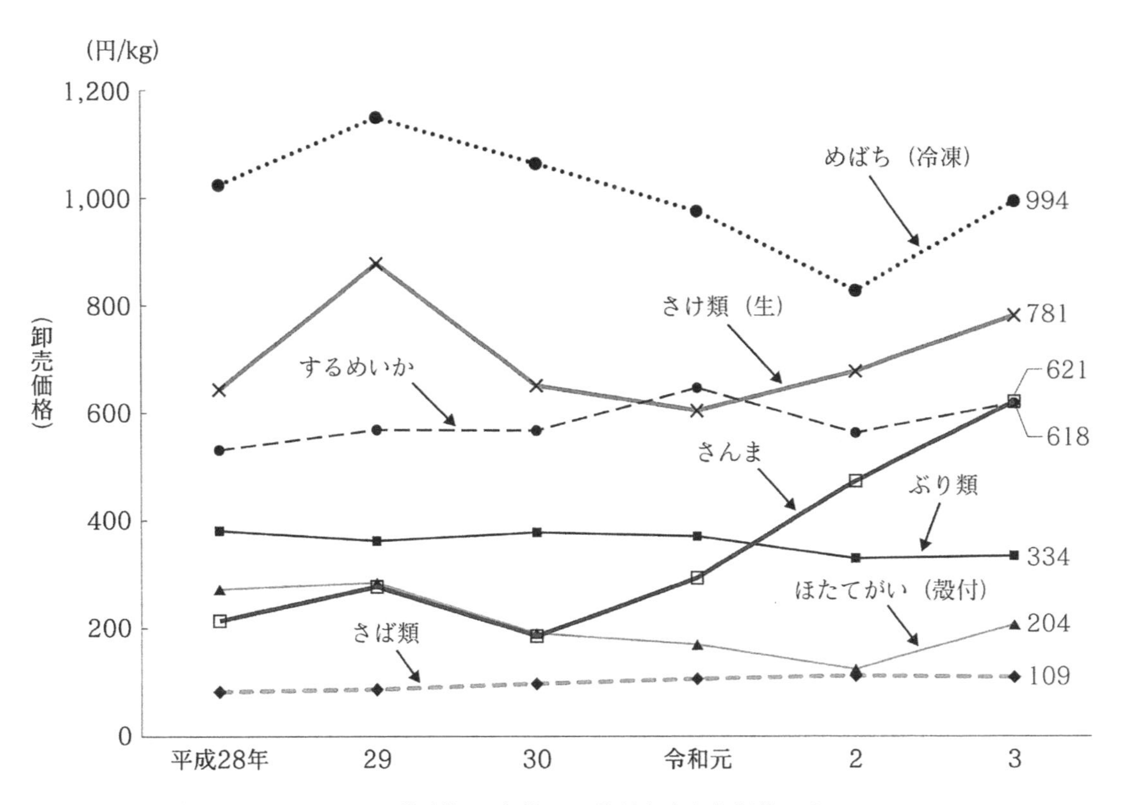

注：さけ類（生）及びほたてがい（殻付）の価格は、養殖を含んだ価格です。

（農林水産省HPをもとに作成）

㋐　さけ類（生）は平成29年から価格が下がっていたが、令和元年からは価格が上昇している。
㋑　さんまは平成30年から令和３年まで価格が上昇し続けている。
㋒　めばち（冷凍）は令和３年の価格が最も高い。
㋓　さば類は価格があまり変化せずに安定している

問７　下線部⑦について、工業に関するあとの問いに答えなさい。

（１）**図１**の**Y**の地域は様々な工業地帯や工業地域が連なっています。この地域は何と呼ばれているのか答えなさい。

（２）工業生産の費用が安い東南アジアに多くの日本の企業が工場を移しました。このことにより日本の産業がおとろえてしまいました。このような現象を何といいますか。解答らんに合うように答えなさい。

2 筑陽さんは夏休みのレポートで日本の世界遺産についていくつか調べてまとめました。レポート中の空らん（　X　）（　Y　）にあてはまる語句を（　X　）は**漢字２字**、（　Y　）は**漢字４字**でそれぞれ答え、あとの問いに答えなさい。

日本の世界遺産

1 「神宿る島」宗像（むなかた）・沖の島と関連遺産

①大和朝廷により、国家の平和や航海の安全などを祈（いの）るぎしきが行われた。

2 法隆寺地域の仏教建築物

②仏教をあつく信仰していた③聖徳太子が建てて、仏教の教えを広めようとした。

3 平泉―仏国土（浄土）を表す建築・庭園及び考古学的遺跡群―

④平安時代の後半に、争いのない平和な世の中を祈って、藤原（ふじわら）清衡（きよひら）がこの遺跡群に属する中尊寺を建てた。

4 厳島神社

武士の⑤平清盛は、この場所を平氏の守り神としてまつり、海上交通の安全を祈った。

5 日光東照宮

３代将軍徳川家光が祖父の⑥家康をまつる東照宮を大規模に建て直し、大名たちに幕府の力を見せつけた。

6 富岡製糸場と絹産業遺産群

⑦殖産興業（しょくさんこうぎょう）のため、模範（もはん）的な製糸場としてつくられ、⑧日本の産業の発展に貢献（こうけん）した。

7 原爆ドーム

⑨原爆ドームは、⑩戦後、保存か取り壊しかの方針が決まらないまま放置されていた。しかし、１歳の時に被爆（ひばく）した楮山（かじやま）ヒロ子さんの日記をきっかけに保存運動が進められ、1996年に世界文化遺産に登録された。

8 古都京都の重要文化財

下の写真はその文化財の１つである、室町幕府８代将軍足利義政が建てた（　X　）である。

9 古都奈良の重要文化財

下の写真はその文化財の１つである、鑑真が僧の修行のために創建した（　Y　）である。

令和六年度　筑陽学園中学校　A日程入学試験　**国語**　解答用紙

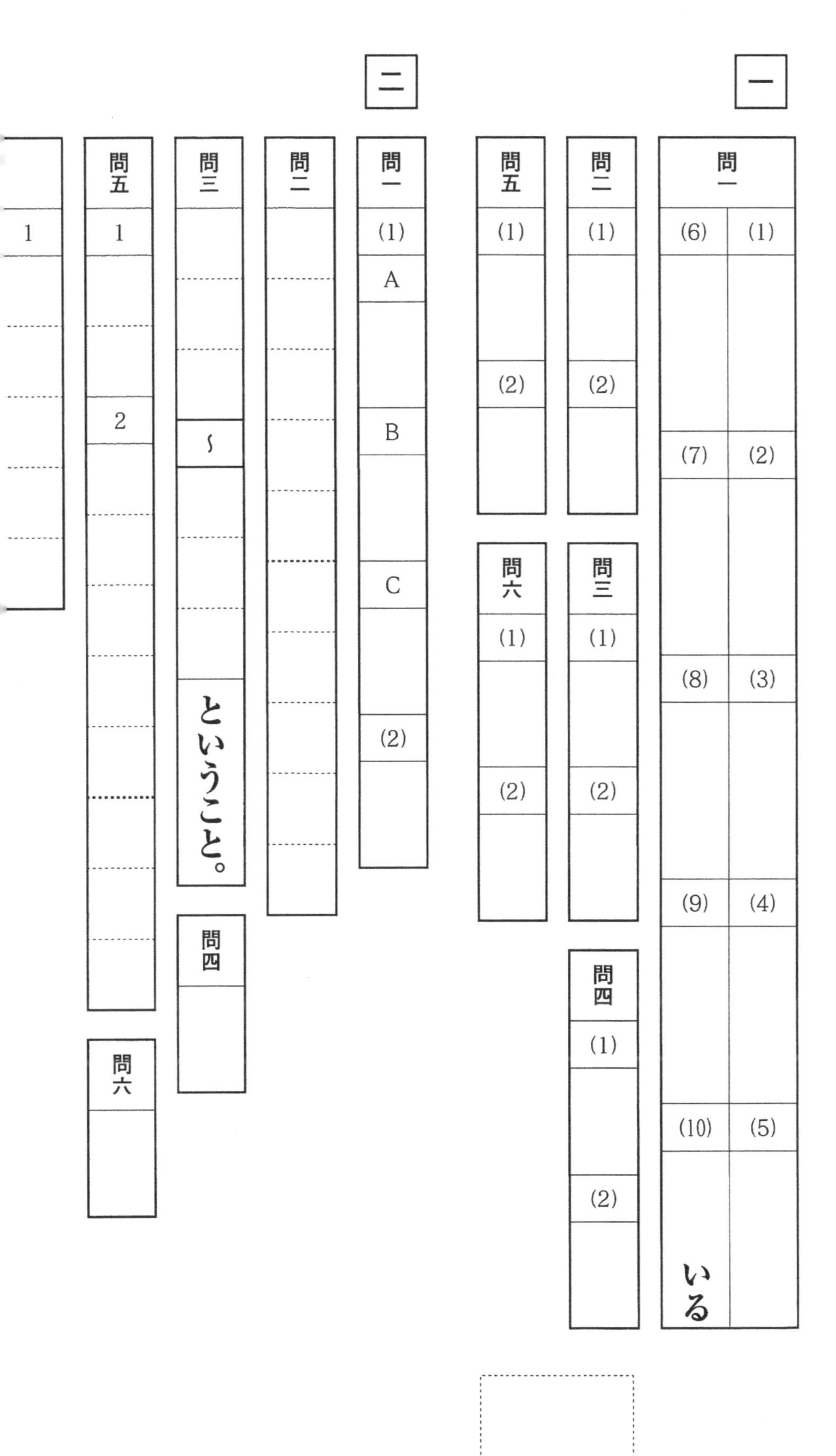

3	(1)	cm^2	(2)	cm^3

4	(1)	km	(2)	km	(3)	分後

5	(1)	cm	(2)	cm	(3)	倍

受験番号	出身小学校	氏名
	小学校	

得点	1		合計	
	2～5			※100点満点（配点非公表）

Ⅱ	問4	座	問5		問6	

4

Ⅰ	問1		問2		問3	
Ⅱ	問4		問5		問6	g

受験番号	出身小学校	氏　名
	小学校	

得点	※50点満点（配点非公表）

3	問1		問2		問3	

問4	

問5	(1)		(2)	

問6		問7	

受験番号	出身小学校	氏　　名
	小学校	

得点	※50点満点 （配点非公表）

令和6年度　筑陽学園中学校　A日程　入学試験　**社会**　解答用紙

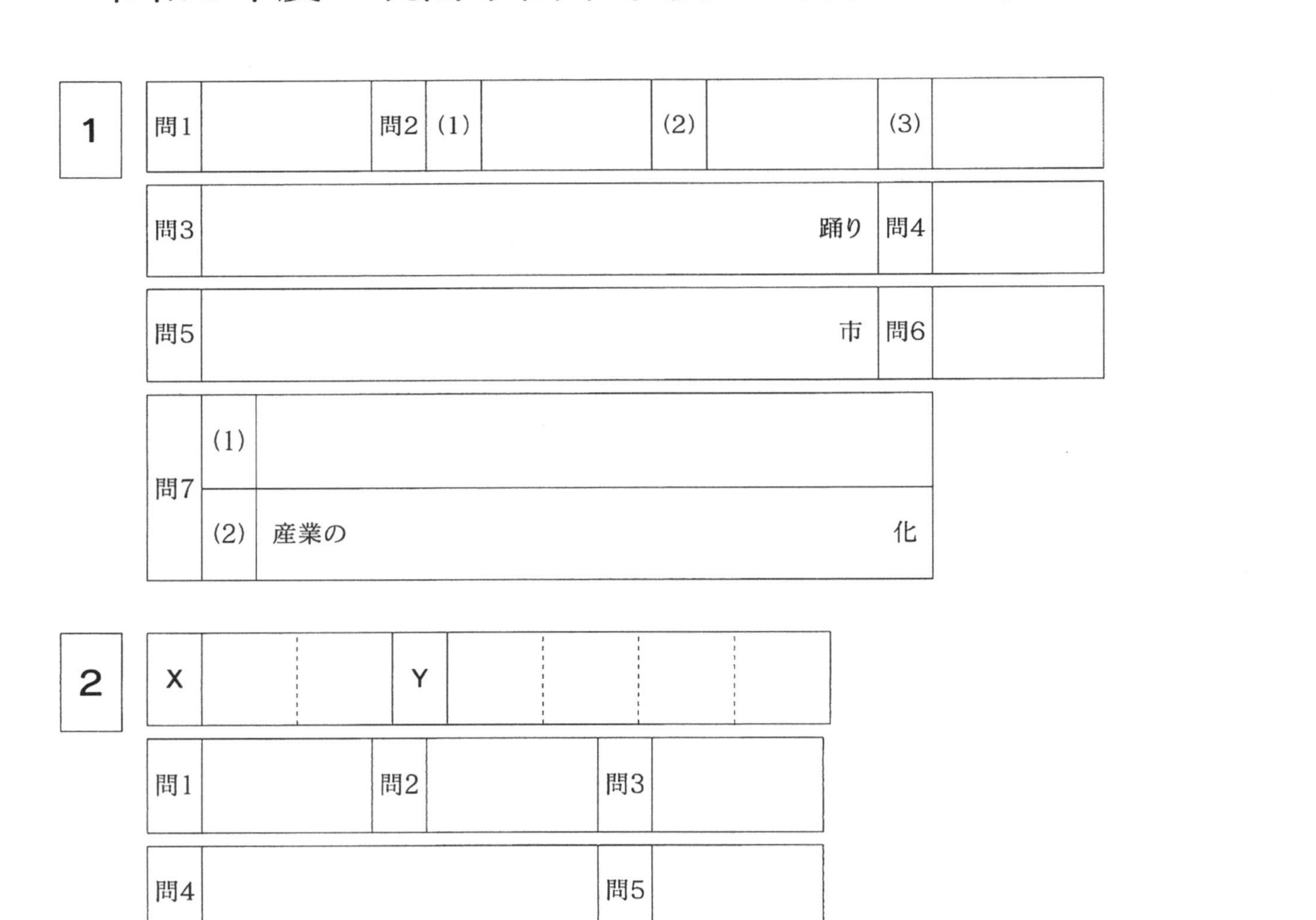

1

問1		問2	(1)		(2)		(3)	

問3	踊り	問4	
問5	市	問6	

問7	(1)	
	(2)	産業の　　　　化

2

X			Y				

問1		問2		問3	
問4				問5	
問6		問7		問8	

令和6年度　筑陽学園中学校　A日程　入学試験　**理科**　解答用紙

1

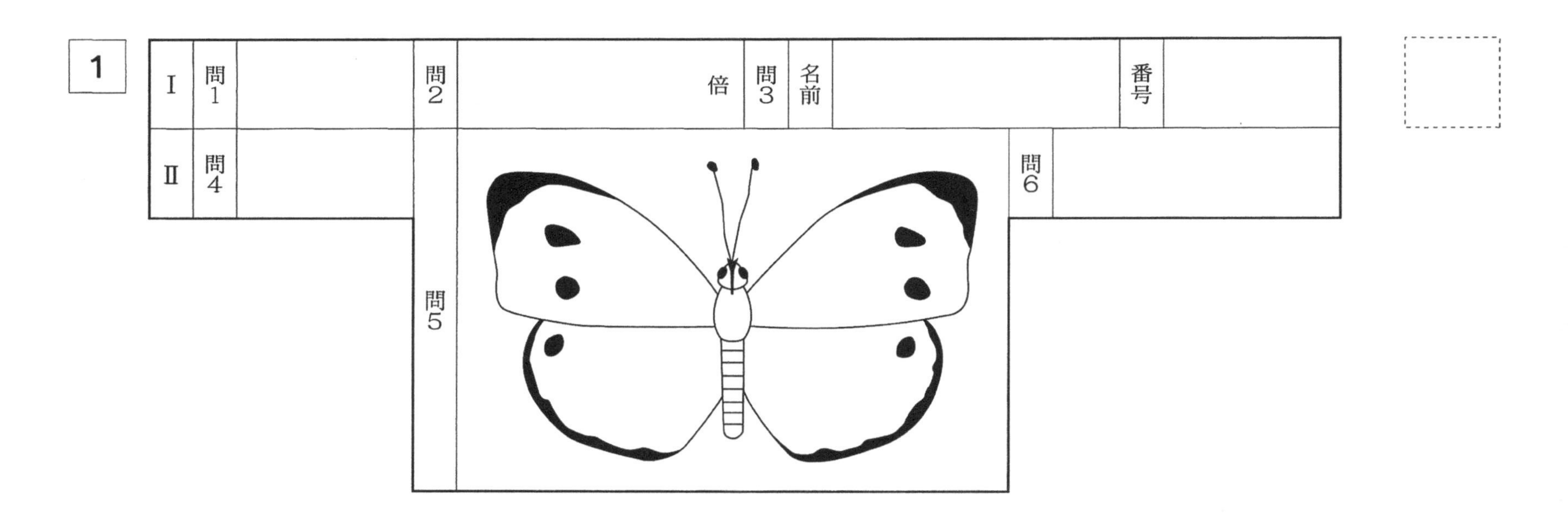

2

Ⅰ	問1		問2		問3	L
Ⅱ	問4		問5		問6	

令和6年度　筑陽学園中学校　A日程入学試験　**算数**　解答用紙

1

(1)		(2)		(3)	
(4)		(5)		(6)	
(7)		(8)		(9)	
(10)		(11)	個	(12)	cm^3
(13)	cm	(14)		(15)	円
(16)	通り	(17)	時速　　km	(18)	
(19)	点	(20)	cm^2		

2

(1)	個	(2)	cm

【解答

三

問八
生徒

問一
(1)
A
B
C
(2)

問二
1
2

問三

問四

問五

問六
〜

問七
〜

問八
生徒

受験番号

出身小学校

小学校

氏名

得点

※100点満点
（配点非公表）

問１　下線部①の大王について述べた文として正しいものを、次の㋐～㋓の中から１つ選び、記号で答えなさい。

㋐　ワカタケル大王が中国に手紙を送り、多くの国を従えていることを伝えた。
㋑　卑弥呼がのちに初代天皇となった。
㋒　ヤマトタケルノミコトが、西日本へいってエミシを打ち倒（たお）した。
㋓　シャクシャインの墓として古墳がつくられた。

問２　下線部②に関して述べた文としてあやまっているものを、次の㋐～㋓の中から１つ選び、記号で答えなさい。

㋐　奈良時代には、行基が農民とともに東大寺の大仏づくりに協力した。
㋑　平安時代には、貴族の間で末法の考えが広まり、天皇や貴族によって多くの阿弥陀堂（あみだどう）がつくられた。
㋒　戦国時代には、石山本願寺や延暦寺が戦国大名と戦った。
㋓　江戸幕府は、仏教徒が幕府の命令に従わなくなるのを恐れて、全ての仏教を禁止した。

問３　下線部③は現在の大阪府内に四天王寺という寺を建てたと言われています。現在の大阪府内でおこった出来事Ａ・Ｂ・Ｃの順番として正しいものを、次の㋐～㋕の中から１つ選び、記号で答えなさい。

Ａ　聖武天皇が国内の反乱をきっかけに、宮を難波に移した。
Ｂ　中大兄皇子と中臣鎌足が蘇我氏をたおし、宮を難波に移した。
Ｃ　日本最大の古墳である大仙陵古墳（伝仁徳天皇陵）が造られた。

㋐　Ａ→Ｂ→Ｃ　　㋑　Ａ→Ｃ→Ｂ　　㋒　Ｂ→Ａ→Ｃ
㋓　Ｂ→Ｃ→Ａ　　㋔　Ｃ→Ａ→Ｂ　　㋕　Ｃ→Ｂ→Ａ

問４　下線部④のころの人物で、百人一首にも収められている「めぐりあひて　見しやそれとも　わかぬまに　雲がくれにし　夜半（よは）の月かな」という歌を詠（よ）んだ源氏物語の作者は誰ですか。名前を**漢字**で答えなさい。

問５　下線部⑤について述べた文としてあやまっているものを、次の㋐～㋓の中から１つ選び、記号で答えなさい。

㋐　平治の乱で源頼朝の父を破った。
㋑　武士として初めて太政大臣の地位につき、中国（宋）との貿易を進めた。
㋒　むすめを天皇のきさきとし、生まれた子を天皇に立てたことで強い力を持つようになった。
㋓　1192年に朝廷から征夷大将軍に任じられた。

問６　下線部⑥に関して、徳川家康、織田信長、豊臣（羽柴）秀吉らが天下統一を果たしていく様子が次のような歌に詠まれました。

「【　Ⅰ　】がつき【　Ⅱ　】がこねし　天下もち　すわりしままに　食ふは【　Ⅲ　】」

【　Ⅰ　】～【　Ⅲ　】にあてはまる武将の組み合わせとして正しいものを、次の㋐～㋕の中から１つ選び、記号で答えなさい。

㋐　Ⅰ：徳川　　Ⅱ：織田　　Ⅲ：羽柴
㋑　Ⅰ：徳川　　Ⅱ：羽柴　　Ⅲ：織田
㋒　Ⅰ：織田　　Ⅱ：徳川　　Ⅲ：羽柴
㋓　Ⅰ：織田　　Ⅱ：羽柴　　Ⅲ：徳川
㋔　Ⅰ：羽柴　　Ⅱ：徳川　　Ⅲ：織田
㋕　Ⅰ：羽柴　　Ⅱ：織田　　Ⅲ：徳川

問７　下線部⑦について、明治新政府は様々な改革を行いました。その明治新政府の改革の説明としてあやまっているものを、次の㋐～㋓の中から１つ選び、記号で答えなさい。

㋐　これまで各地に置かれていた藩を廃止して、新たに県や府を置いて政府が任命した役人に治めさせた。
㋑　ヨーロッパの国々に追いつくために、新たな工場を造り、工業を盛んにした。
㋒　強い軍隊をもつために、もともと武士だった人のみに３年間軍隊に入ることを義務づけた。
㋓　これまでは収穫高に応じて米で納めることになっていた税を現金で納めるようにした。

問８　下線部⑧に関して、このような産業の発展によって不平等条約の改正が実現したが、その不平等条約についての説明としてあやまっているものを、次の㋐～㋓の中から１つ選び、記号で答えなさい。

㋐　ノルマントン号事件では、イギリス人の船長がイギリスの領事裁判で、軽いばつを受けただけだった。
㋑　陸奥宗光は1894年にイギリスとの条約改正に成功し、領事裁判権をなくすことに成功した。
㋒　日本は1858年に日米修好通商条約で不平等な条約を結んだ。
㋓　外務大臣の新渡戸稲造は1911年に条約改正に成功し、関税自主権を回復させた。

問９　下線部⑨が投下された場所として正しいものを、次の地図中㋐～㋔の中から**全て**選び、記号で答えなさい。

問10　下線部⑩について、戦後の出来事**A**・**B**・**C**の順番として正しいものを、次の㋐～㋕の中から１つ選び、記号で答えなさい。

A　日本は国際連合への加盟が認められ、再び国際社会に復帰した。

B　日本はアメリカで開かれた講和会議で48カ国と平和条約を結び、主権を回復した。

C　日本と中国との間で日中平和友好条約が結ばれた。

㋐　A→B→C　㋑　A→C→B　㋒　B→A→C

㋓　B→C→A　㋔　C→A→B　㋕　C→B→A

3 サミットに関する次の文を読んで、あとの問いに答えなさい。

2023年5月19日から21日まで①広島県で主要国首脳会議（Ｇ７サミット）が開かれました。サミットとは②第一次石油危機後の世界的な経済問題を先進国で話し合うことを目的として、1975年にフランスで各国の③首相や大統領が会議を行ったのが始まりです。Ｇとはグループ（Ｇｒｏｕｐ）のＧの頭文字を取ってつけられました。先進国でグループを作ったという意味です。1998年にはロシアが加わり、Ｇ８サミットとして会議は開催されてきました。しかし、2014年にロシアがクリミアを併合(へいごう)し、（　Ｘ　）の主権と領土侵害を行いました。この事件を機にロシアはＧ８への参加停止となり、その後、主要国首脳会議は再びＧ７サミットと呼ばれています。

今回のサミットの成果をまとめた宣言では「法の支配に基づく自由で開かれた国際秩序(ちつじょ)を守り抜くこと」「（　Ｘ　）支援の継続」「『④核兵器のない世界』への取り組み」「グローバル・サウスとも呼ばれる⑤新興(しんこう)国や途上国との関係強化」などが盛り込まれました。また、（　Ｘ　）の大統領が来日し、原爆資料館見学後に世界平和を訴える演説を行いました。今回のサミットは特にＧ７の結束の強化を訴えて終わりましたが、国際社会には一国で解決できない課題が山積みです。例えば⑥感染症の世界的な流行や、難民問題、地球温暖化などです。日本にとっては、課題解決のために他国との協調・対話を進めることの重要性を再確認したものとなりました。今年の会議はイタリアで開かれる予定です。

問１　下線部①にある原爆ドームは、国際連合の教育科学文化機関によって世界文化遺産に認定されています。この教育科学文化機関のアルファベット略称を、次の㋐～㋓の中から1つ選び、記号で答えなさい。

㋐　ＵＮＣＴＡＤ　　㋑　ＵＮＩＣＥＦ　　㋒　ＵＮＥＳＣＯ　　㋓　ＵＮＥＰ

問２　下線部②が起きたきっかけとして正しいものを、次の㋐～㋓の中から１つ選び、記号で答えなさい。

㋐　サウジアラビアなどの産油国が原油価格を大幅に引き上げたから。
㋑　産油国であるイランとイラクが戦争を始めたから。
㋒　湾岸戦争が起きて、産油国からの原油の供給が途切れたから。
㋓　アメリカの投資銀行が倒産して、その影響が産油国におよんだから。

問３　下線部③について、日本では首相が国会議員の中から指名され、内閣が国会の信任で成立する政治制度をとっています。このような制度を何といいますか。**漢字**で答えなさい。

問４　下線部④について、日本は「もたない、つくらない、もちこませない」を宣言しています。この宣言を何と呼びますか。**漢字**で答えなさい。

問５　下線部⑤と日本との関連について、あとの問いに答えなさい。

（１）次のグラフの㋐、㋑、㋒、㋓には中華人民共和国、インド、アメリカ合衆国、日本のいずれかが入ります。㋐～㋓の中からインドにあたるものを選び、記号で答えなさい。

世界の人口　78.8億人（2021年）

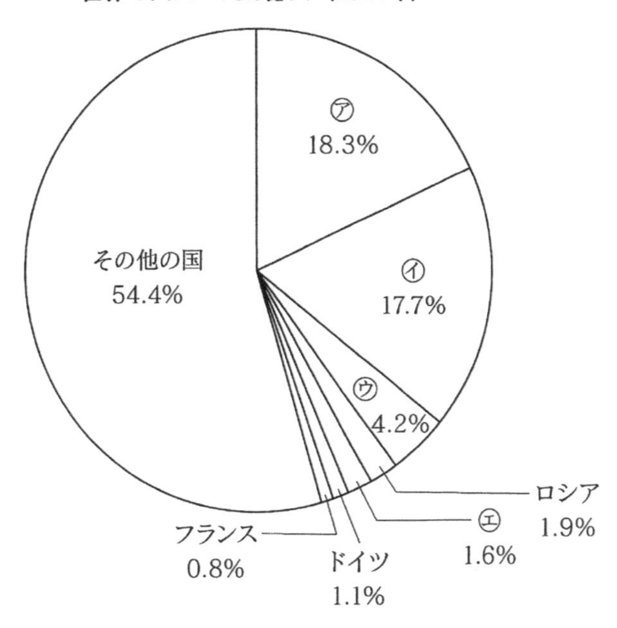

世界の一次エネルギー消費（2019年）
＊石油換算で144.9億トン

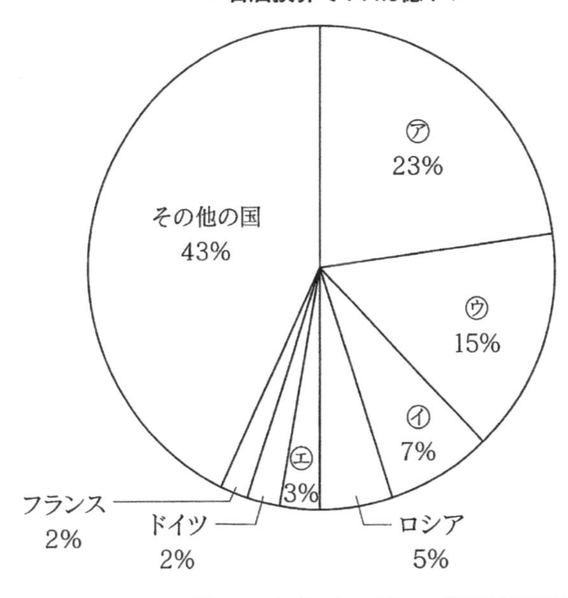

（『EDMC／エネルギー・経済統計要覧2022』『世界国勢図会2023』）

（２）日本の国際協力を行う組織である国際協力機構（JICA）は、発展途上国に20～39歳の人を隊員として派遣し、その国で必要とされる手助けをする事業を行っています。この隊のことを何といいますか。**漢字**で答えなさい。

問６　下線部⑥に対し、ワクチン接種などの施策(しさく)を主に行った日本の行政機関を、次の㋐～㋓の中から１つ選び、記号で答えなさい。

㋐　環境省　　㋑　外務省　　㋒　厚生労働省　　㋓　国土交通省

問７　文中の（　X　）には、2022年２月に再びロシアに侵攻され、激しい戦闘を広島サミット時も繰り広げていた国名が入ります。この（　X　）に入る国名を**カタカナ**で答えなさい。

令和５年度
Ａ日程　入学試験問題

国　　語

筑陽学園中学校

（50分）

注　意

1．受験番号、出身小学校名、氏名を忘れずに記入してください。

2．解答はすべて解答用紙の定められた欄（らん）に記入してください。

3．試験問題は 一 から 三 まであります。

2023(R5) 筑陽学園中
K 教英出版

一　次の問いに答えなさい。

問一　次の――部のカタカナは漢字に直し、漢字は読みを答えなさい。（送りがなが必要なものは送りがなも答えなさい。）

(1) 会社のギョウセキが上がる。　(2) 円のチョッケイをはかる。　(3) 立入禁止のカンバンを立てる。

(4) メイロを作って遊ぶ。　(5) 車が長くツラナル。　(6) ココロヨイ風が吹いている。

(7) 家が破損する。　(8) 都合の良いことを言う。　(9) 実家から便りが届く。

(10) 奮ってご参加ください。

問二　次の意味の慣用句になるように、下の（　）に当てはまる漢字一字をそれぞれ答えなさい。

(1) （意味）今にも死にそうな様子。…（　）の息。

(2) （意味）非常に困る。…（　）をかかえる。

問三　次の文の（　）に入る最も適当なものをそれぞれ後から選び、記号で答えなさい。

(1) （　）で鼻をくくるような不誠実な対応をされた。

ア 目　イ 水　ウ 石　エ 木

(2) 彼の話に合いの手を（　）。

ア たたく　イ 入れる　ウ とる　エ 示す

問四　次の四字熟語のカタカナの部分を、それぞれ漢字に直しなさい。

(1) 言語ドウ断　(2) イ心伝心

問五　次の熟語の読みは、後のどの組み合わせになっていますか。それぞれ記号で答えなさい。

(1) 指図　(2) 職場

ア 音と音　イ 訓と訓　ウ 音と訓　エ 訓と音

問六　次の上と下の語句が、(1)は同じ意味（＝）に、(2)は反対の意味（↕）になるように、＿＿に入る漢字一字をそれぞれ答えなさい。

(1) 突然＝＿＿意　(2) 従属↕支＿＿

二

次の文章を読んで、後の問いに答えなさい。（字数制限がある場合は、句読点や記号も一字とする。）

「宇宙船地球号」や「地球環境」という言葉が一九九〇年頃から世界的に使われるようになりました。狭い地域や国を超えて地球規模で考えなければ、「地球温暖化」の問題や海を渡る鳥たちの保護や海洋を移動する鯨や魚などの保護は考えられない、という言い方は説得力があります。しかし、①こういうスケールの大きい見方は私たちの実感を伴いません。そこで科学的なデータに基づいた話になります。そうなると②専門家の言い分に従わざるをえなくなります。

それはともすると、私たち一人一人の実感を軽んじ、みなさんが住んでいる在所（地域）の特性が眼中になくなります。地球全体の問題が優先されるようになります。【1】

いずれにしても、これらの③西洋発の新しい自然保護思想があまり広がっていないのは、近代化が進んだ国の事情と価値観を土台にしているので、世界各地のそれぞれの国に特有の生きもの観、天地自然観、生命観、生活観となかなかつながらないからです。

それにさらに大切なことは、「生物多様性」にしても「地球環境」にしても「自然保護」にしても、そこで生きている人の姿が見えないことです。あまりにも一般的に考えられ、誰にでも、どこにでも通用するような語り方をされるからです。具体的な事例であっても、そこで生きている人間の感覚（内からのまなざし）が表に出てこないからです。【2】

こうした反省を踏まえて、現在では人間と自然の関係を考える学問・思想が※「環境倫理」として一つの分野をなそうとしていますが、期待していいものでしょうか。

生きものが死んでいっても、また生まれて、生がくり返すことを見れば、どんなに※安堵することでしょう。これこそが、私たちが死を乗り越える最良の方法ではないでしょうか。※百姓が「また今年も草が伸びる季節がやってきた」と話すときに、「草とりは大変ですね」という意味に受け取り、※労苦ばかりを読み取ってきたのは間違いです。農業を近代化することがいいことだと思っているとそう受け取るのです。

[A]、そこに「また草と会える。草とりができる」喜びと安堵を感じるからこそ、「草を殺す」という罪悪感を持たずに済んでいるのです。西洋の「自然保護」はここまで踏み込むことがありません。このことを科学者に話すと、「それは生物の再生のことですね」「死んで、分解されて、また生まれる物質※循環のことですね」「そういう生態系は安定しているということですね」「生物種の持続のことですかね」などと、外からのまなざしだけで片付けようとします。

生きもの一匹一匹の生死よりも、生態系全体を安定させ持続させていけば何の不都合もない、というのは、「生物多様性」などに見られる外からのまなざしの特徴です。こうしたいかにも※大局に立ったかのような視点は、身近な生きものの生死から目をそらすことになります。生きとし生けるものの死の上にこそ、自然もそして農業も成り立っていることを忘れてしまいます。

「また会える」という□こそ、自然が変わらないことの□でもあるのです。それは農業がずっと続けられてきた証でもあります。農業は同じ仕事をくり返し続けてきました。その結果、同じ生きものが毎年毎年生まれるようになり、いつも顔を合わせることができるようになりました。この百姓仕事を続けないと、天地自然が変化し（田畑も荒れて）、めぐみが受け取れないことになります。この変化こそが最も避けなければなりません。それは天地自然の怒りに触れることになります。天罰があたることを恐れるからこそ、天地自然のめぐみへの感謝の念も強くなりました。【3】

ところが、こういう見方に対して「結果的にそうなっているのであって、意識的に守ろうとしたのではない」という批判があります。それは④西洋的な、近代的な見方だと思います。[B]蛙を育てる意識的な稲作技術はありませんが、田んぼで蛙がいっぱい生まれているのは、蛙へのまなざしが無意識に含まれている百姓仕事が行われているからだと、これまでも語って来ました。現代の「技術」とは目的とするもの（米）を意識的に生産するもので、目的としていないもの（蛙）を育てるわけがありません。しかし、技術を仕事の中に組み込み自分のものにしている百姓には、蛙への情愛が発揮できるというわけです。誤解がないように一言付け加えると、それは結果的に破壊(はかい)されたものだからとして、責任が問えないということではありません。【4】

毎年毎年、田植えをし、田まわりをし、稲刈(いねか)りをし続けると、身体(からだ)の中に生きものへのまなざしが蓄積(※ちくせき)され、知らず知らずに（無意識に）生きものも守っているのです。［C］、天地のめぐみを受け身で（選択することは後回しにして）とにかく受け止めるのが百姓の伝統的な感覚なのです。この受け身の感覚がこれまでうまく表現されて来なかったことが残念です。西洋の発想とは異なる発想で天地自然とつきあい、めぐみをいただきながら、身の回りの自然を支えてきたことを強調したいのです。

（宇根豊『日本人にとって自然とはなにか』ちくまプリマー新書による）

※ 環境倫理 …… 環境問題に対する人類のとるべき行いを考える学問。 ※ 安堵 …… 安心すること。
※ 百姓 …… 農業をする人。 ※ 労苦 …… 苦労。 ※ 循環 …… ひとまわりして元にかえり、それをくり返すこと。
※ 大局に立った …… 全体を見通した。 ※ 蓄積 …… たくわえること。

問一 空らん部について
(1) ［A］～［C］に入る言葉として最も適当なものをそれぞれ次の中から選び、記号で答えなさい。
ア あるいは　イ たしかに　ウ ところで　エ しかし　オ なぜなら
(2) ［　］に共通して入る言葉として最も適当なものを次の中から選び、記号で答えなさい。
ア 共感　イ 予感　ウ 実感　エ 直感

問二 本文には、次の一文がぬけています。それが入る最も適当なところを本文中の【1】～【4】の中から選び、番号で答えなさい。
こうして百姓は天地自然に親和的なくらしの知恵(ちえ)を身につけてきたのです。

問三 ――部①「こういうスケールの大きい見方」とあるが、これはどのような見方ですか。解答らんに合う形で本文中から六十六字でぬき出し、最初と最後の三字で答えなさい。

問四 ――部②「専門家の……なります」とあるが、「専門家の言い分に従」うと、どのような問題が生まれる可能性があると筆者は述べていますか。それを説明した次の文の空らん［1］・［2］に入る最も適当な言葉を、本文中からそれぞれ指定の字数でぬき出して答えなさい。
ある地域に［　1（十字）　］には目が向けられず、［　2（七字）　］ばかりが注目されてしまうという問題。

問五 ――部③「西洋発の新しい自然保護思想」とあるが、これはどのような考え方ですか。最も適当なものを次の中から選び、記号で答えなさい。
ア 自然の生きものへの情愛には目を向けず、科学的なデータをもとに生態系全体の安定を目指すべきだという考え方。
イ 生きものの生死そのものではなく、人間と自然との関係をその地域の生命観や生活観に合わせてとらえる考え方。
ウ 身近な生きものの生死にのみ関心を向け、生態系全体の安定という点には目を向ける必要がないという考え方。
エ 人と自然の関係性に関心を向け、近代的な科学技術や思想にたよって生態系を守っていこうという考え方。

問六 ——部④「西洋的な、近代的な見方」とは、ここでは具体的にどのような見方のことですか。最も適当なものを次の中から選び、記号で答えなさい。

ア 伝統的な稲作の結果として生きものが増えているのであり、無意識に生きものを守っているだけだという見方。
イ 稲作の生産効率を高めた結果として蛙が増えただけであり、蛙への情愛を得ることが目的ではないという見方。
ウ 蛙を保護した結果として米が生産されたのであり、米の生産のために蛙を保護しているわけではないという見方。
エ 百姓仕事の結果として蛙が多く生まれているだけであり、蛙を守ろうとしているわけではないという見方。

問七 本文の内容についての生徒A〜Cの発言を読み、本文の内容を踏まえて、後に続く問いに答えなさい。

生徒A：「自然保護」って聞くと、地球全体の話だとばかり思っていたけど、そのとらえ方にもさまざまな違いがあるんだね。
生徒B：ぼくもおどろいたよ。でも、考えてみると、農業は自然を切りひらいて行うわけだから、「自然破壊」になるのかな？
生徒C：私は、農業が「自然破壊」だとすると、「自然保護」は成り立たないと思うわ。だって、農業は [1] を育んでいると本文から読み取れるもの。そうだとすれば、農業は立派な「自然保護」だと思うの。
生徒A：確かにそうだね。作者にとっての「自然保護」は、[2] を重視しているように感じるね。
生徒B：そうすると、「自然を守る」とか「自然に優しい環境づくり」っていうのは、その時点で [3] が前提にあるわけだから、「自然保護」とは言えないのかな？
生徒C：どちらのとらえ方もある、っていう話じゃない？どちらか一方ではなく、二つの方向からの考えを持つべきだと思うわ。ただ、百姓にとっては、天地自然に対しての [4] が根付いていたから、西洋的な「自然保護」の考え方はあまり広がらなかったのよ。
生徒B：その通りだね。

(1) 空らん [1] 〜 [3] に当てはまる言葉の組み合わせとして最も適当なものを次の中から選び、記号で答えなさい。

ア 1…無自覚な自然へのやさしいまなざし　2…自然と人間との一体感　3…自然と人間との区別
イ 1…無自覚な自然へのやさしいまなざし　2…自然と人間との区別　3…自然と人間との一体感
ウ 1…意識的に自然を保護するための技術　2…自然と人間との一体感　3…自然と人間との区別
エ 1…意識的に自然を保護するための技術　2…自然と人間との区別　3…自然と人間との一体感

(2) 空らん [4] に入る最も適当な言葉を、本文中から六字でぬき出して答えなさい。

三

次の文章を読んで、後の問いに答えなさい。（字数制限がある場合は、句読点や記号も一字とする。）

《あらすじ》
理央は、ある鷹を見るために一年近くペットショップに通いつめ、鷹を飼うことになる。中学二年生になった理央は、「モコ」と名付けたその鷹の飛行訓練を徐々に始めていたが、「モコ」は冬になってもなかなか空高く飛ぶことができずにいた。春が近づいたある日、理央は、幼いころから鷹を飼育する隣県の女子高校生である平橋さんの、鷹を使った害鳥排除の様子を「モコ」を連れて見に出かけた。

「モコちゃんもやってみる？」
「……はい」
とまどいながらもモコを見る。
飛んでくれるだろうか。
理央は、風に向かって立った。
「モコ、行くよ」
笛をくわえる。
がんばれ、モコ。
モコに念を送って、笛を吹く。
「ピッ」
モコは飛び立った。
行けっ、モコ。
理央は両手をにぎりしめる。けれどやはりモコの体は思うようにはあがらなかった。低いところを小さくひとまわりして、近くにあった倉庫の屋根に止まってしまった。
「モコ、がんばれ」
理央は声をはりあげたが、①もう役目は終えたとばかりにじっと羽根を閉じている。しかたなく理央は笛を吹いて、腕に戻した。
「じつはモコ、このごろあんまり飛ばないんです」
戻ってきたモコを見ながら、理央はため息をつく。
「どのくらいの頻度で飛ばしとるの？」
「週に二回」
答えると、平橋さんは少し［　X　］。
「タカによってちがうかもしれんけど、それはちょっときついかもしれんねえ」
「でも、②モコは訓練が遅れたし、がんばらんといけんから」
「気持ちはわかるけど」
平橋さんは、前置きをしてこう言った。
「理央ちゃん、少しあせっとるかもしれんね」
※康太にも同じことを言われたばかりで理央は苦笑いをした。
「鷹匠の条件って知っとる？」

「いいえ」
「愛、知、威。前に読んだ本に書いてあったよ」
平橋さんは地面に漢字を書いて示した。
「タカを愛し、よく知り、※威厳を持って接する。それが、大自然の理に溶けこんでいくことだって」
「大自然の理に溶けこむ？」
「うん。かんたんに言ったら、③自然の声をよくきくってことかな。自然は自分の思うようにはならんでしょ。おしつけたって無理。それどころかすごく敏感だから、こちらのあせりやいらだちを感じて反発する。そうすると関係がこじれることがあるよ」
「……はい」
このところの訓練のやりづらさに、※舞子とのやりとりが重なって思い出されて、理央は［Y］。
「飼い主は、動物の本能を尊重する覚悟を持ったほうがいいよ。コントロールする技術はそのあといくらでもつくから、まずは広い心を持つこと」
「広い心……」
④ひりりと痛むような言葉だった。
実際、なかなか思うように飛ばないモコがくやしかった。何度か見せてもらった花※ちゃんとは大ちがいなのはまだしも、カラスやハトにも負けている。タカなのにとじりじりした。だから、一生懸命に訓練した。
けれど自分が※躍起になればなるほど、モコの能力は後退していく。どうしていいのか、わからなくなっていた。モコにはモコのペースがあったのに、自分の気持ちしかわからなくなっていた。
モコ、ごめんね。
理央は腕のモコに心のなかであやまった。［A］腕に乗っているモコが、かわいらしくて、鼻の奥がつんと痛くなった。
「それと飼い主は同時に強い心も持つこと。何度か飛ばしているうちに、モコちゃんも強くなってくるよ」
そんな理央に平橋さんは笑いかける。
「そうですか」
「うん。弱気で飛んどったら、思わぬ敵にやられるかもしれんから」
［B］恐ろしいことを言う。でもそれは、うなずけることだった。自然界にはどこにどんな敵がいるかもしれない。ライオンだって、ヌーの群れに襲われることがある。
実際、命のかかったカラスたちのエネルギーは※尋常ではなかった。訓練を重ねた花太郎の狩りでさえ、危ういものを感じたくらいだ。
自然界において「食べる」ということは、同時に「食べられる」「やられる」危険性もはらんでいる。生命を維持させる営みは、おたがいにとって紙一重のところにある。
⑤考えると理央はぞくりとした。
「モコを飛ばすためには、これから、どんな訓練をしたらいいんでしょうか」
「とにかく、もう二度と同じ失敗をしてはいけない。※生半可な気持ちではいけないが、突っ走りすぎてもモコのことが見えなくなってしまう。
「まず、えさは自分で捕れるということを教えること」

平橋さんは冷静に答えた。
「モコちゃんに害鳥排除をさせるのではないにしろ、カラスがえさだと知れば、空を飛ぶ十分な動機になるでしょ」
「そうですね」
ペットショップに長くいたモコは、自力でえものを捕ることを知らない。
「そのためには、まず体重管理をする」
平橋さんはくりかえした。
⑥体重管理はいちばん大切な要素だと、再三きいていたけれど、一週間えさをあたえなくても、だいじょうぶだとまでは知らなかった。
モコの体重管理には、まだきびしくする余地がありそうだ。
平橋さんの経験では、タカは七百五十グラムくらいで飛ばしても、きちんと笛の合図で戻ってくるが、カラスへの反応はいまひとつだという。七百グラムまで落とすと、カラスの行動を目で追うようになり、同じ電線に止まると、少し追いかけるしぐさも見られるらしい。さらに六百八十グラムほどにまで落とすと、近づいてくるカラスを追いかけるようになり、さらにおどすようになるということだった。
害鳥排除をする花ちゃんは、いつも六百五十グラムくらいに調整しているようだ。そこまでの調整はしなくても、モコが空を飛ぶには、六百八十グラム前後の体重が適正だろう。
体重管理。六百八十グラム。
理央は持ってきたノートに書きつけた。

（まはら三桃『鷹のように帆をあげて』による）

※ 康太 …… 理央の幼なじみ。　※ 鷹匠 …… 鷹を飼育、訓練する人。　※ 威厳 …… 堂々としているさま。
※ 舞子 …… 理央のクラスメイト。一緒に「モコ」の面倒を見ていたが、訓練の仕方について意見が合わず、けんかしている。
※ 花ちゃん …… 平橋さんの飼っている鷹の「花太郎」のこと。　※ 躍起 …… むきになること。
※ 尋常 …… 普通であること。　※ 生半可 …… いいかげんで十分でないさま。

問一　空らん部について
(1)　A・B に入る言葉として最も適当なものをそれぞれ次の中から選び、記号で答えなさい。
ア　ゆっくりと　イ　ちょこんと　ウ　じっくりと　エ　しれっと
(2)　X・Y に入る言葉として最も適当なものをそれぞれ次の中から選び、記号で答えなさい。
ア　くちびるをかんだ　イ　腹をくくった　ウ　目がくらんだ　エ　首をかしげた

問二　――部①「もう役目は終えたとばかりにじっと羽根を閉じている」とあるが、これは「モコ」のどのような様子を表していると考えられますか。最も適当なものを次の中から選び、記号で答えなさい。
ア　理央が求めていることがはっきりと理解できず、じっと考え込んでいる様子。
イ　理央の指示に反発し、これ以上飛ぶつもりはないと意思表示をしている様子。
ウ　低空飛行ではあったが、飛んだことに満足し、ゆっくりと休んでいる様子。
エ　なぜここで飛ばないといけないのか理由がわからず、とまどっている様子。

問三 ――部②「モコは訓練が遅れたし」とあるが、なぜ遅れたのですか。その理由を説明した次の文の空らんに入る最も適当な言葉を、本文中から指定の字数でぬき出して答えなさい。

　モコは他の鷹にくらべて［（十二字）］から。

問四 ――部③「自然の声をよくきく」とは、ここではどうすることですか。解答らんに合う形で、これ以降の本文中から十字でぬき出して答えなさい。

問五 ――部④「ひりりと痛むような言葉だった」とあるが、理央がこのように感じたのはなぜですか。その理由を説明した次の文の空らん［1］・［2］に入る最も適当な言葉を、本文中からそれぞれ指定の字数でぬき出し、最初と最後の三字で答えなさい。

　平橋さんの言葉を聞いたことによって、［1（十四字）］ことを考えず、タカなのに思うように飛ばないモコに［2（八字）］を感じるばかりだった自分に思い当たったから。

問六 ――部⑤「考えると理央はぞくりとした」とあるが、このときの理央の様子を説明したものとして最も適当なものを次の中から選び、記号で答えなさい。

ア　自然界では、襲うものと襲われるものの立場は常に入れかわっているという事実を重く受けとめ、恐れおびえている。
イ　自然界では、襲う方も襲われる方も、その命の重みは紙一枚ほどでしかないことに衝撃を受け、ぼう然としている。
ウ　モコが空を飛ぶということは、襲われる可能性もはらんでいることにはじめて気づき、緊張し恐れをいだいている。
エ　モコが空を飛ぶことは、モコにとっていいことばかりではないとわかり、今後も訓練を続けるか迷いが生じている。

問七 ――部⑥「体重管理はいちばん大切な要素だ」とあるが、その理由を説明した次の文の空らん［1］・［2］に入る最も適当な言葉を、それぞれ本文中から指定の字数でぬき出して答えなさい。

　体重を減らして空腹状態になったモコが、［1（九字）］必要に迫られることで、はじめて鳥を［2（二字）］であると認識するようになり、自然と空を飛ぼうとするようになるから。

問八 本文の説明として最も適当なものを次の中から選び、記号で答えなさい。

ア　理央と平橋さんとの方言を交えた明るくテンポの良いやりとりを通して、理央が精神的に成長していく様子を描いている。
イ　時にはぶつかり合いながらも、鷹を育てるという共通点によって強く結ばれた理央と平橋さんとの熱い友情を描いている。
ウ　理央が悩みながらも鷹匠として少しずつ成長していく様子を、自然界や命と関わることの厳しさとともに描いている。
エ　理央とモコとのほほえましいやりとりを通して、人間と動物がどのように共存していくべきかを印象的に描いている。

令和５年度
Ａ日程　入学試験問題

算　　数

筑陽学園中学校

（50分）

注　意

1．受験番号、出身小学校名、氏名を忘れずに記入してください。

2．解答はすべて解答用紙の定められた欄(らん)に記入してください。

3．試験問題は 1 から 5 まであります。

1 次の $\square$ にあてはまる数を答えなさい。分数は，それ以上約分できない形で答えなさい。

(1) $112-21=\square$

(2) $18-2\times4=\square$

(3) $3.14-2.18=\square$

(4) $\frac{7}{5}+\frac{10}{3}=\square$

(5) $\frac{1}{5}\times\frac{7}{3}\div\frac{9}{10}=\square$

(6) $\left(1+\frac{1}{3}\right)\div0.2=\square$

(7) $\left(\square+4\right)\times(4+0.4)=44$

(8) $\frac{3}{2}\div(1.5\times2)\times\left(1\frac{2}{5}-0.6\right)=\square$

(9) $\left(0.1+\frac{1}{5}\right)\times\left(\square-2\frac{2}{3}\right)=0.7$

(10) $0.1\times\left(\frac{5}{24}+\frac{1}{\square}\right)=\frac{14}{45}\times\left(\frac{1}{2}+\frac{1}{4}\right)-0.2$

(11) 12と24と56の最大公約数は $\square$ です。

(12) 右の図の角㋐の大きさは $\square$ 度です。
ただし，点Oは円の中心です。

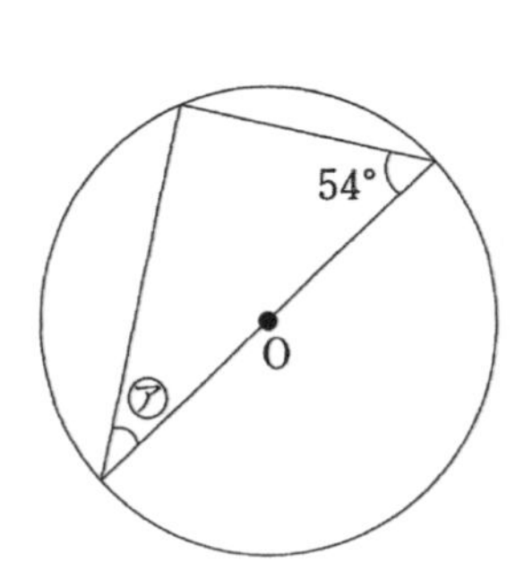

(13) ある日の午前11時35分の52分前は，同じ日の午前10時 ☐ 分です。

(14) A：B＝5：12，B：C＝20：21のとき，A：C＝25： ☐ です。

(15) 8%の食塩水100gと5%の食塩水150gを混ぜると， ☐ %の食塩水になります。

(16) 何人かの子どもに，おかしを配ります。４個ずつ配ると９個余り，５個ずつ配ると３個足りませんでした。おかしを配った子どもの人数は ☐ 人です。

(17) 時速3kmで700m歩くと， ☐ 分かかります。

(18) 大小２個のさいころを同時に投げたとき，出た目の数の和が５の倍数になるのは ☐ 通りです。

(19) ５回のテストの得点の平均は74点でした。６回目のテストで ☐ 点とったので，６回のテストの得点の平均は76点になりました。

(20) 右の図のかげのついた部分の面積は ☐ cm² です。ただし，円周率は3.14とします。

20cm
20cm

2　右の図の正方形ABCDの中にある４つの三角形はすべて合同な直角三角形です。

次の問いに答えなさい。

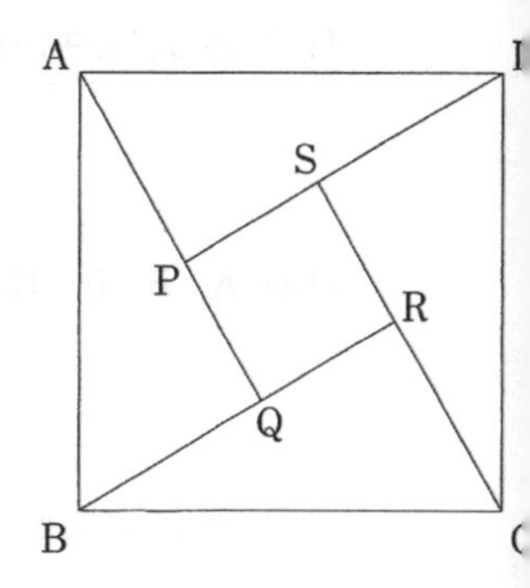

（１）AQ＝5cm，BQ＝3cmのとき，正方形ABCDの面積を求めなさい。

（２）点Rを通り，辺BCに垂直な直線と辺BCの交点をHとします。
AQ＝8cm，BQ＝6cmのとき，RHの長さを求めなさい。

3　右の図のような１辺の長さが2cmの立方体があります。この立方体をすきまなく積み重ねます。
次の問いに答えなさい。

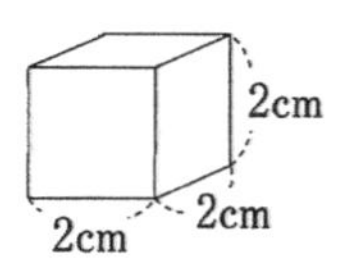

(1) 図１のように，２段積み重ねてできた立体の体積を求めなさい。

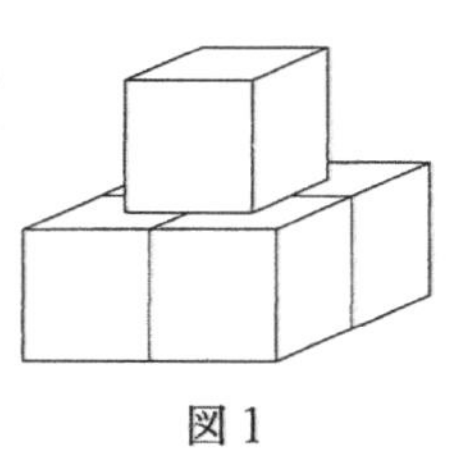
図１

(2) 図２は，立方体を４段積み重ねて，はりあわせた立体です。
この立体の表面積を求めなさい。

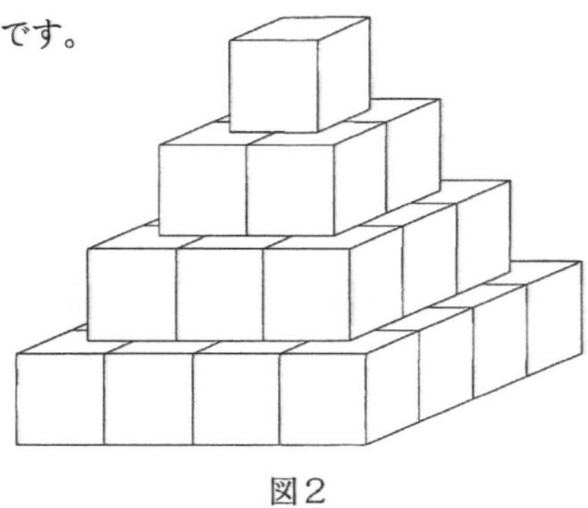
図２

4 右の図のような模様を「千鳥格子（ちどりこうし）」といいます。
この模様をつくるために，図１のような，同じ形の黒色のタイルAと灰色のタイルBを用意しました。

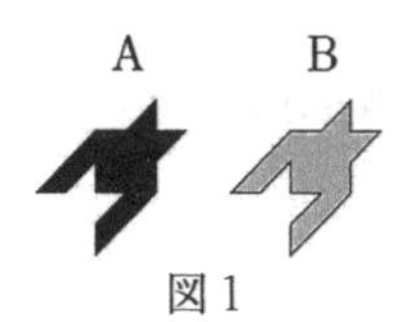

図１

この２種類のタイルを，図２のようにすきまなく規則的に並べて，１番目の図形，２番目の図形，３番目の図形，４番目の図形，…とします。

１番目の図形　２番目の図形　３番目の図形　４番目の図形　…

図２

次の問いに答えなさい。

（１）５番目の図形について，タイルAの枚数を求めなさい。

（２）８番目の図形について，タイルAとタイルBを合わせた枚数を求めなさい。

（３）タイルAとタイルBを合わせた枚数が421枚になるのは何番目の図形か求めなさい。

5 図１は，AB＝40cm，AD＝30cmの台形です。点Pは点Aを出発し，この台形の辺上を点B，Cを通って，点Dまできまった速さで進みます。図２は，点Pが点Aを出発して，点Dまで進んだときの，時間と三角形APDの面積の関係を表したグラフです。

次の問いに答えなさい。

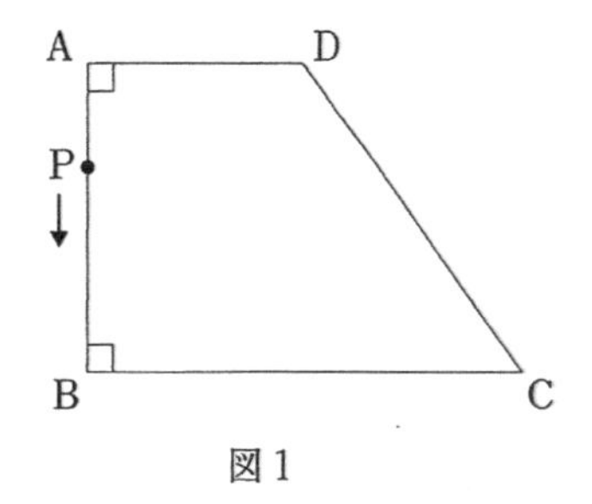

図１

（１）点Pの速さは毎分何cmか求めなさい。

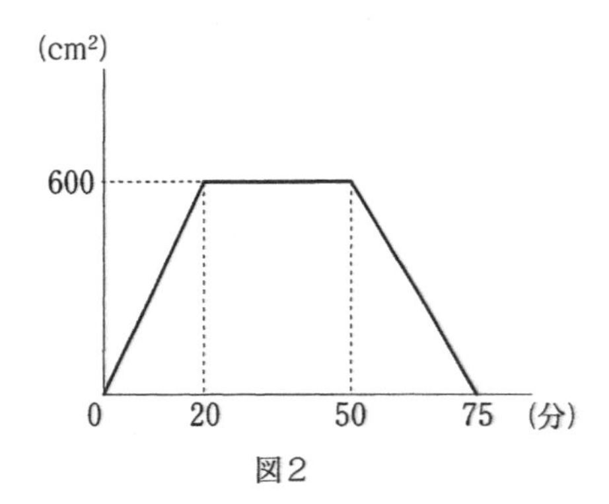

図２

（２）台形ABCDの周りの長さを求めなさい。

（３）三角形APDが２回目に二等辺三角形になるのは，点Pが点Aを出発してから何分何秒後か求めなさい。

令和５年度
Ａ日程　入学試験問題

理　　科

筑陽学園中学校

（30分）

注　　意

1．受験番号、出身小学校名、氏名を忘れずに記入してください。

2．解答はすべて解答用紙の定められた欄（らん）に記入してください。

3．試験問題は［1］から［4］まであります。

1 次のⅠ，Ⅱの問いに答えなさい。

Ⅰ　植物の成長について調べるために，太宰府(だざいふ)市のある場所でヒマワリを育てました。図１は，種をまいた場所ア，イを横から見たものを，図２は，上から見たものをそれぞれ表しています。

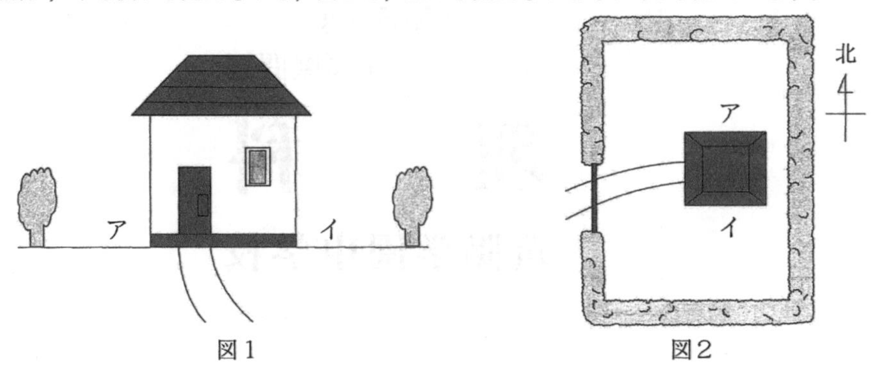

図１　　図２

問１　ヒマワリの種のまき方として最も適当なものを，次の①～④の中から選び，番号で答えなさい。
　①　50cmくらいの間かくをあけて指などで土に穴をあけ，１つぶずつまいて土をかける。
　②　20cmくらいの間かくをあけて指などで土に穴をあけ，２～３つぶずつまいて土をかける。
　③　50cmくらいの間かくをあけて，１つぶずつ土の上にまいて土をかける。
　④　20cmくらいの間かくをあけて，２～３つぶずつ土の上にまいて土をかける。

問２　図３は，ヒマワリの種から芽が出たときのようすを表しており，ウは最初に出てくる葉を示しています。ウの名前を答えなさい。

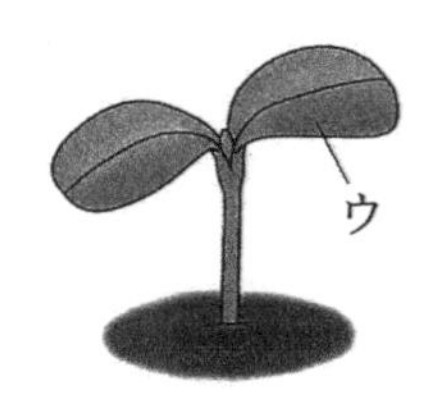

図３

問３　図１，２のア，イの場所で育てたヒマワリは，同じように水や肥料をあたえていましたが，育ち方にちがいが出ました。次の文は，このときのヒマワリの成長について考えられることを述べたものです。文中の(①)には，ア，イのいずれかの記号を，(②)には当てはまる言葉を７字以上10字以内でそれぞれ答えなさい。

(①)の場所で育てたヒマワリの方が(②)ため，大きく成長したと考えられる。

Ⅱ　次の会話文は，太郎君と花子さんがクジラについて話したときのものです。また，表１は，この会話に出てくるあるクジラの呼吸についてまとめたものです。

太郎：この前ホエールウォッチングでクジラのしおふきを見たんだ。
花子：それはすごいね。クジラは私たちと同じように呼吸をするから，息つぎのために海面に出てくる必要があるんだよ。
太郎：そうなんだ！でも同じように海の中で生活しているマグロは息つぎをしないよね？
花子：それは，マグロは魚のなかまで，[X]からだよ。
太郎：そうなんだ！同じ海の中で生活している生物でもちがいがあるんだね。もっとクジラの呼吸について知りたいな。
花子：一緒に調べてみましょう。
　　　(１時間後)
花子：調べた内容を表にまとめてみたわ。
太郎：この表の通りだとすると，このクジラは[Y]分に１回息つぎをする必要があることになるね。息つぎで取り入れた酸素はどうなるのかな？
花子：クジラについては分からないけど，<u>人の場合，取り入れられた酸素は，血液の流れによってからだの各部に運ばれる</u>よね。

１回の呼吸で吸い込む空気の量	5000L
１Lの空気にふくまれる酸素の量	0.3g
空気にふくまれる酸素の中で肺から血液に取り入れられる酸素の割合	80%
１時間に必要とする酸素の量	2000g

表１

問４　会話文中の[X]に当てはまるものとして最も適当なものを，次の①～④の中から選び，番号で答えなさい。
① 呼吸をしない
② 水中にふくまれる酸素を，おもに消化管から取り入れている
③ 水中にふくまれる酸素を，おもにからだの表面から取り入れている
④ 水中にふくまれる酸素を，おもにえらから取り入れている

問５　会話文中の[Y]に当てはまる数字を答えなさい。

問６　下線部について，図４は，人のからだの各部と血管のようすを示したもので，図中の矢印は血液の流れる向きを示しています。図４のあ～かの中から，酸素の多い血液が流れている血管をすべて選び，記号で答えなさい。

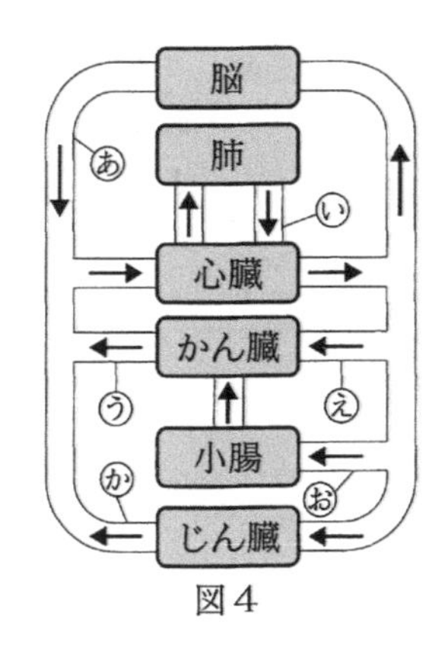

図４

2 次のⅠ，Ⅱの問いに答えなさい。

Ⅰ　５種類の水よう液Ａ～Ｅは石灰水，塩酸，食塩水，アンモニア水，炭酸水のいずれかです。これらの水よう液を区別するために，観察と実験を行いました。

［観察］　水よう液Ａ～Ｅを試験管にとり，それぞれの試験管を軽くふってようすを観察した。その結果，水よう液Ａからはあわが出てきたが，そのほかの水よう液からはあわは出てこなかった。このことから，水よう液Ａは炭酸水だと分かった。

［実験１］　水よう液Ｂ～Ｅを，赤色と青色のリトマス紙にそれぞれつけて色の変化を調べた。次に，実験用ガスコンロを用意し，図１のように水よう液Ｂ～Ｅを蒸発皿に少量ずつとり，熱した後のようすをそれぞれ調べた。表１は，それらの結果をまとめたものである。

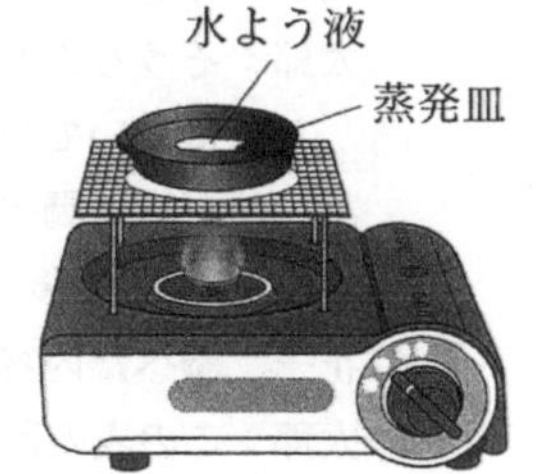

図１

水よう液	赤色リトマス紙	青色リトマス紙	熱した後のようす
B	変わらなかった。	変わらなかった。	白い固体が残った。
C	変わらなかった。	赤色に変わった。	何も残らなかった。
D	青色に変わった。	変わらなかった。	何も残らなかった。
E	青色に変わった。	変わらなかった。	白い固体が残った。

表１

問１　実験用ガスコンロを使うときに注意することとして正しいものを，次の①～④の中から１つ選び，番号で答えなさい。

① 使う前には，かわいたぞうきんを用意しておく。
② ものを熱しているときは，上からのぞいたり顔を近づけたりしない。
③ 点火した後動かすときは，火がついたまま静かに動かす。
④ 火を消した後は，すぐに片付ける。

問２　観察で，水よう液Ａから出てきたあわは何という気体ですか。この気体の名前を答えなさい。

問３　実験１の結果から，水よう液Ｂ～Ｅの中で食塩水，アンモニア水はそれぞれどれだと考えられますか。その組み合わせとして正しいものを，次の①～④の中から１つ選び，番号で答えなさい。

	食塩水	アンモニア水
①	B	D
②	B	E
③	C	D
④	C	E

Ⅱ　ものの形と体積，重さのちがいについて調べるために，実験を行いました。

［実験２］　同じ重さのアルミニウムはくを３枚用意し，図２のように，まいたもの，丸めたもの，小さく分けたものにそれぞれ形を変えて，それらの重さを調べた。

図２

［実験３］　ビー玉，消しゴム，スプーンを５個ずつ用意した。まず，ビー玉を１個，２個，３個と増やしていき，体積と重さをそれぞれ調べた。また，消しゴム，スプーンを用いて同様の操作を行った。図３は，その結果の一部をまとめたものである。

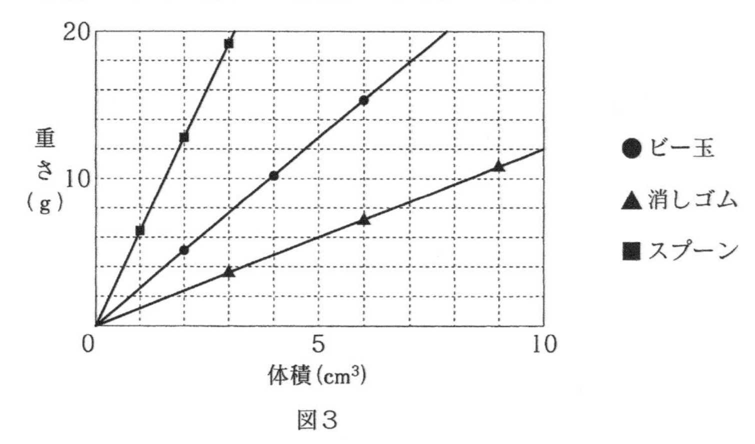

図３

問４　実験２の結果として正しいものを，次の①～④の中から１つ選び，番号で答えなさい。

①　まいたものが一番重かった。　　②　丸めたものが一番重かった。

③　小さく分けたものが一番重かった。　　④　重さはすべて同じであった。

問５　実験３で用いたビー玉，消しゴム，スプーンを同じ体積で比べたとき，重い順に並べるとどのようになりますか。次の①～④の中から正しいものを１つ選び，番号で答えなさい。

①　スプーン → 消しゴム → ビー玉　　②　スプーン → ビー玉 → 消しゴム

③　消しゴム → ビー玉 → スプーン　　④　ビー玉 → 消しゴム → スプーン

問６　図４のような，銅だけでできた容積150cm^3のコップがあります。これに水を満たし，重さを調べると510ｇでした。このコップに用いられている銅の体積は何cm^3ですか。ただし，１cm^3の重さは銅が９ｇ，水が１ｇであるものとします。

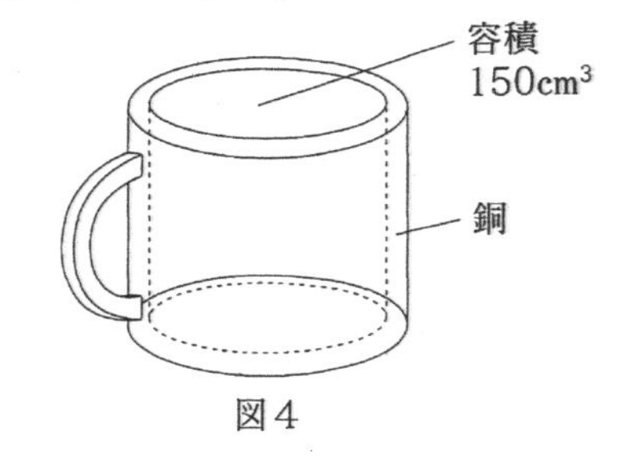

図４

3 次のⅠ，Ⅱの問いに答えなさい。

Ⅰ　月の見え方について調べるために，観察と実験を行いました。

［観察1］　太宰府市で1週間，午後6時と午後7時に月の観察を行い，スケッチを行った。観察を始めた日の午後6時に方位磁針を用いて方位を調べた。図1は，そのときに観察した月をスケッチしたものである。その後，1週間観察を続けたところ，月の見える位置が変わった。また，日がたつにつれて月のかがやいている部分が少しずつ大きくなり，1週間後には満月になった。

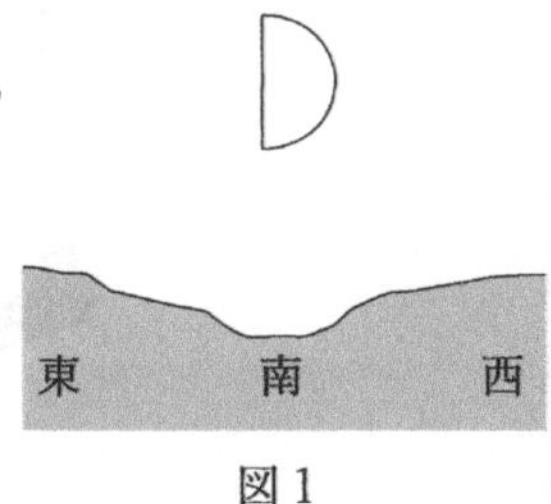

図1

［実験］　図2のようにライトを太陽，ボールを月，観察者を地球にそれぞれ見立てて，暗くした部屋にボールを置き，ライトの光を横から当てた。その後，A～Hの場所における観察者から見たボールの形の見え方を調べた。図3は，この実験を上から見たようすを表している。ただし，図3の黒くぬりつぶしたところは，ライトの光が当たらない部分を示している。

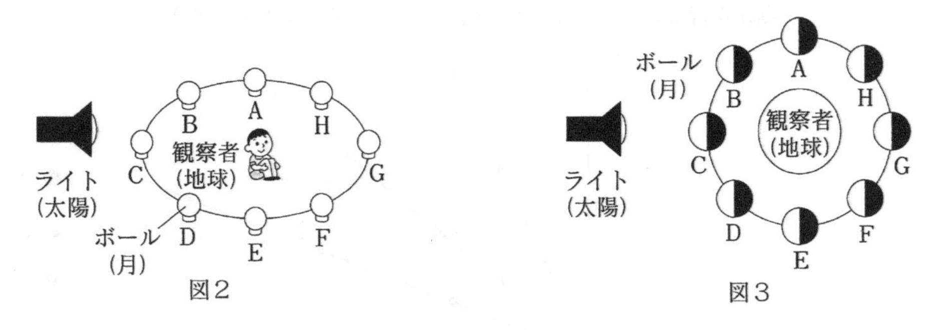

図2　図3

問1　観察1で，図1の月を観察したときの方位磁針のようすとして最も適当なものを，次の①～④の中から選び，番号で答えなさい。ただし，色のついた部分はN極を，矢印は月の見える方位をそれぞれ示しています。

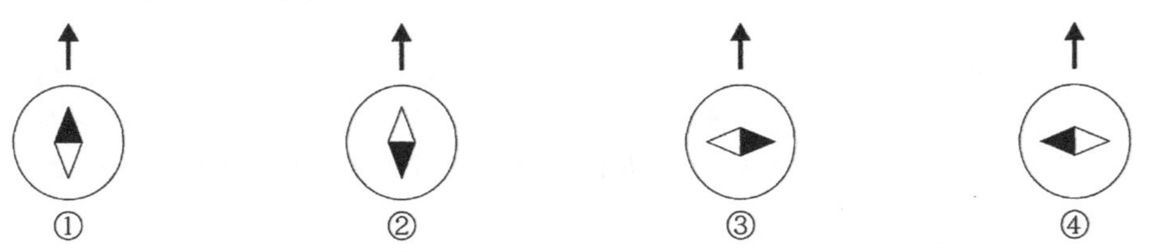

問2　観察を始めた日の午後7時と1週間後の午後6時の月は，図1の月の位置からそれぞれ東と西のどちらの方へ変わって見えましたか。最も適当な組み合わせを，次の①～④の中から選び，番号で答えなさい。

	観察を始めた日の午後7時	1週間後の午後6時
①	東	東
②	東	西
③	西	東
④	西	西

問３　次の文は，観察１と実験から考えられることについて述べたものです。(　　)に当てはまる記号の組み合わせとして最も適当なものを，下の①～④の中から選び，番号で答えなさい。

図１の月と同じ形に見えるのは，図２，３の(ア)の位置にボールを置いたときであり，満月と同じ形に見えるのは(イ)に置いたときである。このことから，月の形が日によって変わって見えたのは，月と太陽の位置関係が変化したためだと考えられる。

	ア	イ
①	A	C
②	A	G
③	E	C
④	E	G

Ⅱ　地層について調べるために，観察を行いました。図４は，観察を行った向かい合っている２つのがけのようすを表しています。

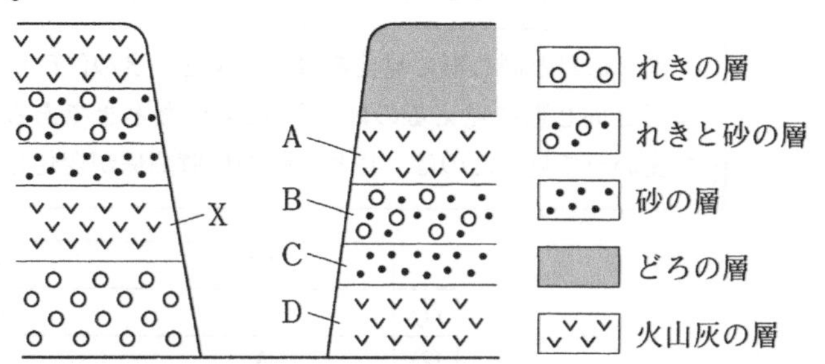

図４

［観察２］　図４の各層の一部をけずり取り，それぞれペトリ皿に入れた。これらのペトリ皿を，図５のようにそう眼実体けんび鏡のステージの上に置いて，それぞれ観察を行った。

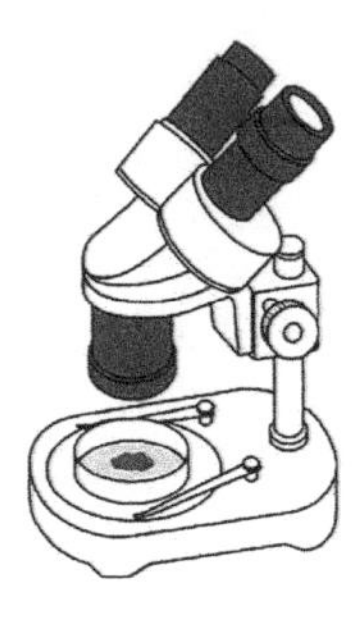

図５

問４　層の重なりから，２つのがけはつながっていたと考えられます。図４のXの層とつながっていた層はどれですか。図４のA～Dの層の中から最も適当なものを選び，記号で答えなさい。

問５　次のア～エの文は，観察２でペトリ皿をステージに置いた後の，そう眼実体けんび鏡の操作について述べたものです。正しい順番に並べたものを，次の①～④の中から１つ選び，番号で答えなさい。

ア　右目でのぞきながら調節ねじを回して，はっきり見えるように調節する。 イ　接眼レンズのはばをおおよそ目のはばに合わせ，両目で見る。 ウ　左目でのぞきながら視度調節リングを回して，はっきり見えるように調節する。 エ　観察したい部分が，対物レンズの真下にくるようにする。

①　ア → イ → エ → ウ　　②　ア → ウ → エ → イ
③　イ → ア → ウ → エ　　④　イ → ウ → ア → エ

問６　観察２で見られたつぶのようすについて述べた文として最も適当なものを，次の①～④の中から選び，番号で答えなさい。

①　どろのつぶは，ゴマつぶ程度の大きさで，角ばっているものが多い。
②　砂のつぶは，小麦粉程度の大きさで，角ばっているものが多い。
③　れきのつぶは，ゴマつぶ程度の大きさより大きく，丸みをおびているものが多い。
④　火山灰のつぶは，小麦粉程度の大きさより大きく，丸みをおびているものが多い。

4 次のⅠ，Ⅱの問いに答えなさい。

Ⅰ　ふりこを用いて，実験を行いました。

［実験１］　図１のようなふりことストップウォッチを用いて，ふれはばとおもりの重さ，ふりこの長さを変えて，ふりこが10往復する時間を３回ずつはかった。その後，１往復する時間の平均を調べた。表１は，A～Fの条件とそれらの結果をまとめたものであり，１往復する時間の平均は，小数第２位を四捨五入し，小数第１位までを表したものである。

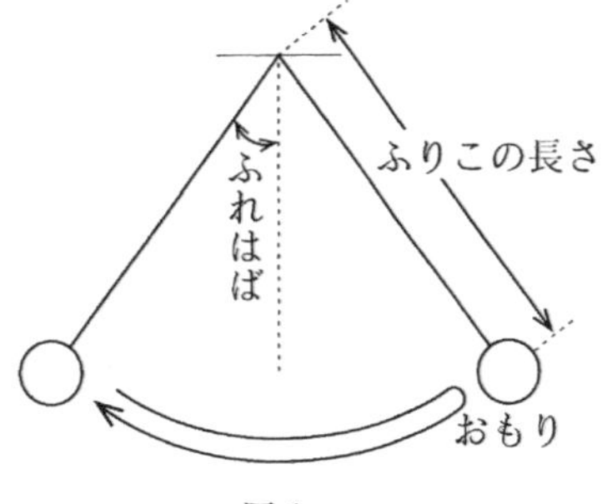

図１

	A	B	C	D	E	F
ふれはば	30°	30°	30°	20°	30°	20°
おもりの重さ(g)	30	30	30	30	60	90
ふりこの長さ(cm)	15	50	75	15	50	75
１往復する時間の平均(秒)	0.8	1.4	1.7	0.8	1.4	1.7

表１

［実験２］　図２のように，実験１のA，Bと同じ条件のふりこを線X上で重ね合わせた状態から，同時にふらせてようすを観察した。図３は，図２のふりこをふりはじめたときのようすを表したものである。

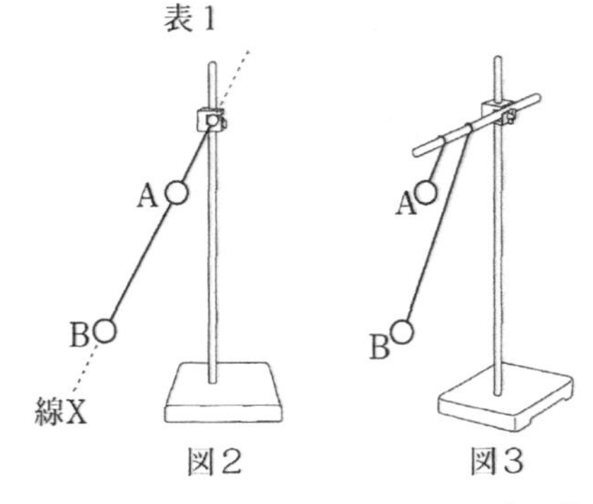

図２　図３

問１　実験１で，ふりこが10往復する時間を３回はかった理由として最も適当なものを，次の①～④の中から選び，番号で答えなさい。

① はかり方のわずかなちがいで結果が異なることがあるから。
② はかる時刻（こく）のちがいで結果が異なることがあるから。
③ ３回目で正確な結果になるから。
④ 実験した人数が３人だったから。

問２　次の文は，実験１の結果から考えられることについて述べたものです。(　　)に当てはまる記号の組み合わせとして正しいものを，下の①～④の中から１つ選び，番号で答えなさい。

> 表１のAと(ア)より，ふれはばを変えても１往復する時間は変わらず，Bと(イ)より，おもりの重さを変えても１往復する時間は変わらないと考えられる。

	ア	イ
①	C	E
②	C	F
③	D	E
④	D	F

問３　実験２で，２つのふりこをふりはじめてから，再び線X上で重なるのは何秒後ですか。実験１の結果を用いて答えなさい。

Ⅱ　鏡を用いて，実験を行いました。

［実験３］　図４のように，日光が当たっていないところに，段ボール紙で作った的(まと)を置き，鏡を３枚使って，はね返した日光を集め，的の明るさを調べた。

図４

［実験４］　図５のような人形を鏡に向かって置くと，どのように見えるかを調べた。図６は，そのときのようすを表したものである。

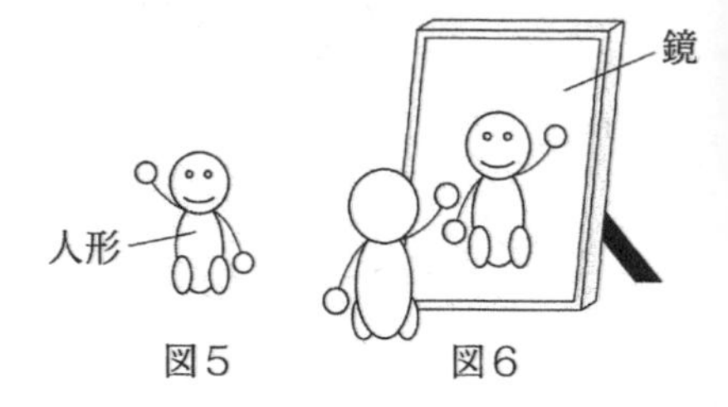

図５　図６

［実験５］　中央に線を引いた鏡を方眼紙の上に固定し，鏡に垂直な線を引いた。次に，図７のように，点Ａを通り鏡の中央に光が当たるように光源装置(細い光を出す装置)を置き，はね返った光の進み方について調べた。その後，Ｂ，Ｃそれぞれの点を通り鏡の中央に光が当たるように光源装置を動かし，はね返った光の進み方について調べた。図８は，それぞれの光の進み方を示したものである。

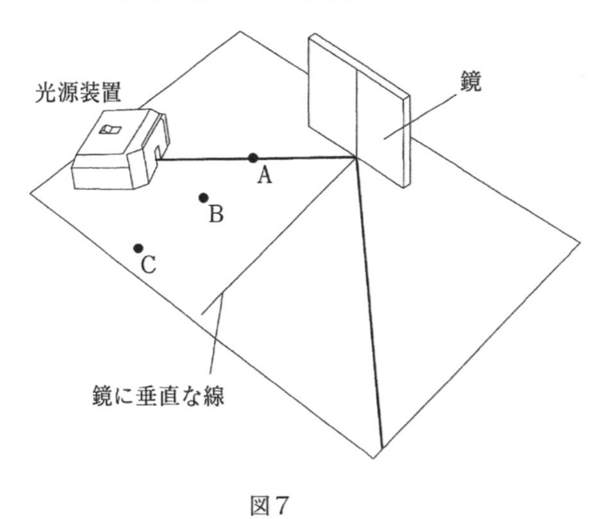

図７

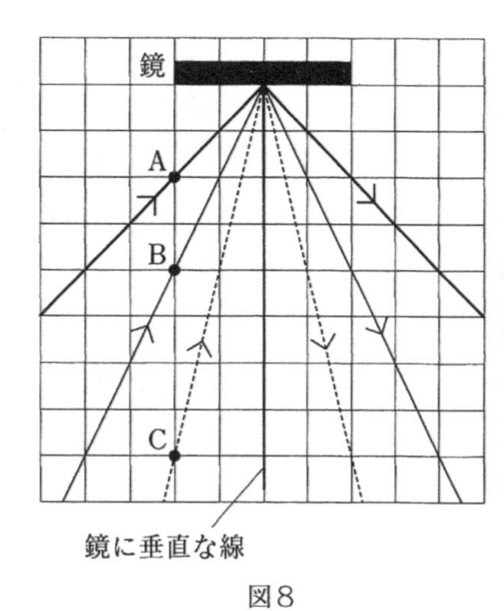

図８

［実験６］　図９のように，方眼紙の上に鏡を固定し，光源装置から出た光が，点Ｐを通り鏡に当たるように位置や向きを変えながら，はね返った光の進み方を調べた。

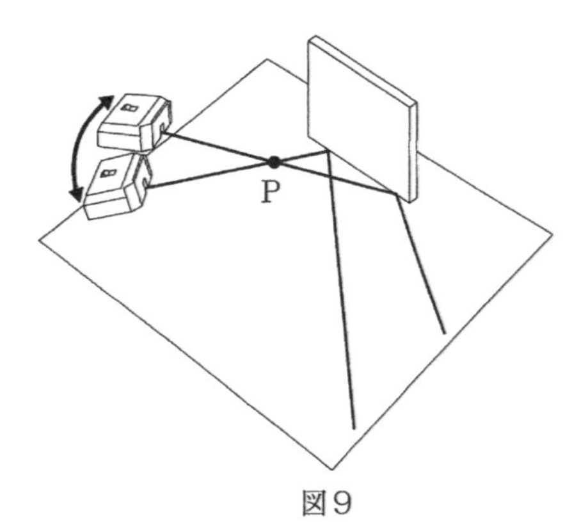

図９

問４　図10は，実験３で日光を集めたときの的のようすを表したものです。Ｘと同じ明るさになるところを㋐～㋕の中から**すべて**選び，記号で答えなさい。

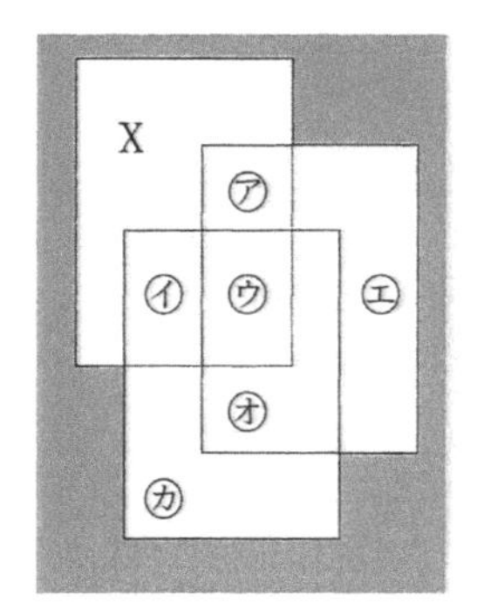

図10

問５　図11のように，カードを持って鏡に向かって立ったとき，鏡にうつるカードのようすとして最も適当なものを，次の①～④の中から選び，番号で答えなさい。また，鏡にうつるようすは実験４を参考にしなさい。

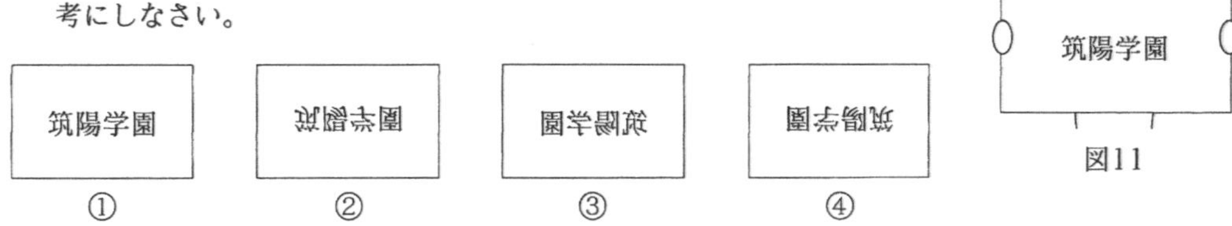

図11

問６　実験６のとき，鏡ではね返った光が通過した点として最も適当なものを，図12の①～④の中から選び，番号で答えなさい。また，光の進み方は実験５を参考にしなさい。

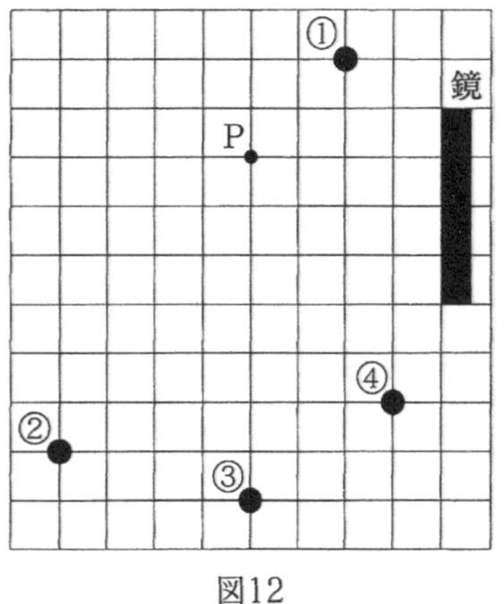

図12

令和５年度
A日程　入学試験問題

社　　会

筑陽学園中学校

（30分）

注　　意

1. 受験番号、出身小学校名、氏名を忘れずに記入してください。

2. 解答はすべて解答用紙の定められたらんに記入してください。

3. 試験問題は 1 から 3 まであります。

1 アニメが好きな辺土名（へんとな）さんは調べ学習の時に、好きなアニメの聖地がある県について調べ、次のA～C県の資料を作成しました。次の資料と会話文を読み、あとの問いに答えなさい。

※辺土名さんは農林水産省の2020年ランキングをもとに調べました。

A県 暖かい地域で夏や秋によく雨が降ります。 この県の大根の生産量は国内で１位、卵ときゃべつは３位です。 その他にも落花生（らっかせい）が有名で、「八街産落花生（やちまたさんらっかせい）」という地域ブランドもあります。 この県にある銚子（ちょうし）漁港は①国内のぎょかく量１位です。

B県 夏と冬の気温差が大きく、一年を通じて降水量が少ないです。 この県のきゃべつときゅうりの生産量は国内で２位です。 ②富岡製糸場が有名で、世界遺産に登録されています。

C県 夏は暖かくなりますが、冬にたくさん雪が降ります。 この県の（　X　）の生産量は国内で１位です。特に南魚沼市産のものは有名です。 ③長岡花火大会では２万発もの花火が上がります。

先　　生：辺土名さんはこの３つの県についてなぜ調べたのですか。

辺土名さん：はい。この３つの県は好きなアニメの聖地があるし、④気候の特ちょうがちがっていて文化もさまざまだからです。

先　　生：辺土名さんは好きなアニメの聖地をめぐりたいのですね。

辺土名さん：はい。A県にある浦安市は、にぎやかな家族を中心としたアニメの舞台ですし、B県にある旅館は作品中で神隠し（かみかく）にあった主人公の女の子が働いていた油屋のモデルの一つとされています。

先　　生：そうなんですね。C県はどんなアニメの聖地なんですか。

辺土名さん：この県出身のマンガ家さんの作品はアニメ化されたものが多いんです。

先　　生：日本のアニメは⑤世界中の国々で人気なので、外国の人も来るでしょうね。

問１　下線部①について、あとの問いに答えなさい。

（１）下の**図１**は漁業・養殖業の生産額の推移です。この**図１**の内容について述べた文として、あやまっているものを次の㋐～㋓の中から１つ選び、記号で答えなさい。

図１

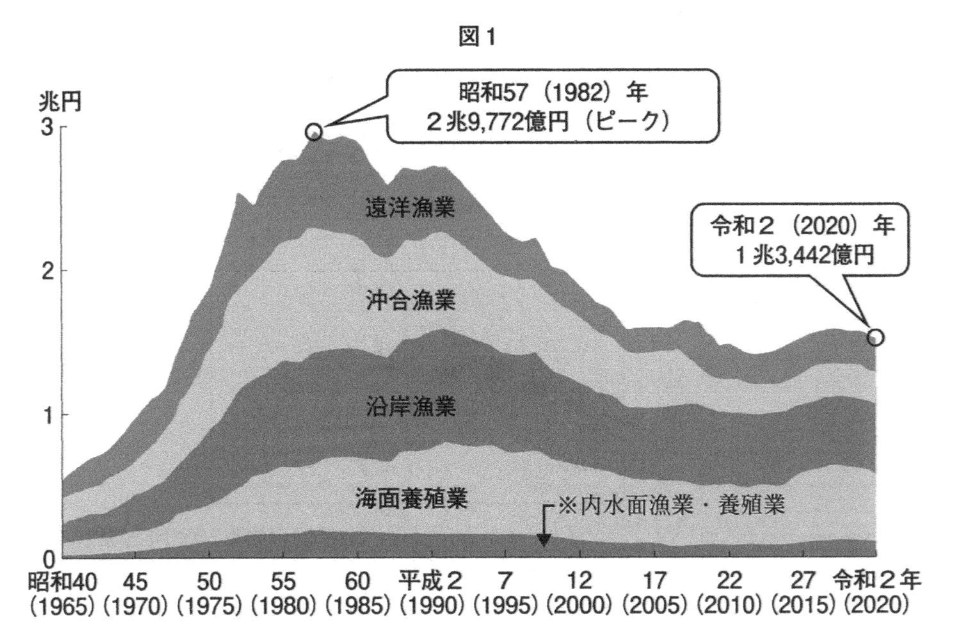

（令和３年度水産白書より作成）

※内水面漁業・養殖業とは川や湖で行われる漁業と養殖業のことです。
図の内水面漁業・養殖業の数値は漁業と養殖業の合計です。

㋐　日本の漁業・養殖業の生産額が１番多い年は1982年です。
㋑　1965年と比べると2020年の海面養殖業の生産額はふえています。
㋒　2020年の漁業・養殖業の生産額は１兆3,442億円です。
㋓　2020年は内水面漁業・養殖業の生産額は海面養殖業の生産額より高いです。

（２）下の**図２**は日本の漁業と関係が深い海流を簡単に表しています。図中の海流の名前を解答らんにあうように**漢字**で答えなさい。

図２

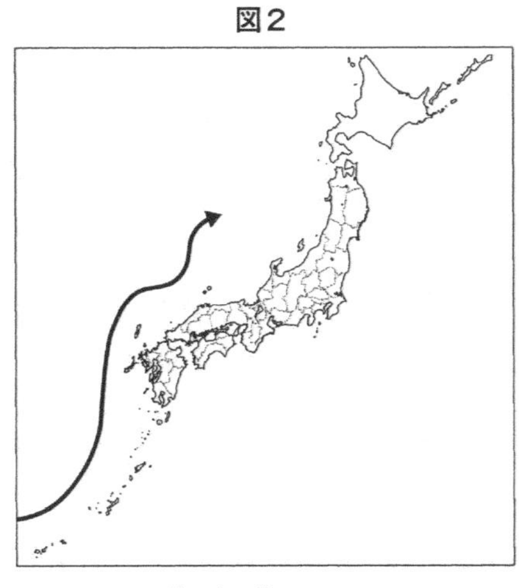

問２　下線部②は明治時代に建設された工場です。日本の工業に関するあとの問いに答えなさい。

（１）下の**図３**は、ある工業製品の生産額が多い都道府県の１位から５位（2019年）までを色づけした図です。この工業製品とは何ですか。次の㋐～㋓の中から１つ選び、記号で答えなさい。

図３

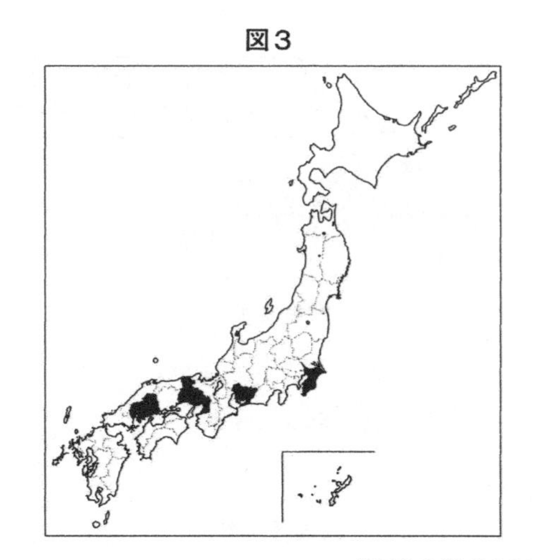

（経済産業省2020年産業別統計表より作成）

㋐　パルプ・紙類　　㋑　食料品・飲料・飼料　　㋒　窯業・土・石製品　　㋓　鉄鋼

（２）下の**図４**は大工場と中小工場の割合を表した図です。**図４**の内容について述べた文として正しいものを次の㋐～㋓の中から１つ選び、記号で答えなさい。

図４

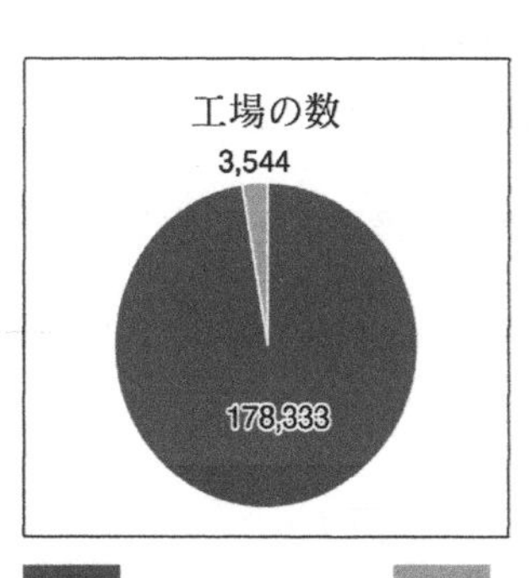

生産額
151,521,802
171,011,617

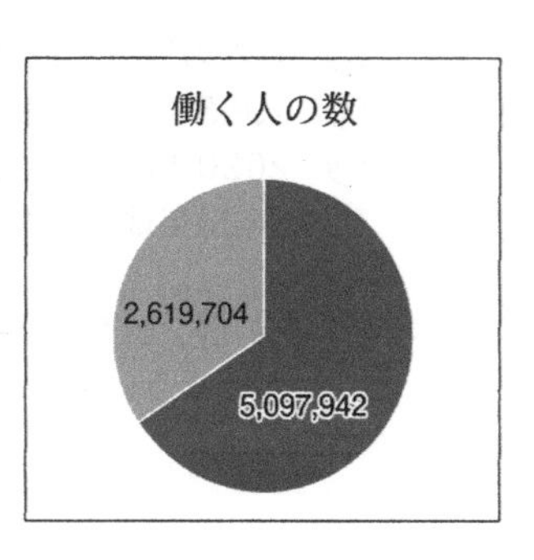

：中小工場　：大工場

（経済産業省2020年産業別統計表より作成）

㋐　工場の数は中小工場のほうが多いが、働く人は大工場のほうが多い。
㋑　生産額は中小工場よりも大工場のほうが高い。
㋒　工場１つあたりの生産額は大工場よりも中小工場のほうが高い。
㋓　工場１つあたりの働く人の数は大工場よりも中小工場のほうが多い。

問３

※この問題は学校当局により削除されました。

問４　下線部④について、あとの問いに答えなさい。

（１）下の雨温図は資料の**A**～**C**県と東京のものです。**C**県の雨温図としてふさわしいものを、次の㋐～㋓の中から１つ選び、記号で答えなさい。

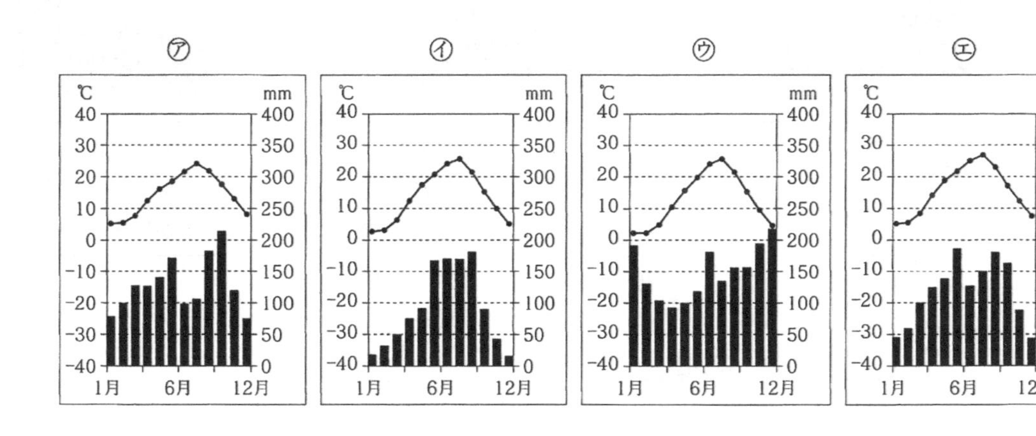

（２）現在、地球温暖化や様々な異常気象が起こっています。地球温暖化の原因となっている、二酸化炭素やメタンなどのガスを総称して何といいますか。解答らんにあうように**漢字４字**で答えなさい。

問５　下線部⑤についてあとの問いに答えなさい。

（1）日本は世界中の国々からいろいろな物を輸入しています。下の**図５**は2020年のある資源を日本が輸入したおもな相手国とその割合をまとめたものです。この資源を答えなさい。

図５

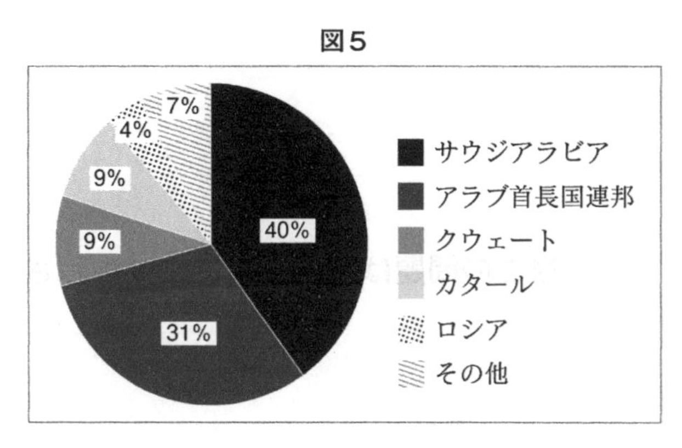

（財務省貿易統計より作成）

（2）下の面積が広い国のランキングを参考にして、世界地図で面積が広い国の首都を順に線で結ぶと、ある文字が浮かび上がります。浮かび上がる文字にもっとも近いものを、次の㋐～㋓より１つ選び、記号で答えなさい。

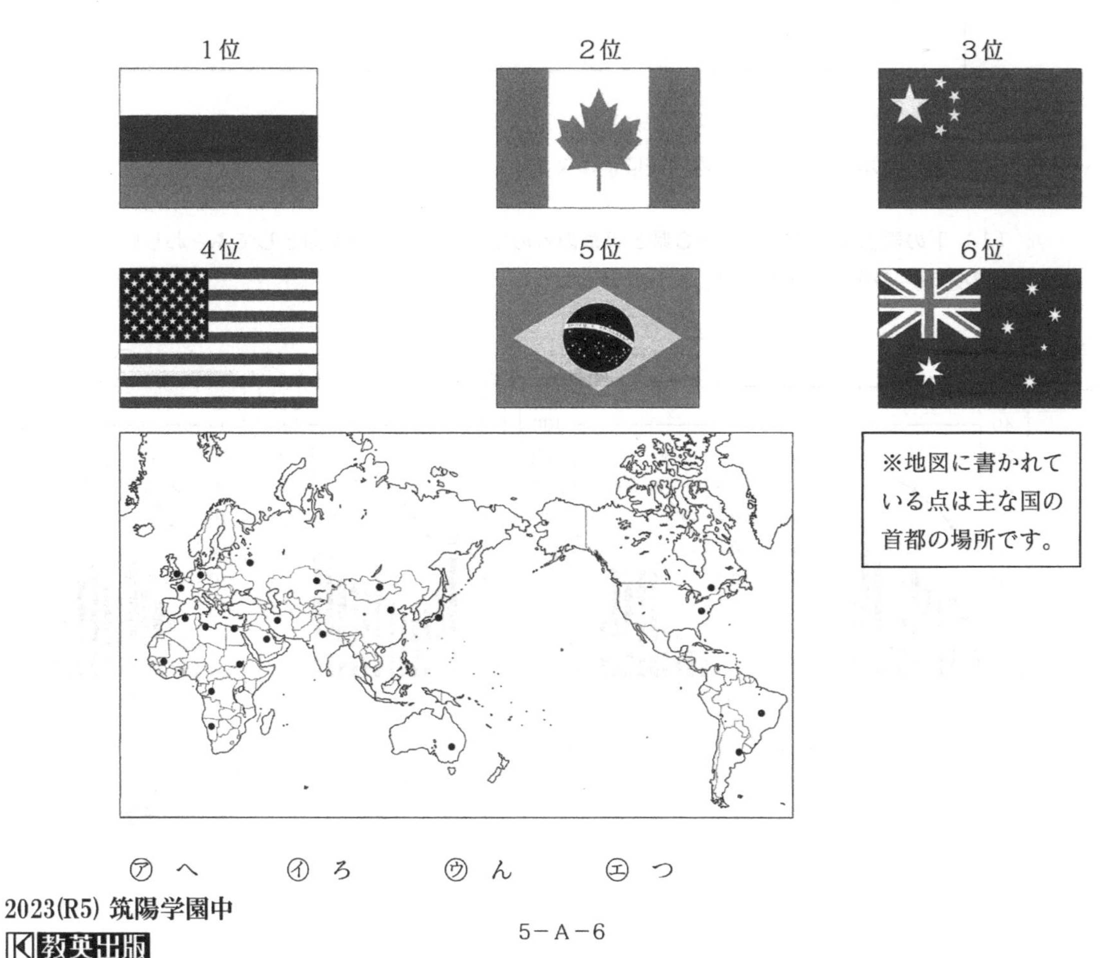

㋐ へ　　㋑ ろ　　㋒ ん　　㋓ つ

（3）下の**図6**は日本で水鳥を保護するために登録された場所を表しています。このように、様々な国の間で結ばれている水鳥などを保護するための条約を何といいますか。解答らんにあうように**カタカナ**で答えなさい。

図6

（環境省自然環境局資料より作成）

問6　辺土名さんが作成した資料の**A**～**C**にあてはまる県名の組み合わせとして正しいものを、次の㋐～㋓の中から1つ選び、記号で答えなさい。

㋐	A：茨城	B：群馬	C：秋田
㋑	A：千葉	B：群馬	C：新潟
㋒	A：千葉	B：栃木	C：秋田
㋓	A：茨城	B：栃木	C：新潟

問7　辺土名さんが作成した資料の空らん（　X　）に入る作物を**漢字**で答えなさい。

2 ひかるさんは夏休みのレポートでおもな天皇と実権をにぎった人物を調べてみることにしました。空らん（　1　）～（　5　）にあてはまる語句を**漢字**で答え、あとの問いにも答えなさい。

表1　おもな天皇と説明

天　皇	説　　明
仁徳天皇	世界最大の前方後円墳である（　1　）古墳の主とされている。
【 X 】	日本最初の女帝。聖徳太子を摂政につかせる。
天武天皇	大海人皇子として、壬申の乱で大友皇子をやぶり、天皇に即位。
元明天皇	唐の都長安にならい、710年に（　2　）京を造営する。
聖武天皇	東大寺の大仏や国分寺・国分尼寺をつくる。①大陸の文化がもたらされる。
【 Y 】	794年、平安京をつくる。律令政治の復興につとめる。
白河天皇	1086年に上皇となり、②藤原氏の摂関政治に対抗する。
後白河天皇	法皇となり、長い間政治を行う。③源氏に平氏を討たせる。
【 Z 】	北条氏（鎌倉幕府）をたおし、建武の新政を始める。
明治天皇	④五カ条の御誓文を出し、天皇中心の政治を目指す。

表2　政治の実権をにぎった人物と説明

人　物	説　　明
（　3　）	約30国を支配した邪馬台国の女王として、魏に使者を送る。
（　4　）	源頼朝の妻で北条時政の娘。「尼将軍」と呼ばれる。
北条時宗	鎌倉幕府８代執権。２度の⑤元寇を防ぐ。
（　5　）	室町幕府３代将軍。花の御所、金閣を建てる。
織田信長	尾張の戦国大名。安土城を建て、⑥天下統一を目指す。
徳川家光	江戸幕府の３代将軍。参勤交代を定め、のちに⑦鎖国と呼ばれる政策を行う。
伊藤博文	明治政府の中心人物。帝国憲法の作成、⑧議会の誕生に力をつくす。
池田勇人	⑨高度経済成長がすすむ。

問１　下線部①について、この時代の文化を述べた文として正しいものを、次の㋐～㋓の中から１つ選び、記号で答えなさい。

㋐　渡来人により、のぼりがまの製法が伝えられ、焼き物の技術がすすんだ。
㋑　貴族たちの住む、やしきの建築方法である「寝殿造」がうまれた。
㋒　正倉院には、西アジアやインドなどから伝わった宝物がおさめられた。
㋓　西洋の学問を学んだ杉田玄白は「解体新書」を出版した。

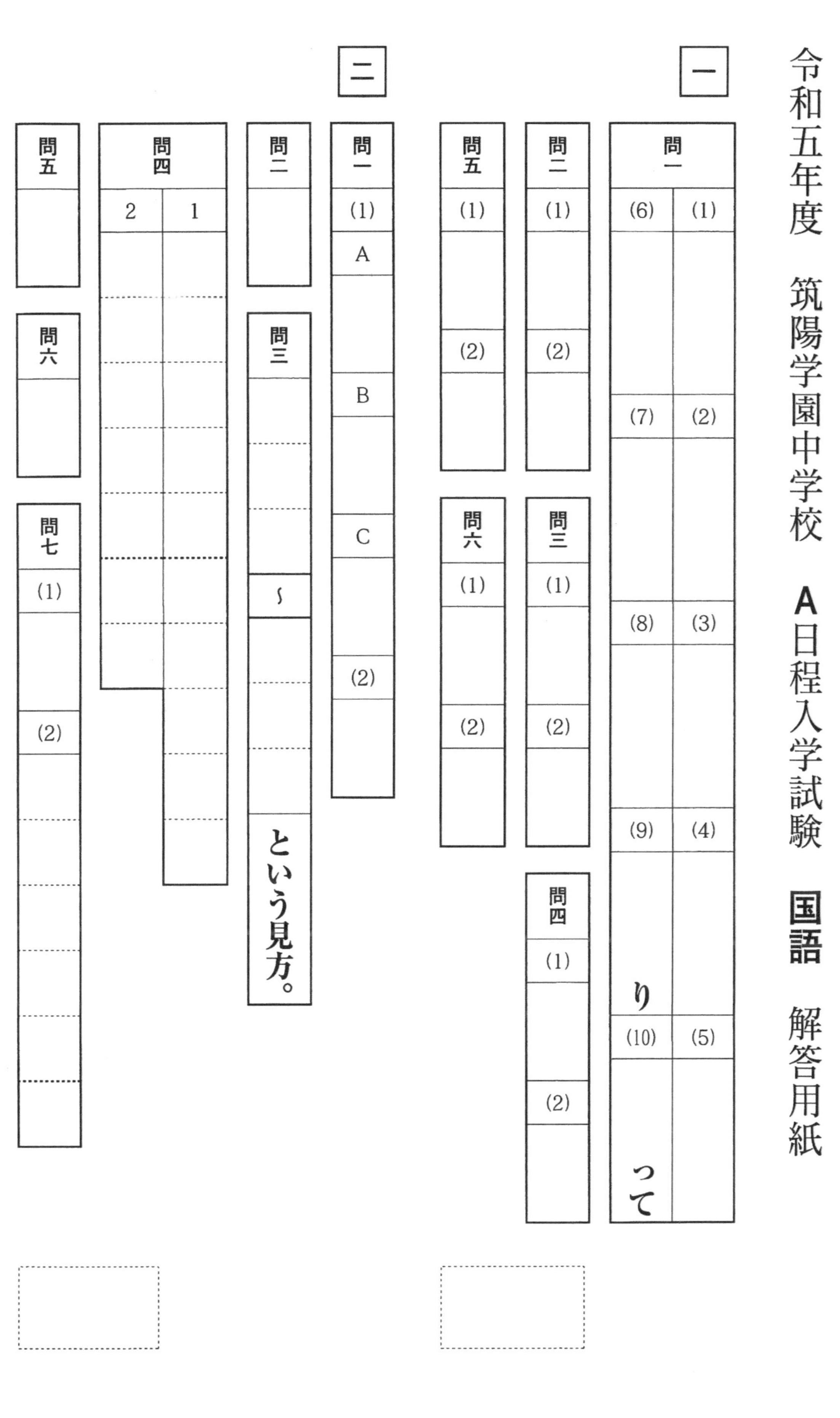

令和五年度　筑陽学園中学校　A日程入学試験　国語　解答用紙

一

問一 (1) (2) (3) (4) (5) (6) (7) (8) (9) り (10) って

問二 (1) (2)

問三 (1) (2)

問四 (1) (2)

問五 (1) (2)

問六 (1) (2)

二

問一 (1) A B C (2)

問二

問三 ～ という見方。

問四 1 2

問五

問六

問七 (1) (2)

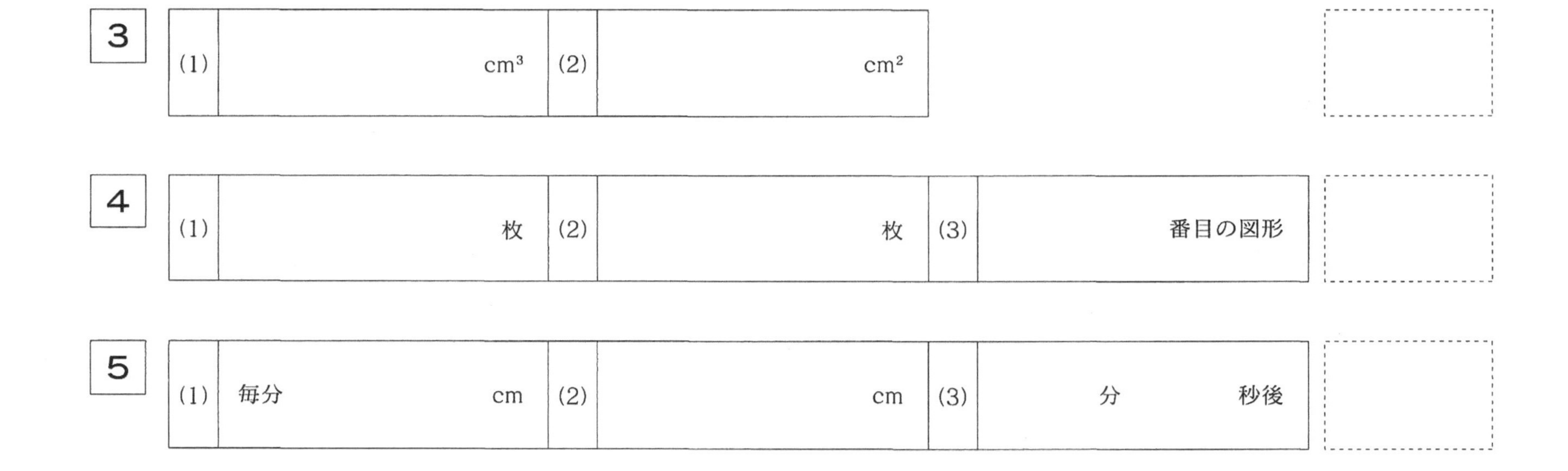

3	(1)	cm^3	(2)	cm^2

4	(1)	枚	(2)	枚	(3)	番目の図形

5	(1)	毎分　cm	(2)	cm	(3)	分　秒後

受験番号	出身小学校	氏名
	小学校	

得点	1		合計	
	2〜5			※100点満点（配点非公表）

2023(R5) 筑陽学園中
K 教英出版

4

Ⅰ	問1		問2		問3	秒後
Ⅱ	問4		問5		問6	

受験番号	出身小学校	氏　名
	小学校	

得点	※50点満点（配点非公表）

問9		問10	

3

問1	化	問2	

問3		問4		問5		問6	裁判

問7		問8	

問9		問10		問11	

問12		問13	

受験番号	出身小学校	氏名
	小学校	

得点	※50点満点 （配点非公表）

令和5年度　筑陽学園中学校　A日程　入学試験　**社会**　解答用紙

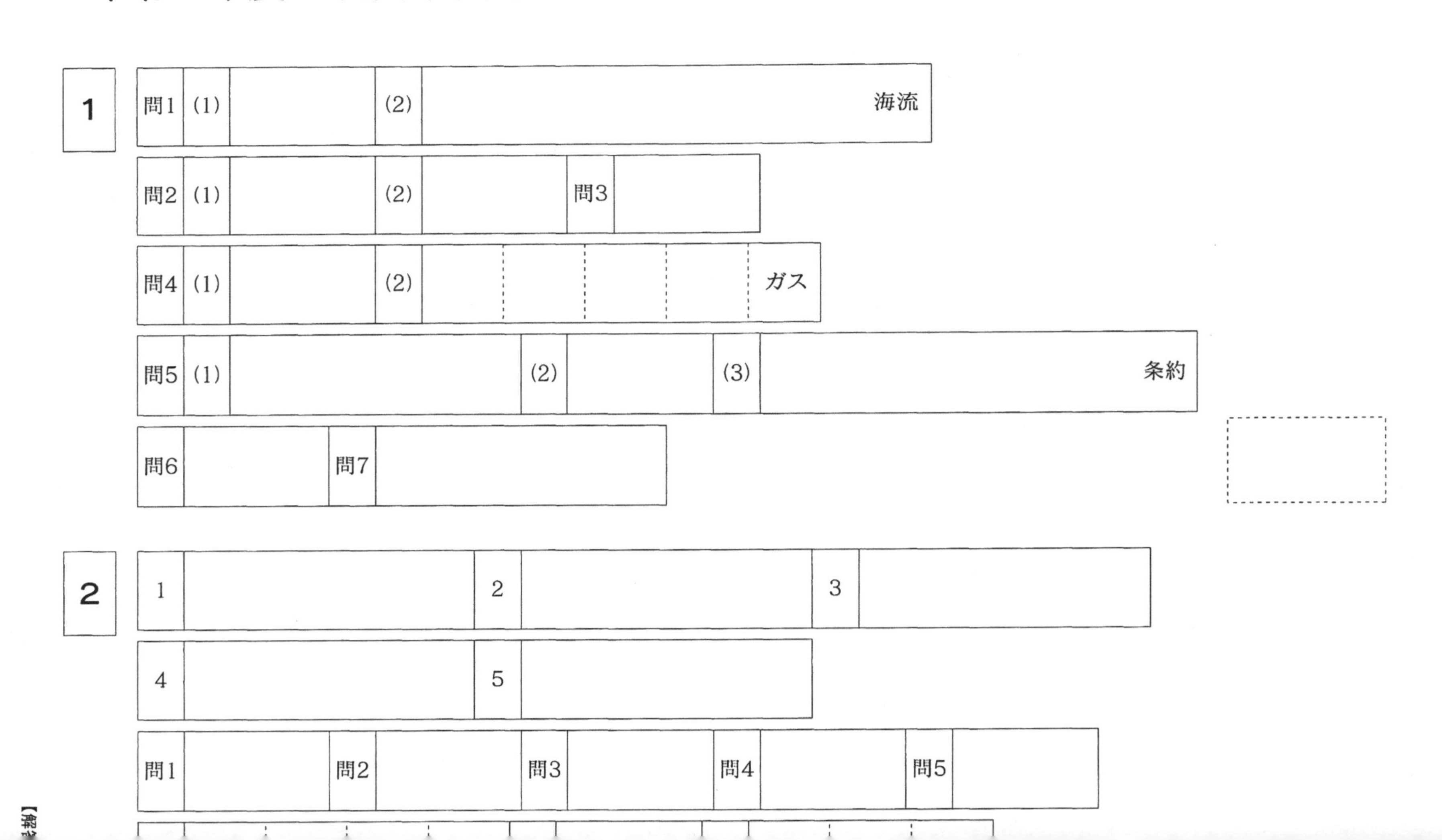

令和5年度　筑陽学園中学校　A日程　入学試験　**理科**　解答用紙

1

Ⅰ	問1		問2												
	問3	①		②					5					10	
Ⅱ	問4		問5		問6										

2

Ⅰ	問1		問2		問3	
Ⅱ	問4		問5		問6	cm³

3

Ⅰ	問1		問2		問3	
Ⅱ	問4		問5		問6	

【解

令和5年度　筑陽学園中学校　A日程入学試験　**算数**　解答用紙

1

(1)		(2)		(3)	
(4)		(5)		(6)	
(7)		(8)		(9)	
(10)		(11)		(12)	度
(13)	分	(14)		(15)	%
(16)	人	(17)	分	(18)	通り
(19)	点	(20)	cm²		

2

問二

問三

問四

こと。

問五

1

〜

2

〜

問六

問七

1

2

問八

受験番号

出身小学校

小学校

氏　名

得　点

※100点満点
（配点非公表）

【解答

問2　下線部②について述べた文としてあやまっているものを、次の㋐～㋓の中から1つ選び、記号で答えなさい。

㋐　中臣鎌足の子孫である藤原氏は、有力貴族として朝廷内で活躍した。
㋑　摂関政治を行うために、むすめを天皇のきさきにして、天皇とのつながりを強めた。
㋒　「もち月の歌」をよむほど圧倒的な力を持った藤原道長の時期が藤原氏の全盛期と言われている。
㋓　道長の子、藤原頼通は仏教の教えの影響を受け、京都に厳島神社を建てた。

問3　下線部③について、源氏と平氏の戦いの順番として正しいものを、次の㋐～㋕の中から1つ選び、記号で答えなさい。

㋐　一の谷（いちのたに）の戦い　→　屋島（やしま）の戦い　→　壇ノ浦（だんのうら）の戦い
㋑　屋島の戦い　→　壇ノ浦の戦い　→　一の谷の戦い
㋒　壇ノ浦の戦い　→　一の谷の戦い　→　屋島の戦い
㋓　一の谷の戦い　→　壇ノ浦の戦い　→　屋島の戦い
㋔　屋島の戦い　→　一の谷の戦い　→　壇ノ浦の戦い
㋕　壇ノ浦の戦い　→　屋島の戦い　→　一の谷の戦い

問4　下線部④の内容としてあやまっているものはどれですか。**資料**を参考にして、次の㋐～㋓の中から1つ選び、記号で答えなさい。

資料　五カ条の御誓文

一、広く会議（かいぎ）を興（おこ）し、万機公論（ばんきこうろん）に決すべし。
一、上下（しょうか）心を一（いつ）にして、さかんに経綸（けいりん）を行うべし。
一、官武一途庶民（かんぶいっとしょみん）に至（いた）るまで、各々その志を遂（と）げ、人心をして倦（う）まざらしめんことを要す。
一、旧来（きゅうらい）の陋習（ろうしゅう）を破（やぶ）り、天地の公道（こうどう）に基（もと）づくべし。
一、智識（ちしき）を世界に求め、大いに皇基（こうき）を振起（しんき）すべし。

㋐　選挙を行い、みんなの意見を聞いて方針を決めよう。
㋑　みんなが心を合わせ、国の政策を行おう。
㋒　これまでの良くないしきたりを改めよう。
㋓　新しい知識を世界に学び、国を栄えさせよう。

問５　下線部⑤に関する図としてふさわしいものを、次の㋐～㋓の中から１つ選び、記号で答えなさい。

問６　下線部⑥について、信長が使用した、下の**図**の印にきざまれた文字は何ですか。**漢字４字**で答えなさい。

図

問７　下線部⑦について、この政策は貿易に制限をかけながらも「四つの窓口」を通して交流が続きました。この窓口としてふさわしくないものを、下の地図中㋐～㋔の中から１つ選び、記号で答えなさい。

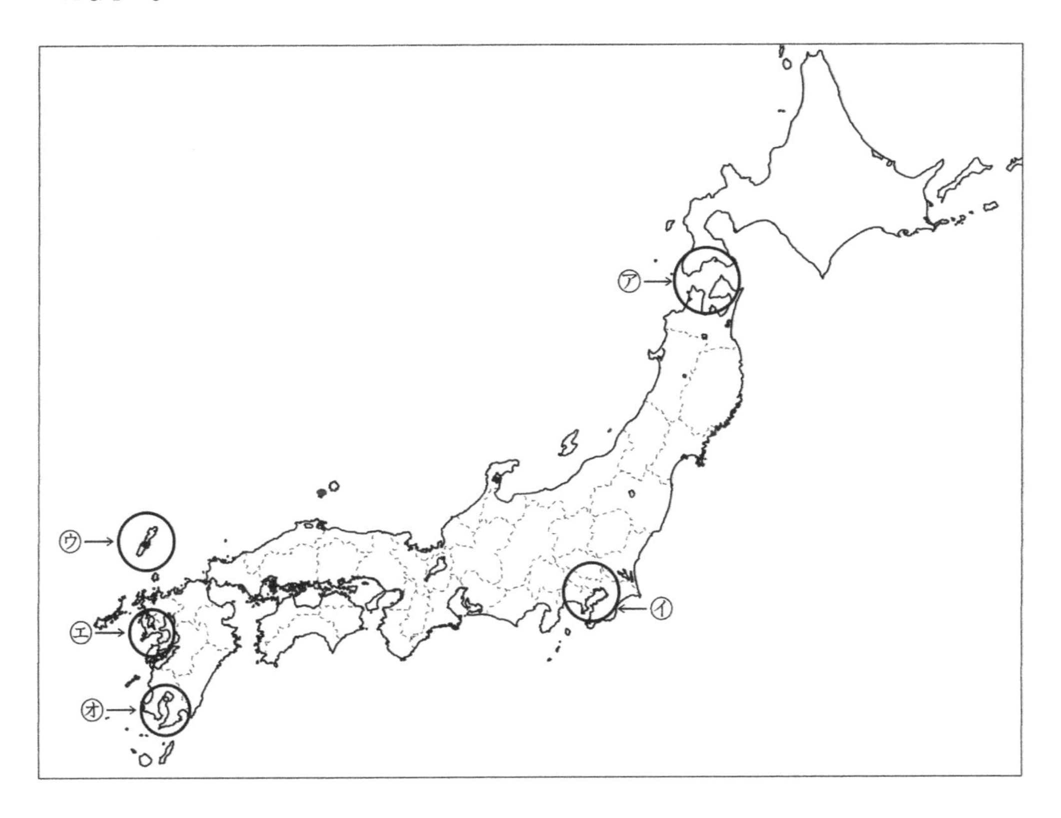

問８　下線部⑧について、当時の帝国議会は「二院制」でしたが、衆議院ともう一つの議院は何と呼ばれていましたか。**漢字３字**で答えなさい。

問９　下線部⑨の時期に起こった出来事としてあやまっているものを、次の㋐～㋓の中から１つ選び、記号で答えなさい。

㋐　はじめて東京オリンピック・パラリンピックが開かれた。
㋑　東海道新幹線が開通した。
㋒　国民総生産が世界第２位となった。
㋓　冷戦が終わり、ベルリンの壁が崩壊した。

問10　**表１中**の空らん【　X　】～【　Z　】にあてはまる天皇の組み合わせとして正しいものを、次の㋐～㋕の中から１つ選び、記号で答えなさい。

㋐　X：推古天皇　　Y：桓武天皇　　Z：後醍醐天皇
㋑　X：桓武天皇　　Y：後醍醐天皇　　Z：推古天皇
㋒　X：後醍醐天皇　　Y：推古天皇　　Z：桓武天皇
㋓　X：推古天皇　　Y：後醍醐天皇　　Z：桓武天皇
㋔　X：桓武天皇　　Y：推古天皇　　Z：後醍醐天皇
㋕　X：後醍醐天皇　　Y：桓武天皇　　Z：推古天皇

3 職業に関する次の会話文を読んで、あとの問いに答えなさい。

陽子さん：テレビでね、ユーチューバーが①子どもの将来なりたい職業ランキング１位って紹介されてたの。

お父さん：そうなのか。父さんはサッカー選手になりたかったけどなあ。時代は変わったんだなあ。

陽子さん：でもね、②そのテレビ番組が、どこのデータを使って、そのランキングを作ったか分からなかったから調べてみたの。そうしたら、色々とちがう結果も出てきたの。これを見て。

資料 将来なりたい職業ランキング

	男子	女子
小学生	１位　会社員	１位　パティシエ
	２位　ユーチューバー・動画投稿者	２位　看護師
	３位　サッカー選手	２位　幼稚園の先生・保育士
中学生	１位　会社員	１位　会社員
	２位　公務員	２位　看護師
	３位　ＩＴエンジニア・プログラマー	３位　医師
高校生	１位　会社員	１位　会社員
	２位　公務員	２位　公務員
	３位　ＩＴエンジニア・プログラマー	３位　看護師

※２位は同順位

(2022年第一生命第33回「大人になったらなりたいもの」調査結果より作成)

お父さん：ふむふむ。上位に会社員や③公務員が多いなあ。公務員って④自衛隊などもふくまれているから上位に入るのかな？

陽子さん：それはもっと下の順位に別に書かれていたから、ふくまれてはいないと思う。⑤国会議員や⑥裁判官も下の順位に別に書かれていたから、主に⑦地方公共団体の役所に勤めている方を想定していると思うわ。

お父さん：ということは、みんな、⑧大企業の社長とか、⑨内閣総理大臣とかには興味ないのかな？

陽子さん：私も興味ないよ。

お父さん：じゃあ、陽子はどんな仕事に就きたいんだ？

陽子さん：具体的には何も決まってないけど、⑩収入は高くなくていいから、⑪家族との時間を大切にできる仕事が良いな。

問１　下線部①が減少し、65歳以上の人口の割合が増加することを何といいますか。解答らんに合うように、**漢字**で答えなさい。

問２　下線部②のような、メディアにアクセスし、活用する能力のことを何といいますか。**カタカナ**で答えなさい。

問３　下線部③としてあやまっている職業を、次の㋐～㋓の中から１つ選び、記号で答えなさい。

㋐　警察官　　㋑　消防士　　㋒　弁護士　　㋓　外交官

問４　下線部④に対する2022年８月時点での政府の見方として正しいものを、次の㋐～㋓の中から１つ選び、記号で答えなさい。

㋐　自衛隊は憲法第９条の戦争の放棄・戦力の不保持・交戦権の否認に違反している。
㋑　自衛隊は自衛のための必要最小限度の実力である。
㋒　自衛隊は大陸間弾道ミサイル(たいりくかんだんどう)や攻撃型空母(こうげきがたくうぼ)を保有してもよい。
㋓　自衛隊は我が国の存立(そんりつ)が脅(おびや)かされた場合でも武力を行使してはならない。

問５　下線部⑤の説明として正しいものを、次の㋐～㋓の中から１つ選び、記号で答えなさい。

㋐　衆議院に解散はなく、議員の任期は４年、被選挙権は30歳である。
㋑　参議院は解散する場合があり、議員の任期は６年、被選挙権は25歳である。
㋒　国会議員の仕事は法律の制定、予算の審議(しんぎ)、条約の承認などである。
㋓　国会議員の仕事は行政機関の長として、政策を実行することである。

問６　下線部⑥について、犯罪行為の有罪・無罪を決定し、有罪の場合はどのような刑罰を科(か)すべきか審理(しんり)する裁判を何といいますか。解答らんに合うように、**漢字**で答えなさい。

問７　下線部⑦として正しいものを、次の図中の㋐～㋖の中からすべて選び、記号で答えなさい。

図

学校法人 筑陽学園

筑陽学園中学･高等学校
㋑

〒818-0103 ㋒　福岡県 ㋓　太宰府市 ㋔　朱雀 ㋕　5丁目6番1号 ㋖

TEL 092-922-7361　FAX 092-928-3697

www.chikuyogakuen.ed.jp/

問８　下線部⑧に関して、日本の企業の説明として正しいものを、次の㋐～㋓の中から１つ選び、記号で答えなさい。

㋐　国や地方が経営する会社を私企業、民間が経営する会社を公企業という。

㋑　株式会社の経営をしている人のことを取締役（とりしまりやく）、出資している人のことを株主という。

㋒　性別で給与や仕事内容などを区別することは合法である。

㋓　大企業と中小企業の違いは、働いている人の人数だけで決まる。

問9　下線部⑨と国務大臣による会議のことを何といいますか。**漢字**で答えなさい。

問10　下線部⑩が多い人ほど高い税率で納めなければならない税金として正しいものを、次の㋐～㋓の中から１つ選び、記号で答えなさい。

㋐　消費税　　㋑　入湯(にゅうとう)税　　㋒　たばこ税　　㋓　所得税

問11　下線部⑪に関して、仕事と生活のバランスを何といいますか。**カタカナ**で答えなさい。

問12　**資料**から読み取れることとして正しいものを、次の㋐～㋓の中から１つ選び、記号で答えなさい。

㋐　小学生が将来なりたい職業の２位は、男女ともにユーチューバーである。
㋑　高校生女子が将来結婚したい人の職業は、１位は会社員、２位は公務員である。
㋒　男子が将来なりたい職業の上位３位は、小学生から高校生まで変化していない。
㋓　看護師は小中高すべてで、女子が将来なりたい職業の３位以内に入っている。

問13　この会話文から読み取れることとしてあやまっているものを、次の㋐～㋓の中から１つ選び、記号で答えなさい。

㋐　お父さんはサッカー選手になりたかったが、現在はユーチューバーを目指している。
㋑　陽子さんはテレビ番組の内容を疑い、自ら情報を収集した。
㋒　陽子さんはランキングの公務員には自衛隊はふくまれていないと考えている。
㋓　お父さんは陽子さんに対して、将来就きたい職業について聞いている。

令和４年度
Ａ日程　入学試験問題

国　　語

筑陽学園中学校

（50分）

注　意

１．受験番号、出身小学校名、氏名を忘れずに記入してください。

２．解答はすべて解答用紙の定められた欄(らん)に記入してください。

３．試験問題は 一 から 三 まであります。

一

次の問いに答えなさい。

問一 次の――部のカタカナは漢字に直し、漢字は読みを答えなさい。（送りがな必要なものは送りがなも答えなさい。）

(1) ミスがないかテンケンする。 (2) ムチュウで遊ぶ。 (3) 日米ボウエキ。 (4) 大きなウンガ。

(5) 事故で出発がノビル。 (6) 器に料理をモル。 (7) 水が蒸発する。 (8) 一人感傷にふける。

(9) 山の頂に登る。 (10) 鏡に映った顔。

問二 次の意味の慣用句になるように、下の（　）に当てはまる漢字一字をそれぞれ答えなさい。

(1) （意味）すっかりしょげてしまうこと。…青菜に（　）。

(2) （意味）決断することができずためらう。…（　）の足を踏む。

問三 次の文の（　）に入る最も適当な言葉を後から選び、それぞれ記号で答えなさい。

(1) かわいい犬の姿に、思わず目を（　）。

ア 開いた　イ 配った　ウ 変えた　エ 細めた

(2) 後ろ指を（　）ことがないよう、正直に生きていきなさい。

ア つかまれる　イ くわえる　ウ 指される　エ ふまれる

問四 次の四字熟語のカタカナの部分を、それぞれ漢字に直しなさい。

(1) 一日千シュウ　(2) 空前ゼツ後

問五 次の熟語の読みの組み合わせとして最も適当なものを後から選び、それぞれ記号で答えなさい。

(1) 身分　(2) 玉座

ア 音と音　イ 訓と訓　ウ 音と訓　エ 訓と音

問六 次の上と下の語句が、(1)は同じ意味（＝）に、(2)は反対の意味（↕）になるように、□に入る漢字一字をそれぞれ答えなさい。

(1) 案外＝□外　(2) 寒冷↕温□

二　次の文章を読んで、後の問いに答えなさい。（字数制限がある場合は、句読点や記号も一字とする。）

現在、①環境問題がさまざまに議論されています。一口に環境問題といっても、地球温暖化・オゾン層の破壊・熱帯林の減少・酸性雨・有機化合物や有毒金属による地球汚染など、多くの問題にわたっており、対策も個々の問題に応じて異なっています。逆に、原因はただ一つです。人間の諸活動が、環境問題を引き起こしているからです。地上に人類が現れて以来、地球環境は汚染され続けてきたと※極論を言う人もいます。実際、人類の手で多くの種が絶滅させられました。しかし、②人類も自然に生まれてきた生物の一つですから、その活動が環境に影響を与えるのは必然なのかもしれません。【1】

ただ、人類は生産活動を行うという点で他の生物とは異なった存在であり、自然では作り得ない物質を生産し、その大量消費を行うようになったのも事実です。その結果、人類の活動が地球の環境が許容できる能力と※匹敵するほどのレベルに達しており、自然では浄化しきれない人工化合物があふれ、新しい生命体を作る試みすらし始めています。人類は、意識しているかどうかは別として、環境を根本的に変えかねない事態を招いているのです。かつては、「環境は無限」と考えられていました。［A］、環境の容量は人類の活動に比べて圧倒的に大きく、すべてを吸収処理してくれると思ってきたのです。だから、廃棄物を平気で海や空に捨て、森林を切り、海や湖を埋立て、ダムを造ってきました。【2】　また、陸にも海にも砂漠化が進み（海にも砂漠化が進み、海藻が枯れています）、自然の［　］が落ち始めています。確かに、このままの消費生活を続けると、③地球の許容能力を越え、※カタストロフィーが起こるかもしれません。人類の未来は、環境問題の危機をいかに乗り切るかにかかっていると言っても※過言ではないでしょう。二一世紀は、まさにこの課題に直面する時代となるに違いありません。

この環境問題の原因は、無責任に大量生産・大量消費の社会構造にしてしまった私たちの世代の責任であると考えています。自分たちは優雅で便利な生活を送りながら、その「借金」を子孫に押しつけているのですから。借金の最大の※象徴は、原子力発電所から出る大量の放射性廃棄物でしょう。電気を使って生活を楽しんでいるのは私たちですが、害にしかならない放射性廃棄物を一万年にわたって管理し続けねばならないのは、私たちの子孫なのです。［B］、熱帯林を切って大量の安い紙を使っているのは私たちであり、表土が流されて不毛の地となってしまった大陸や島に生きねばならないのは子孫たちなのです。環境問題は、すべて④このような構造をもっています。この点を考えれば、せめて子孫たちの負担を少しでも軽くするような手だてを打っていかねばなりません。【3】

この地球環境の危機に対し、⑤「原始時代のような生活に戻れ」という主張をする人がいます。大量消費が原因なのですから、それをやめればいいという単純な発想です。［C］、それは正しいのでしょうか。いったん獲得した知識や能力を捨てて、原始時代の不安な生活に戻れるものなのでしょうか。生産力の低い生活に戻れば、どれほど多くの※餓死者が出ることでしょう。はたして誰が、それを命じることができるのでしょうか。【4】　たぶん、答えは、そんな知恵のない単純なものではないと思います。なすべきことは、現在の私たちの生き方を振り返り、いかなる価値観の変更が必要で、そのためには、科学がいかなる役目を果たすべきかを考えることではないでしょうか。

（池内了『科学の考え方・学び方』岩波ジュニア新書による）

※極論……極端な言い方。
※匹敵……つりあうこと。
※カタストロフィー……悲劇的な結末。
※過言……いいすぎ。
※象徴……あいまいな考え方を具体的にあらわしたもの。
※餓死……うえて死ぬこと。

問一　空らん部について

(1) [A]～[C]に入る言葉として最も適当なものをそれぞれ次の中から選び、記号で答えなさい。

ア　しかし　イ　だから　ウ　例えば　エ　あるいは　オ　つまり

(2) [　]に入る言葉として最も適当なものを次の中から選び、記号で答えなさい。

ア　想像力　イ　生産力　ウ　影響力　エ　求心力

問二　本文には、次の一文がぬけています。それが入る最も適当なところを本文中の【1】～【4】の中から選び、記号で答えなさい。

しかし、環境が無限ではないことを、さまざまな公害によって学んできました。

問三　――部①「環境問題」とあるが、この原因は何だと述べられていますか。次の文の空らんに入る最も適当な言葉を、本文中から指定の字数でぬき出して答えなさい。

人間が[（九字）]の社会を作ったこと。

問四　――部②「人類も自然に生まれてきた生物の一つ」とあるが、他の生物と比べて「人類」の特徴はどのような点にあると筆者は述べていますか。本文中から十一字でぬき出して答えなさい。

問五　――部③「地球の許容能力」とあるが、この説明として適当なものを次の中からすべて選び、記号で答えなさい。

ア　人類に絶滅させられた種を、新しい生命体として復元できる能力。

イ　人類が手を加えて汚染した環境を、地球が修復・再生できる能力。

ウ　人類が捨てた廃棄物を、地球上にため込む空間を確保できる能力。

エ　人類が生み出した化合物を、地球の環境が吸収・浄化できる能力。

問六　――部④「このような構造」とあるが、これはどのようなことを指していますか。次の文の空らん[1]・[2]に入る最も適当な言葉を、本文中からそれぞれ指定の字数でぬき出して答えなさい。

自分たちが[1（八字）]を送ることで、それが[2（七字）]になってしまうという構造。

問七　――部⑤「『原始時代のような生活に戻れ』という主張」とあるが、この主張について説明したものとして最も適当なものを次の中から選び、記号で答えなさい。

ア　原始時代のように、狩猟のみを生活の営みとし、すべての生産活動をやめるということ。

イ　原始時代のように、地球環境に配慮することで、電気やガスなどの資源を確保するということ。

ウ　原始時代のように、地球環境に大きな影響がないように生産力を落として生活するということ。

エ　原始時代のように、現在まで発展させてきた文明や文化を捨てて、農耕主体の生活をするということ。

問八　本文の内容についての生徒の発言を読み、本文の内容をふまえて、空らんに当てはまる言葉の組み合わせとして最も適当なものを次の中から選び、記号で答えなさい。

生徒Ａ：今までちゃんと考えたこともなかったけど、確かに筆者が述べている通りだと思うな。環境問題については、僕たち全員が考えていかないといけないね。ここまで大きな問題になってしまったのに、解決できないのはなぜだろう。

生徒Ｂ：そうだね、ぼくは社会構造まで含めて、[1]してしまっていることが原因だと思うな。だから、工場を分散させ、小規模でも高い生産力を保つ原理の発見や技術の研究を進める必要があると思う。

生徒C：それに加えて、今の社会は生産効率が高く、省力化できる、つまり「 2 」ということが優先されているよね。そうした経済理論自体を根本から見直さないといけない時代になっているんじゃないかな。

生徒D：こうした問題を考えるには、単純な考え方ではいけないね。筆者は、 3 ことが必要だと述べているけど、具体的にはどんなことができるんだろうか。

生徒E：やっぱり、科学の視点からエネルギーとリサイクルの関係性を整理し、「自然に優しい科学」を見出すことではないかしら。科学者に任せきりではなく、私たち自身も向き合っていかないといけないわね。

ア　1…一元化・一体化　2…安く作って高く売る　3…単純な生き方を考え直す
イ　1…巨大化・集中化　2…安上がりで大量に作れる　3…科学の果たすべき役割を考える
ウ　1…微小化・分散化　2…費用をかけて大量に売る　3…今までの価値観を変更する
エ　1…開化・進化　2…費用をかけて良質のものを作る　3…地球の危機に一丸となって立ち向かう

三

次の文章を読んで、後の問いに答えなさい。（字数制限がある場合は、句読点や記号も一字とする。）

《あらすじ》
杏美と香奈枝は保育園の頃から周囲が認める仲良し二人組であった。母親の仕事の都合で香奈枝は転園することになったが、二人は小学校の入学式で再会し、ふたたび周囲から認められる仲良し二人組となった。

秋になり、学芸会で『白雪姫』を上演すると発表された。
配役が発表されると、
「あずちゃん、何の役やる？」
香奈枝に訊かれた。杏美は、ほんの少しだけ白雪姫役に惹かれていたけれど、なぜか、
「ナレーター」と言った。
「かなちゃんは？」
「あたし白雪姫に立候補する」
［A］言う香奈枝の目はみずみずしい野心に満ちていた。
すでに①杏美と香奈枝の力関係は変わりつつあった。香奈枝はクラスで一番背が低く、発想も幼く、絵や字もへたくそで、計算も遅い。何もかも杏美に負けているのに、一向に気にしていないようだ。気が強くわがままで、そのわがままを通す力を持ち始めていた。
「白雪姫なんて、セリフ全然ないじゃん」
香奈枝のまっすぐな物言いが眩しすぎて、杏美はそんなふうに言った。白雪姫役は五人。十の台詞を、五人がふたつずつ担当するのだ。ナレーターには三つ台詞がある。それ以上、台詞のある役はない。皆が［　］に目立てるように、先生たちが台本を作ったのだろう。動物だの妖精だの、いろんなのが出てきて、一つ、二つ、皆が喋る。
「だって、ドレス着れるの、白雪姫だけでしょ。それに」と、香奈枝が思いがけないことを言った。
「あずちゃんも一緒に白雪姫やれば、一緒に練習できるよ」
「え……？」
杏美は困った顔を作った。
「やろうよ、やろうよ」
「でも……どうしようかな」
②甘ったるい食べ物を不意打ちで舌にのせられたような気がした。
白雪姫役に手を挙げる時、③どきどきした。立候補者はぴったり五名。全員仲良く白雪姫になることができて、※安堵の息がもれた。

（中略）

しかし翌日の朝の会で先生が、白雪姫の役を決め直すと言ったのだった。なんでも昨日休んでいた飯田麻耶が、親を通じて電話で白雪姫役に立候補したいと伝えたらしい。
皆の前で、六人でじゃんけんをして、香奈枝が負けた。
大泣きするかと思った香奈枝は無表情で引き下がった。先生が何か言葉をかけていたけれど、香奈枝は黙っていた。
休み時間に杏美が香奈枝に話しかけるとぷいっと横を向かれた。香奈枝は、杏美だけではなく、他の誰ともしゃべらなかった。杏美は、白雪姫役を奪った飯田麻耶が平気な顔で授業を受けているのを、信じられないような思いで見ていた。香奈枝の不機嫌は、何かじわじわと

した首輪になって、自分に巻きついてくるようだった。
だから、給食の準備時間に、
「あずちゃん……」と香奈枝に声をかけられたとき、杏美はようやくこの④首輪を外せると思った。
「あずちゃんは本当は白雪姫、演りたくなかったんだよね？」
意を決した顔の香奈枝の目はきれいだった。
「あずちゃん、本当は、ナレーター演りたかったんでしょ。だったら……」
「わたし、やめてもいいよ」と、皆まで言わせず、杏美は言った。
「え、本当？」
香奈枝の顔がぱあっと光る。
「先生に言いに行こう」
杏美は香奈枝の手を握った。香奈枝の手を、自分から握るのは久しぶりだった。香奈枝が、
「よかった」と言った。
うん、よかった。わたしはもともと白雪姫なんて演りたくなかったんだから。台詞が多いナレーターを演りたかったんだから。それなのに、先生に許可を得て、正式に白雪姫から降りた時、取り返しのつかないことをしてしまったような気がした。
ちゃんと頼まれていないし、ちゃんとお礼も言われていない。急にそんな考えが湧いて、香奈枝を責める気持ちがむくむくと湧き上がった。ちゃんと頼ませないように、ありがとうを言わせないように、⑤そうしたのは自分だったのに、どういうわけか、酷く不当なことをされた気がした。
「あずちゃんが、うちのカナに、白雪姫役をゆずってくれたそうで。本当にありがとうございます。あずちゃんは、優しい子ね」
数日後の※公文の帰り道、香奈枝ママが多美子に礼を言うのを聞いていた。
そのことを知らなかった多美子は、一瞬黙ってから、ぱかっと箱を開くような笑顔になって、
「いいのいいの。うちのなんて、白雪姫って柄じゃないし、香奈枝ちゃんが演ったほうが［B］様になるわよ」と言った。
それなのに、家に帰ってから、
「杏美が白雪姫役を降りたこと、知らなかったよ。よく我慢したね」と、杏美に言った。
我慢？
ノッポの杏美には似合わないって、お母さん、何度も言っていたくせに。
「我慢なんかしてないよ！わたし、白雪姫なんて、本当はやりたくなかったんだから」
多美子は本当は自分に白雪姫をやってもらいたかったのだ。そう思ったら、⑥「我慢」のひと言は、やすりみたいに耳たぶを擦った。
「五人でやる役なんて、ばっかみたい」
いくらひらひらしたドレスを着たところで、台詞ふたつの白雪姫より、みっつ喋れるナレーターのほうが、賢い選択なんだ。［C］ナレーターは舞台には立たず、その下でマイクを使って喋る役だったとしても。

（朝比奈あすか『君たちは今が世界』KADOKAWAによる）

※　安堵　……　安心すること。　※　公文　……　公文式学習塾のこと。

問一 空らん部について

(1) [A]～[C]に入る言葉として最も適当なものをそれぞれ次の中から選び、記号で答えなさい。

ア たとえ　イ きっぱり　ウ ちょうど　エ そっくり　オ ずっと

(2) [　]に入る言葉として最も適当なものを次の中から選び、記号で答えなさい。

ア 完璧　イ 懸命　ウ 平等　エ 劇的

問二 ――部①「杏美と香奈枝の力関係は変わりつつあった」とあるが、それはなぜですか。その理由を解答らんに合う形で本文中から十六字でぬき出し、最初と最後の三字で答えなさい。

問三 ――部②「甘ったるい食べ物を不意打ちで舌にのせられたような気がした」とあるが、杏美がこのように感じた理由を説明した次の文の空らんに当てはまる言葉を、本文中から十八字でぬき出し、最初と最後の三字で答えなさい。

本当は[　]杏美に対して、思いがけず香奈枝が一緒に白雪姫役をしようと誘ったから。

問四 ――部③「どきどきした」とあるが、この時の杏美の心情の説明として最も適当なものを次の中から選び、記号で答えなさい。

ア 白雪姫役に立候補することで、より成長した未来の自分の姿を想像したことによる期待。

イ 自分が白雪姫役に無事選ばれ、はなやかな舞台に立っている姿を想像したことによる期待。

ウ 白雪姫役に多くの立候補者が出た場合、クラスメートと争わなければならなくなることへの不安。

エ 勇気を出して白雪姫役に立候補したが、クラスメートに冷やかされたらどうしようという不安。

問五 ――部④「首輪を外せる」とあるが、「首輪を外」すとは具体的にどうすることですか。それを説明した次の文の空らんに当てはまる言葉を十字以内で答えなさい。

香奈枝に[　]ことで香奈枝の不機嫌を解消すること。

問六 ――部⑤「そうした」が指す杏美の行動を述べた一文を本文中からぬき出し、最初の五字で答えなさい。

問七 ――部⑥「『我慢』のひと言は、やすりみたいに耳たぶを擦った」とあるが、この時の杏美の気持ちを説明したものとして最も適当なものを次の中から選び、記号で答えなさい。

ア 自分は白雪姫役を本当はしたいと思っていなかったのに、どうしても白雪姫役をやりたかったかのように母から言われていらだっている。

イ 母は自分が白雪姫役をすることに反対していると思っていたが、実は喜んでいたことに気づき、白雪姫役を降りたことに心残りが生まれている。

ウ 自分は一番台詞の多いナレーターを選んだことを賢い選択だと思っているが、母の発言から自分の選択を否定されたと感じて落ち込んでいる。

エ 白雪姫役を我慢すべきだったのは自分ではなく飯田麻耶のはずだと思い、香奈枝から白雪姫役を奪ったのに平気な顔をしていた麻耶を恨んでいる。

問八 この文章の表現の特徴として、適当でないものを次の中から一つ選び、記号で答えなさい。

ア 比ゆ表現を用いることで、登場人物の複雑な心情の変化を効果的に描いている。

イ 擬態語を多く用いることで、登場人物の動作や心の動きを印象的に描いている。

ウ 表情に関する描写を多く用いることで、登場人物の心情を視覚的に描いている。

エ 語り手が何度も入れ替わることによって、登場人物の心情を多角的に描いている。

令和４年度
A日程　入学試験問題

算　　数

筑陽学園中学校

（50分）

注　意

1．受験番号、出身小学校名、氏名を忘れずに記入してください。

2．解答はすべて解答用紙の定められた欄（らん）に記入してください。

3．試験問題は 1 から 5 まであります。

1 次の □ にあてはまる数を答えなさい。分数は，それ以上約分できない形で答えなさい。

（1）157−99= □

（2）3×8+2×4= □

（3）1.41+1.73= □

（4）$\frac{16}{3}+\frac{21}{4}=$ □

（5）$7.32\times\frac{7}{3}=$ □

（6）(10+2.3)÷0.5= □

（7）$\left(\square+3\right)\div(4+7)=5$

（8）$\frac{8}{3}-1.25-1\frac{1}{6}\times0.25=$ □

（9）$\left(\frac{1}{5}+\frac{1}{6}\right)\times\left(\square+\frac{1}{11}\right)=\frac{10}{3}$

（10）$0.1\times0.2\div0.3\times\left(\frac{5}{18}+\frac{5}{\square}\right)=\frac{1}{18}$

（11）1から100までの整数のうち，3でも5でも割り切れる整数は □ 個あります。

（12）右の円柱の体積は □ cm^3です。
ただし，円周率は3.14とします。

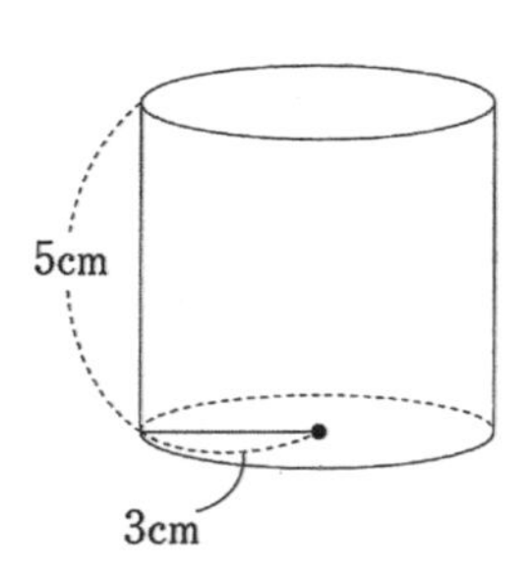

(13) ある日の午前9時35分の □ 分前は，同じ日の午前7時57分です。

(14) ある弁当が定価の２割引の 640 円で売られています。この弁当の定価は □ 円です。

(15) □ ページの本を読むのに，１日目は全体の$\frac{1}{3}$を読み，２日目に残りの$\frac{18}{25}$を読むと，あと28ページになりました。

(16) 陽太さんと花子さんのはじめの所持金の比は２：３でした。２人が4000円ずつ使ったので，所持金の比は１：２になりました。陽太さんのはじめの所持金は □ 円です。

(17) 赤，青，黄の３色すべての色を使って，右の図のA，B，Cをぬります。このとき，色のぬり方は □ 通りあります。

A	B	C

(18) 時速7.2kmで10分間走ると □ km 進みます。

(19) 下の表は，あるケーキ屋で５日目までに売れたケーキの個数です。
５日目に □ 個売れたので，この５日間で売れたケーキの個数の平均は37個でした。

１日目	２日目	３日目	４日目	５日目
32個	36個	38個	39個	□個

(20) 右の図は，点Oを中心とする円です。
このとき，かげのついた部分の面積は □ cm^2 です。

O
7cm
3cm

2　図１のように，１辺の長さが 12cm の正方形の内側に円をぴったりいれます。

次の問いに答えなさい。ただし，円周率は 3.14 とします。

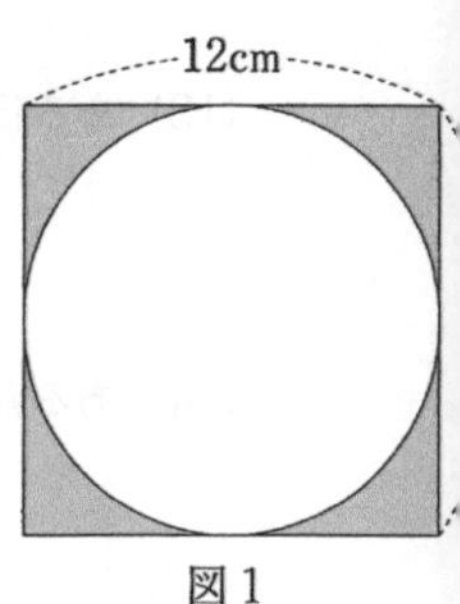

図１

（1）図１のかげのついた部分の面積を求めなさい。

（2）図２は，図１の円の内側に，正方形をぴったりいれたものです。
　かげのついた部分の面積を求めなさい。

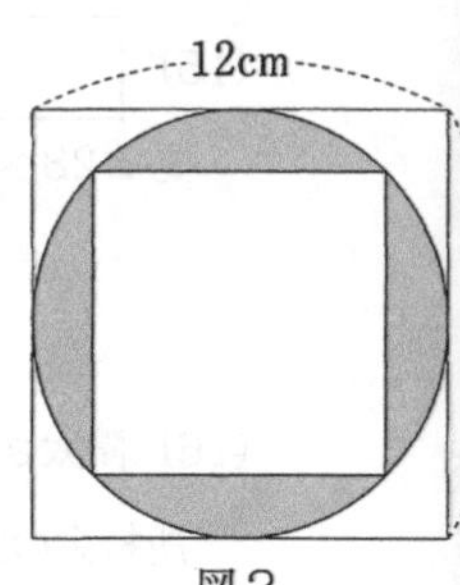

図２

3　片方の面に１と書かれた赤色のカード，２と書かれた青色のカード，３と書かれた黄色のカードがあります。また，それぞれのカードは十分にあります。

これらのカードを次のルールで重ねて置いていきます。

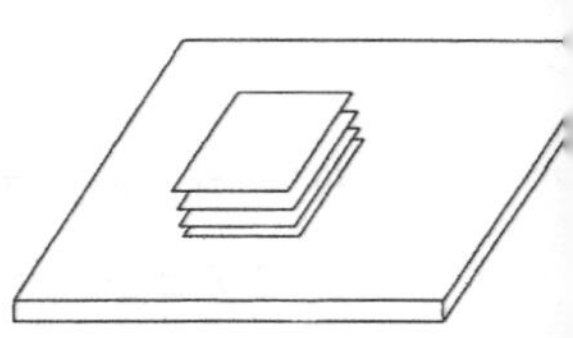

> ルール
> ○１枚目に置くカードは赤色とします。
> ○赤色のカードの上に青色のカード，青色のカードの上に黄色のカード，黄色のカードの上に赤色のカードを１枚ずつ置いていきます。

次の問いに答えなさい。

（1）20枚目に置くカードの色を答えなさい。

（2）最後に置いたカードの色は青色で，青色のカードだけ数えると50枚ありました。このとき，置かれたすべてのカードに書かれている数の合計を求めなさい。

（3）置かれたすべてのカードに書かれている数の合計が201のとき，置かれたカードの枚数を求めなさい。

4 図のような直方体があります。

この直方体の３つの面ABCD，ADGE，AEFBに，点Aを中心とする半径3cmの円の一部が太線でかかれており，２つの面ABCDとAEFBに，点Aを中心とする半径5cmの円の一部が太線でかかれています。２点H，Iはそれぞれ半径5cmの円の一部と辺DC，EFが交わる点で，DHの長さは3cm，EIの長さは4cmです。

次の問いに答えなさい。ただし，円周率は3.14とします。

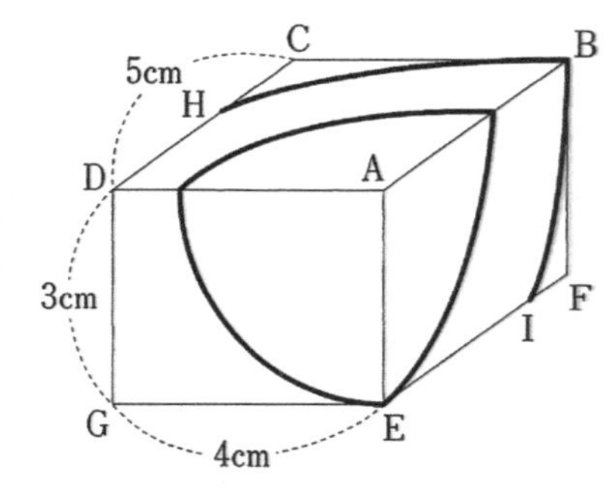

（1）この直方体の体積を求めなさい。

（2）この直方体の3つの面にかかれた太線の長さの和を求めなさい。

5 Aさんと Bさんは，地点Pを同時に出発して，地点Qまでの4000mの道を１回だけ往復しました。

２人は最初，それぞれ一定の速さで進みます。出発時の速さはAさんの方がはやく，その後それぞれ１回だけ速さを変えました。速さを変えたあとは，地点Pにもどるまで，その速さのまま進みました。

Bさんは，出発してから28分後に，速さをはやくしました。Aさんは，出発してから50分後に，速さをおそくしました。

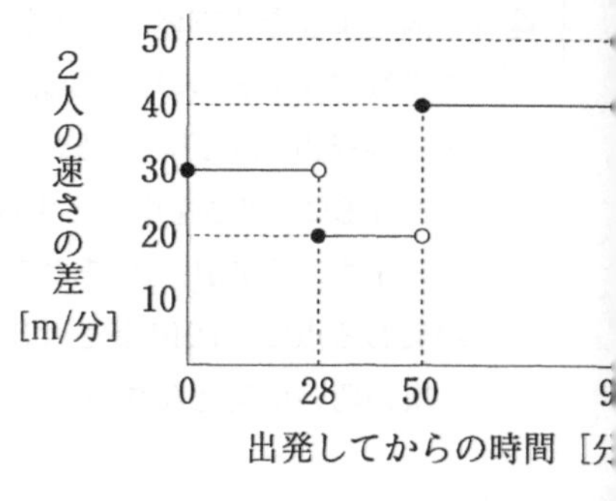

先に地点PにもどったのはBさんで，出発してから92分後でした。もどった後のBさんは，地点PでAさんを待つものとし，この間の速さは毎分0mとします。

グラフは２人が出発してからの時間と，「２人の速さの差」の関係を表したものです。「２人の速さの差」とは，２人の速さのうち，はやい方からおそい方を引いたものです。グラフ内の○はその点をふくまないことをあらわし，●はその点をふくむことをあらわします。

次の問いに答えなさい。

（1）Bさんの，出発して28分後から92分後までの速さは毎分何mか求めなさい。

（2）Aさんが地点Pにもどるのは，出発してから何分後か求めなさい。

（3）AさんとBさんが最初に出会うのは，出発してから何分何秒後か求めなさい。

令和４年度
Ａ日程　入学試験問題

理　　科

筑陽学園中学校

（30分）

注　意

１．受験番号、出身小学校名、氏名を忘れずに
　　記入してください。

２．解答はすべて解答用紙の定められた欄（らん）に
　　記入してください。

３．試験問題は 1 から 4 まであります。

1 次のⅠ，Ⅱの問いに答えなさい。

Ⅰ 植物の成長について調べるために，ジャガイモを用いて実験を行いました。

［実験］ 8月12日の午後，日当たりの良い場所についている3枚のジャガイモの葉を，図1のようにアルミニウムはくでおおい，それぞれ葉㋐～㋒とした。

8月13日の朝，葉㋐は，アルミニウムはくを外してつみ取り，やわらかくなるまで数分間，湯でにた。その後，水で洗い，ヨウ素液につけて，色の変化からデンプンがあるかどうかを調べた。葉㋑はアルミニウムはくを外して，葉㋒はそのままにして，それぞれ日光に当てた。5時間後，葉㋑と葉㋒をつみ取り，葉㋐と同じようにデンプンがあるかどうかを調べた。

図1

問1 ジャガイモのいもは植物のどの部分ですか。次の①～④の中から，正しいものを1つ選び，番号で答えなさい。

① 実　② くき　③ 根　④ 花

問2 葉㋐を準備する理由について述べた文として最も適当なものを，次の①～④の中から選び，番号で答えなさい。

① 8月12日の午後には，葉にデンプンがあることを確かめるため。
② 8月12日の午後には，葉にデンプンがないことを確かめるため。
③ 8月13日の朝には，葉にデンプンがあることを確かめるため。
④ 8月13日の朝には，葉にデンプンがないことを確かめるため。

問3 次の文は，この実験について述べたものです。①には（　　）の中から適当なものを選び，記号で答えなさい。また，（ ② ）には当てはまる言葉を答えなさい。

ヨウ素液につけて色が変化したのは，①（ア．葉㋑　イ．葉㋒）で，デンプンをつくるためには（ ② ）が必要だと考えられる。

Ⅱ　次の文は，ゲン君とユイさんがメダカの成長を調べるために，学校でメダカを飼って観察したときの会話です。また，図２は，ユイさんがかいたメダカのスケッチの一部を示したものです。

ゲン：今年はメダカを水そうで飼ってみて，成長のようすを観察してみよう。
ユイ：去年はモンシロチョウを観察したけど，メダカも同じように成長するのかな。
ゲン：じゃあ，僕がメダカを飼うための水そうを準備するよ。
　　(次の日)
ゲン：水そうの準備ができたよ。
ユイ：あら？この水そうでは，メダカはたまごを産まないと思うよ。
ゲン：何がいけないの？
ユイ：それはね，水そうに[X]からだよ。
ゲン：そうか。では，準備のできた水そうにメダカのおすとめすを５匹ずつ入れるよ。
ユイ：ありがとう。めすがたまごを産んだら，毎日スケッチするね。
　　(２週間後)
ゲン：スケッチを見ると，受精11日後にはたまごのまくを破って子メダカが出てきているね。すぐにえさをあげたの？
ユイ：この時には，えさをあげなくても育つのよ。はらの部分を見てごらんよ。
ゲン：なるほどね。

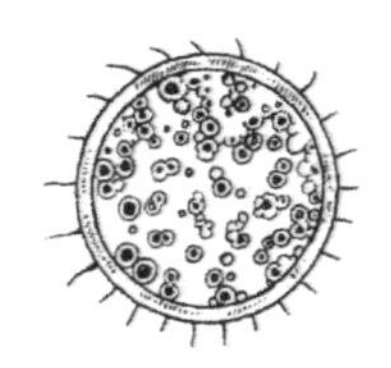
受精直後

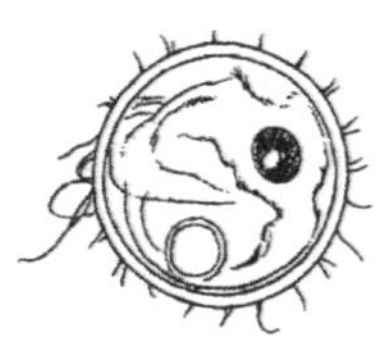
受精４日後

受精６日後

受精11日後

図２

問４　会話文の[X]に当てはまるものとして最も適当なものを，次の①～④の中から選び，番号で答えなさい。

① 直射日光が当たっていない
② よく洗った小石がしかれている
③ 水草を入れていない
④ くみ置きの水道水を入れている

問５　メダカのおすとめすの見分け方として正しいものを，次の①～④の中から１つ選び，番号で答えなさい。

① おすは，背びれに切れこみがあり，しりびれはめすよりはばが広い。
② おすは，背びれに切れこみがあり，しりびれはめすよりはばがせまい。
③ めすは，背びれに切れこみがあり，しりびれはおすよりはばが広い。
④ めすは，背びれに切れこみがあり，しりびれはおすよりはばがせまい。

問６　次の文は，下線部の理由について述べたものです。(　　)に当てはまる言葉を15字以内で答えなさい。

ふ化直後のメダカは，しばらくの間，(　　　　)育つため。

2 次のⅠ，Ⅱの問いに答えなさい。

Ⅰ ものの とけ方について調べるために，ミョウバンと食塩を用いて実験を行いました。

［実験１］ 20℃の水50mLを入れたビーカーを用意し，５ｇのミョウバンを水に加えてかき混ぜた。すべてとけたら，さらにミョウバンを５ｇ加えてかき混ぜ，とけ残りが出るまでこれをくり返した。また，食塩についても同様の操作を行った。表１は，その結果をまとめたものである。

加えた合計の重さ（g）	5	10	15	20
ミョウバン	○	×	／	／
食塩	○	○	○	×

○：すべてとけた　×：とけ残った

表１

［実験２］ 50℃の水50mLを入れたビーカーを用意し，実験１と同様の操作を行った。表２は，その結果をまとめたものである。

加えた合計の重さ（g）	5	10	15	20
ミョウバン	○	○	○	×
食塩	○	○	○	×

○：すべてとけた　×：とけ残った

表２

問１ 次の文は，実験１，２の結果からわかることについて述べたものです。文中の①，②の（　）の中から適当なものをそれぞれ選び，記号で答えなさい。

> 水の温度が 20℃から 50℃になると，ミョウバンのとける量は①（ア．増えた　イ．減った）。また，ミョウバンと食塩のとける量の変化は，②（ウ．ミョウバン　エ．食塩）の方が大きいことがわかった。

問２ 実験１，２でとけ残ったミョウバンや食塩を取りのぞくためにろ過をしました。ろ過をするために必要なものとしてまちがっているものを，次の①～④の中から１つ選び，番号で答えなさい。

① アルコールランプ　② ろうと　③ かくはん棒　④ ろ紙

問３ 20℃の水150mLにホウ酸を８ｇ加えてかき混ぜると，とけ残りが出ました。これをすべてとかすためには，20℃の水をあと何mL加えればよいですか。ただし，ホウ酸は20℃の水50mLに2.5ｇとけるものとし，ホウ酸がとける重さは水の体積に比例するものとします。

Ⅱ　金属をあたためたときのようすについて調べるために，実験を行いました。

［実験３］　図１のように，等間かくに線を引いた正方形で厚さの等しい金属板の表面全体にろうをぬり，金属板の裏面から○の位置を加熱した。

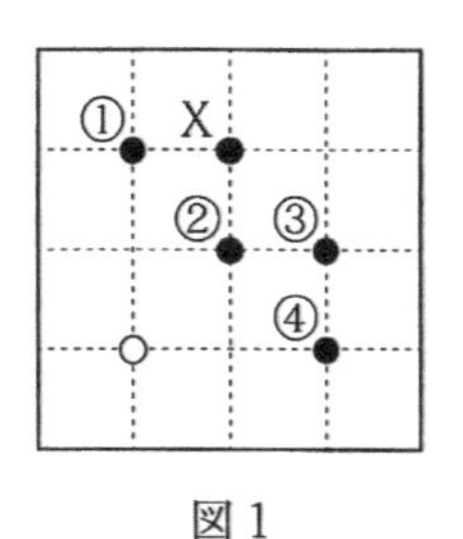

図１

［実験４］　図２のように，金属の玉と，それよりも少しだけ大きく玉が通りぬける輪を用意し，金属の玉を熱した後に輪を通りぬけるかどうかを調べた。その結果，熱した直後の金属の玉は輪を通りぬけなかったが，冷ますと輪を通りぬけた。

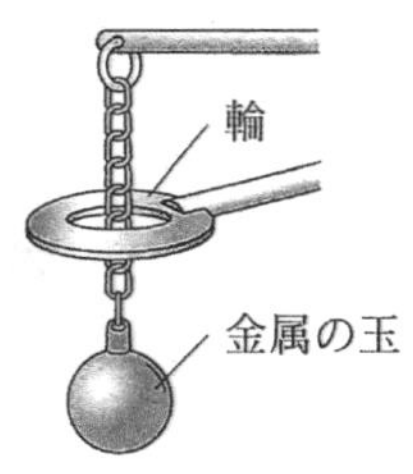

図２

問４　金属について述べた文として最も適当なものを，次の①～④の中から選び，番号で答えなさい。
　①　電気を通さない金属がある。
　②　金属の種類が変わっても，体積が同じであれば重さは同じである。
　③　水よう液によって，別のものに変化する金属がある。
　④　金属は常に固体で存在する。

問５　実験３の結果，図１のXの位置と同時にろうがとけはじめたのはどの位置ですか。最も適当なものを図１の①～④の中から選び，番号で答えなさい。

問６　実験４から，金属は温度によって体積が変化することがわかります。また，その変化の大きさは，金属の種類によって変わります。このちがいを利用したものとして，２種類の金属をはり合わせたバイメタルというものがあります。

　図３は，金属A，Bをはり合わせたバイメタルを用いたスイッチとそのしくみを示したものです。実験４と図３について述べた文中の①～③の(　　)の中から適当なものをそれぞれ選び，記号で答えなさい。

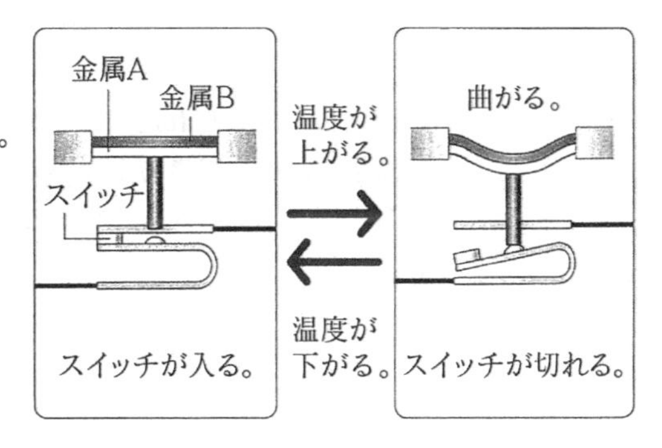

図３

金属は熱すると体積が①(ア.大きく　イ.小さく)なり，冷やすと元に戻る。この性質を利用した図３のバイメタルでは，②(ウ.金属A　エ.金属B)の方が温度による体積の変化が大きい。このスイッチを暖ぼう器具に用いると，部屋の温度が③(オ.高い　カ.低い)ときにだけ動く器具を作ることができる。

3 次のⅠ，Ⅱの問いに答えなさい。

Ⅰ　太陽の動きについて調べるために，かげのでき方を観察しました。

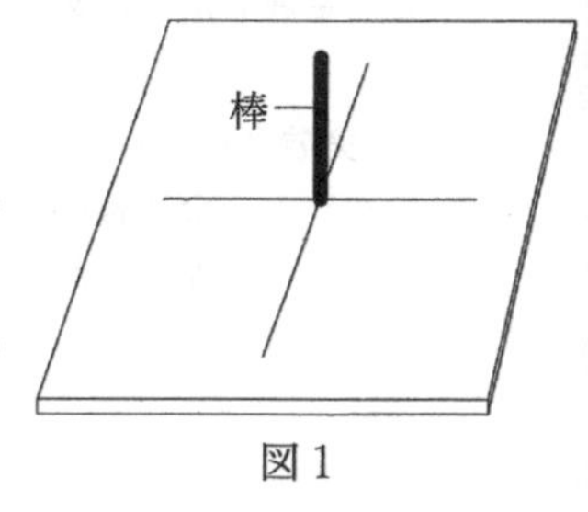

図１

［観察］ 図１のように，水平に置いた板の上に東西南北を示す線を引き，交わる点に棒を垂直に立てた。その後，午前７時から午後５時まで，１時間おきに棒のかげの先たんの位置に印をつけ，その印をなめらかな線で結んだ。

問１　太陽を観察するときに用いる道具として最も適当なものを，次の①～④の中から選び，番号で答えなさい。

問２　図２は，観察の結果であり，①～④は東西南北のいずれかの方位を示しています。東の方位として正しいものを，図２の①～④の中から１つ選び，番号で答えなさい。

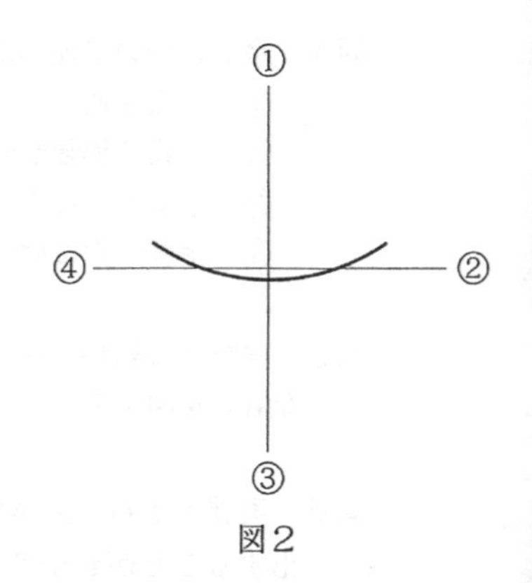

図２

問３　図３は，ある晴れた日の校庭のようすを表しています。かげのでき方がまちがっているものを，図３の①～④の中から１つ選び，番号で答えなさい。

図３

Ⅱ　台風について調べるために，ある台風が日本付近を通過したときの雲画像を集めました。図４は，そのとき集めた雲画像の一部を示したものです。

(気象庁ウェブサイトより引用)

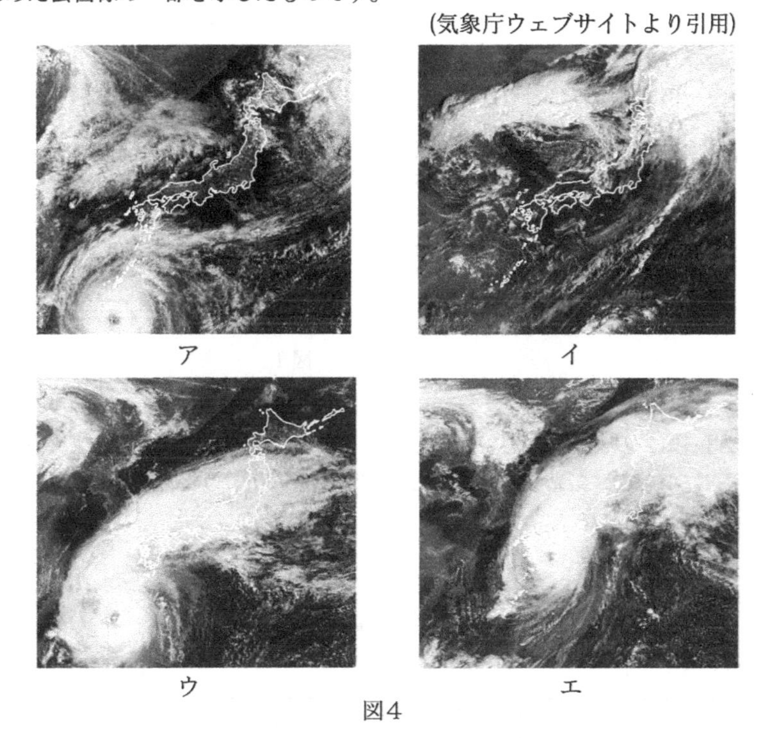

図４

問４　日本付近を台風が通過した順に図４のア～エを並べかえなさい。ただし，図４のアを始めとします。

問５　日本付近の台風について述べた文として最も適当なものを，次の①～④の中から選び，番号で答えなさい。

① 台風は乱層雲(らんそううん)が集まってできたもので，強い風と大雨をもたらす。
② 台風の中心は「台風の目」と呼ばれ，ここでは雨はあまり降らず，風は弱い。
③ 台風の風の強さは，進む方向の左側では特に強くなる。
④ 台風は時計の針が回る向きに回転しながら進む。

問６　次の文は，台風などの災害から身を守るための情報についてまとめたものです。(　　)に当てはまる言葉の組み合わせとして正しいものを，下の①～④の中から１つ選び，番号で答えなさい。

> 気象庁が大雨(ア)を発表した場合，(イ)が発表する避難(ひなん)情報をもとにして，避難に時間がかかる人は避難を開始する。

	ア	イ
①	注意報	国
②	注意報	自治体
③	警報	国
④	警報	自治体

4 次のⅠ，Ⅱの問いに答えなさい。

Ⅰ　電池のはたらきについて調べるために，実験を行いました。

［実験1］　図1のように，豆電球とかん電池をつなぎ，豆電球の明るさを調べた。

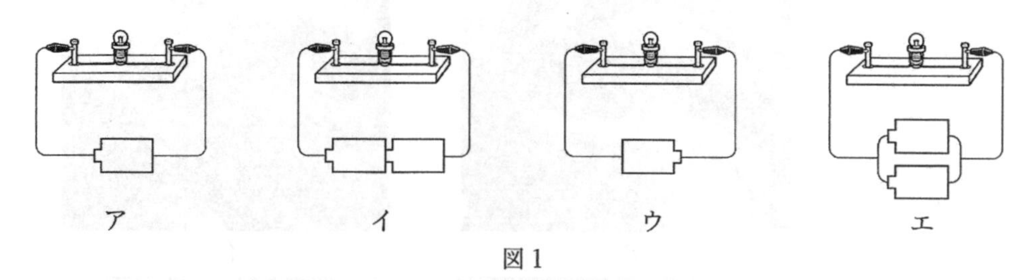

図1

［実験2］　図2のように，短いたんしと長いたんしのついた発光ダイオードを，かん電池や豆電球につなぎ，発光ダイオードと豆電球が光るかどうかを調べた。表1は，その結果をまとめたものである。

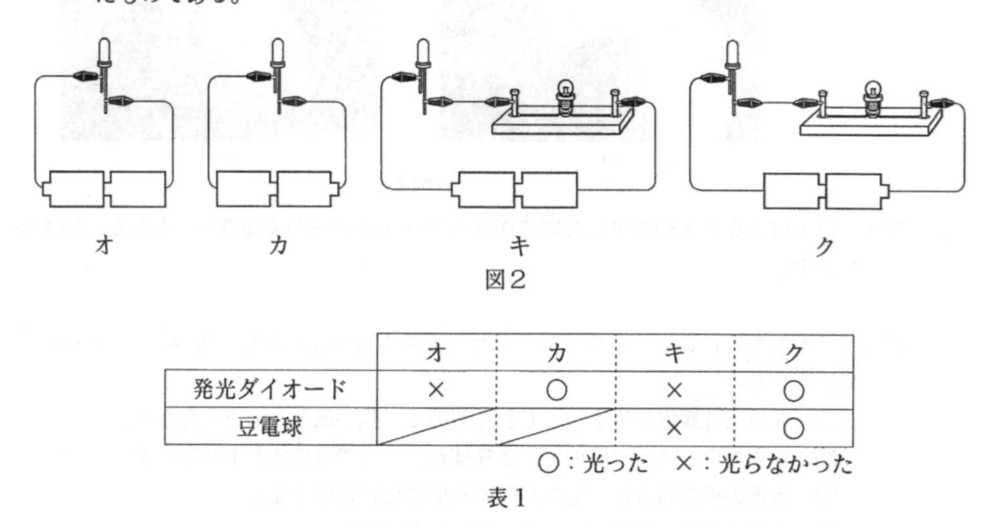

図2

	オ	カ	キ	ク
発光ダイオード	×	○	×	○
豆電球	／	／	×	○

○：光った　×：光らなかった

表1

［実験3］　図3のように，アルミニウムの板A～Dと発光ダイオードP，Qのついた中身の見えない箱を用意した。箱の中では，板A～D，発光ダイオードP，Qとかん電池が導線でつながれている。この箱の板A～Dのいずれか2つに豆電球をつなぎ，発光ダイオードP，Qや豆電球が光るかどうかを調べた。表2はその結果をまとめたものである。

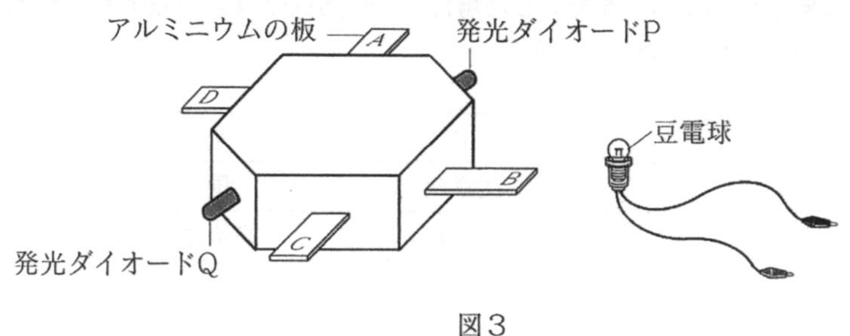

図3

	豆電球をつないだアルミニウムの板					
	AとB	BとC	CとD	AとD	AとC	BとD
発光ダイオードP	×	○	×	×	×	○
発光ダイオードQ	×	×	×	○	×	○
豆電球	×	○	×	○	○	○

○：光った　×：光らなかった

表2

問1　図1のア～エの中から，豆電球の明るさが同じものを**すべて**選び，記号で答えなさい。

問2　図2のようなかん電池のつなぎ方を何といいますか。

問3　実験3で，箱の中では，アルミニウムの板A～D，発光ダイオードP，Qとかん電池はどのようにつながっていると考えられますか。次の①～④の中から最も適当なものを選び，番号で答えなさい。ただし，①～④は，箱の中を真上から見たものです。また，発光ダイオードの光り方は，実験2を参考にしなさい。

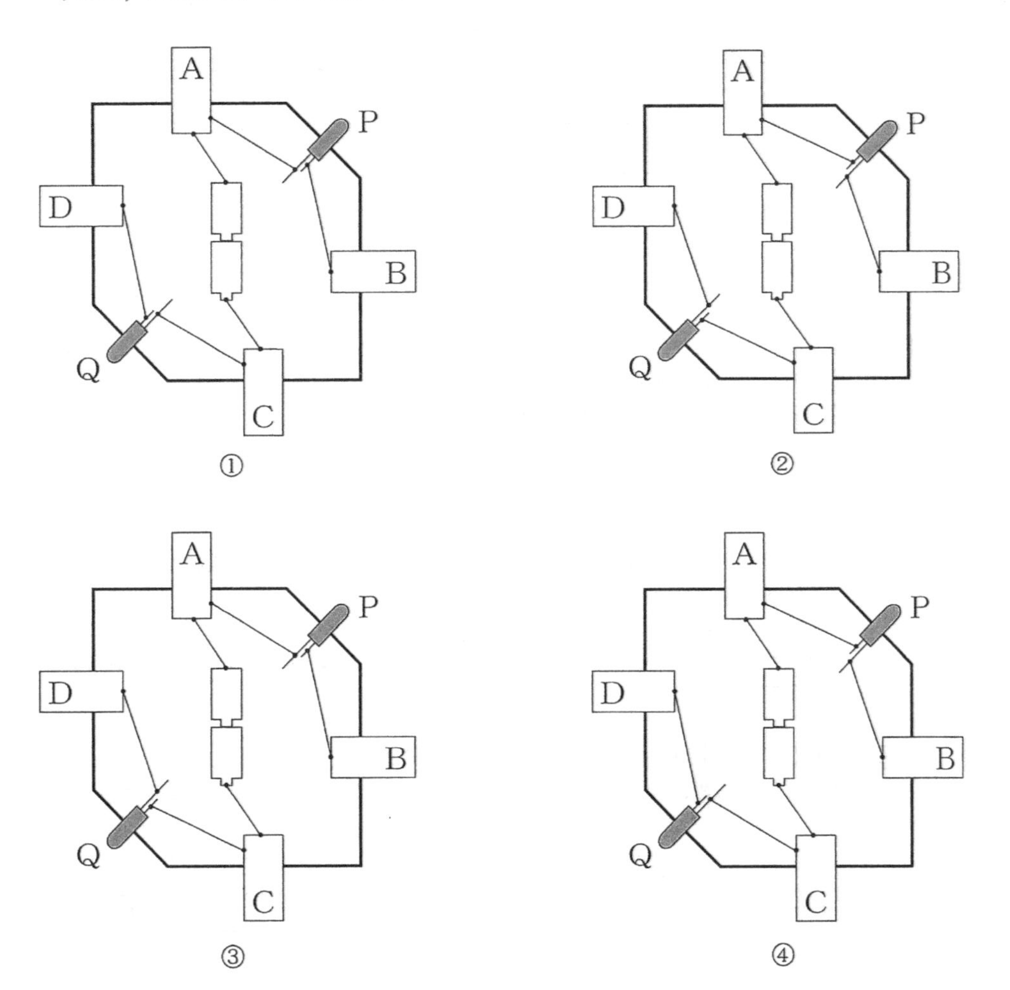

Ⅱ　磁石について調べるために，実験を行いました。

［実験４］　図４のように，段ボール紙をはった磁石をクリップに近づけ，磁石に引きつけられたクリップの個数を調べた。表３は，その結果をまとめたものである。

図４

段ボール紙(枚)	1	2	3
クリップ(個)	9	2	0

表３

［実験５］　鉄とアルミニウムを，棒磁石のいろいろな場所に近づけ，引き合う強さを調べた。その結果，鉄は磁石の両はし付近で強く引き合ったが，それ以外の部分では引き合わなかった。アルミニウムは棒磁石のどの場所でも引き合わなかった。

［実験６］　鉄，アルミニウム，磁石のいずれかでできた見た目が同じA～Cの棒を準備した。次に，図５のように，Aを横に，Bを縦にして置き，T字になるように近づけた。このとき，２本の棒が引き合うかどうかを調べた。また，棒の組み合わせを変えて同様の操作を行った。表４は，その結果をまとめたものである。

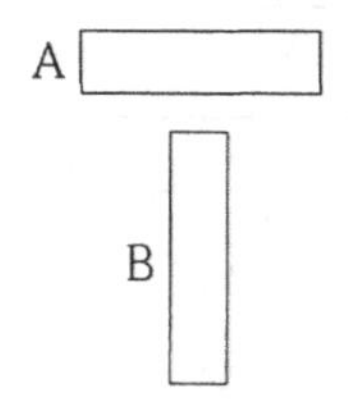

図５

組み合わせ							
	横	A	A	B	B	C	C
	縦	B	C	A	C	A	B
結果		×	×	×	×	×	○

○：引き合った　×：引き合わなかった

表４

問４　磁石について述べた文として正しいものを，次の①～④の中から１つ選び，番号で答えなさい。

① 方位磁針のN極は，南を指す。
② 鉄くぎに巻いた導線に電流を流すと磁石になる。
③ 磁石の同じ極どうしは引きつけ合い，ちがう極どうしはしりぞけ合う。
④ 鉄くぎを磁石のN極でこすると，N極だけの磁石になる。

問５　次の文は，実験４の結果から考えられることについて述べたものです。(　　)に当てはまる言葉をそれぞれ答えなさい。

磁石と鉄の(ア)が長くなると，鉄を引きつける力は(イ)なると考えられる。

問６　実験５，６の結果から，A～Cの棒はそれぞれ，鉄，アルミニウム，磁石のどれだと考えられますか。その組み合わせとして正しいものを，次の①～④の中から１つ選び，番号で答えなさい。

	A	B	C
①	アルミニウム	鉄	磁石
②	鉄	アルミニウム	磁石
③	アルミニウム	磁石	鉄
④	鉄	磁石	アルミニウム

2022(R4) 筑陽学園中
教英出版

令和４年度
Ａ日程　入学試験問題

社　　会

筑陽学園中学校

(30分)

注　意

１．受験番号、出身小学校名、氏名を忘れずに記入してください。

２．解答はすべて解答用紙の定められたらんに記入してください。

３．試験問題は 1 から 4 まであります。

1　ダムの歴史について述べた次の文を読み、あとの問いに答えなさい。

歴史上、文献で確認できる最も古いダムは、紀元前2900年代に、①エジプトの王様が都を建設するために、（　X　）川の流れを変えた15mほどの堤防であったとされています。

日本では、水を貯える機能を持った施設としては、灌漑用のため池としてつくられたのが、そのはじめとされています。いま残っている最も古いものは、②奈良県の蛙股池や大阪府の狭山池で、今から1900年近く昔につくられました。また、有名なお坊さんの弘法大師（空海）が約1300年前につくったとされている③香川県の満濃池は、改良を加えられ、現在でも使用されています。

近代以前のダムは、土を盛ってつくるアースダムといわれるものです。このため、あまり高いダムはつくれませんでした。近代のダムのほとんどがコンクリートでつくられていますが、これは、19世紀の初めに④イギリスで⑤セメントが発明されてからです。セメントと砂利をあわせたコンクリートで、大きな岩を人工的につくられるようになってから、大きなダムができてきました。

日本では、明治時代の後半（約100年前）になってから、コンクリートでダムをつくるようになりました。最初のコンクリートダムは、⑥神戸市で水道用につくられた布引五本松ダムです。第二次世界大戦後は大規模な発電用ダムが建設されました。特に有名なものは、関西地方の電力不足を解決するために富山県につくられた⑦黒部ダムで、高度経済成長を支えました。このダムは、当初おうぎ形のようなアーチ型で計画されましたが、より安定した構造にするために、アーチの端に翼状の部分があるのが特徴です。その後も、全国で大規模な多目的ダムがつくられました。

ダムの建設に対しては、⑧良い点や悪い点についてなどさまざまな議論がなされており、近年はその役割が改めて注目されています。

（北上川ダム統合管理事務所ホームページをもとに作成）

問１　下線部①を、**図１**の㋐～㋓の中から１つ選び、記号で答えなさい。

図１

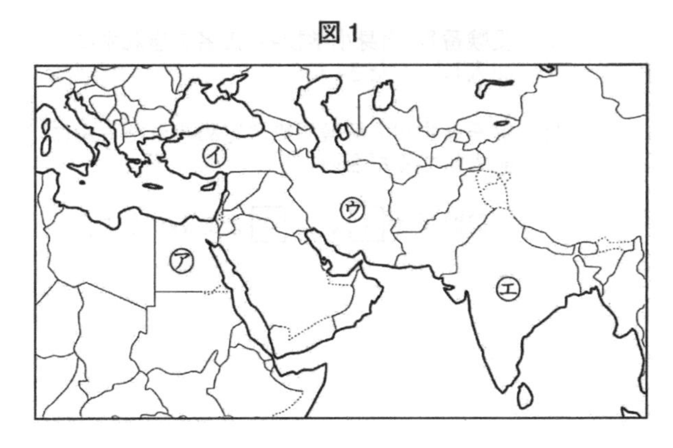

問２　（　X　）にあてはまる、世界最長の川の名を解答らんに合うように答えなさい。

問３　下線部②の山間部は、少子高齢化が進み、人口が減少しています。このような地域を何といいますか。解答らんに合うように答えなさい。

問４　下線部③では、満濃池の他にもたくさんのため池が作られました。その理由としてA～Dのうち、正しいものの組み合わせを、次の㋐～㋓の中から１つ選び、記号で答えなさい。

A　大きな川が他の地域よりも多かったから。
B　大きな川が他の地域よりも少なかったから。
C　降水量が他の地域よりも多かったから。
D　降水量が他の地域よりも少なかったから。

㋐　A・C　　㋑　A・D　　㋒　B・C　　㋓　B・D

問５　下線部④について述べた文としてあやまっているものを、次の㋐〜㋓の中から１つ選び、記号で答えなさい。

㋐　ヨーロッパ連合（EU）から、2020年に離脱した。
㋑　面積は日本の３分の２ほどである。
㋒　2024年に、オリンピックが開かれる予定である。
㋓　０度の経線が、首都ロンドン付近を通っている。

問６　下線部⑤の原料としては、山口県美祢市に広がる日本最大のカルスト台地の石灰岩も使用されています。その地名を、解答らんに合うように**漢字２字**で答えなさい。

問７　下線部⑥が属する県名を**漢字**で答えなさい。

問８　下線部⑦の写真として正しいものを、次の㋐〜㋓の中から１つ選び、記号で答えなさい。

問９　下線部⑧について、次の**図２**、**図３**から読み取れる、良い点と悪い点を説明した文中の空らん（　１　）、（　２　）にあてはまる語句を、それぞれ答えなさい。

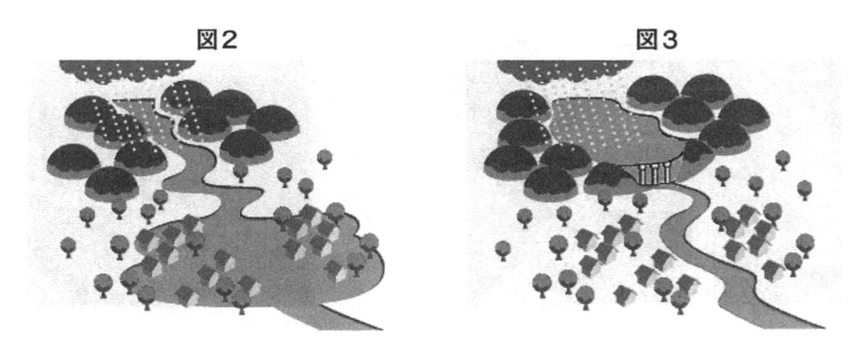

（北上川ダム統合管理事務所ホームページより作成）

良い点：ダムを建設することで、豪雨による（　１　）を防ぐことができる。
悪い点：建設費がかかるとともに、建設する場所の（　２　）を破壊する。

2 高速道路に関して、あとの問いに答えなさい。

問１　次の**図１**が撮影(さつえい)された場所(ばしょ)を、下の㋐～㋓の中から１つ選び、記号で答えなさい。

図１

※J(JCT)：高速道路の合流点
　　　　　ジャンクション
東名　：東名高速道路
名神　：名神高速道路
新名神：新名神高速道路

㋐　長野県　　　㋑　静岡県　　　㋒　群馬県　　　㋓　滋賀県

問２　次の写真のうち、中国の北京(ぺきん)市で撮影されたものを、㋐～㋓の中から１つ選び、記号で答えなさい。

㋐

㋑

㋒

㋓

問３　次の**図２**、**図３**から読み取れることとしてあやまっているものを、あとの㋐～㋓の中から１つ選び、記号で答えなさい。

図２　高速道路の整備状況

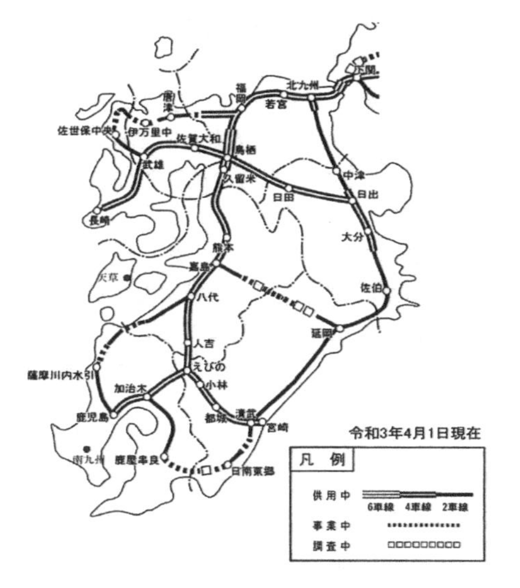

図３　高速道路の車線数別延長の構成比
(四捨五入の関係で合計が100%にならない場合があります)

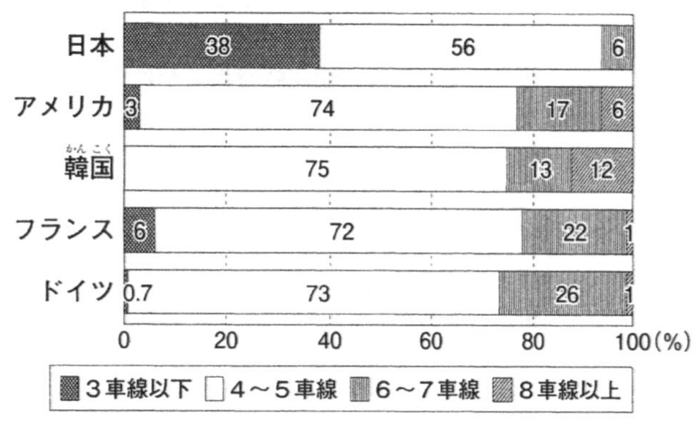

(国土交通省「令和３年版交通政策白書」より作成)

㋐　全ての政令指定都市間は、４車線以上の高速道路により結ばれている。
㋑　「北九州」～「えびの」間では、東回りより西回りの方が平均車線数は多い。
㋒　８車線以上の高速道路の総延長距離をみると、韓国はアメリカの２倍である。
㋓　４～７車線の高速道路の割合が最大なのは、５か国の中ではドイツである。

問４　次の**図４**は、山梨県を走る中央自動車道周辺の地図です。山間部から自動車道の間の地域に広がる地形名を答えなさい。

図４

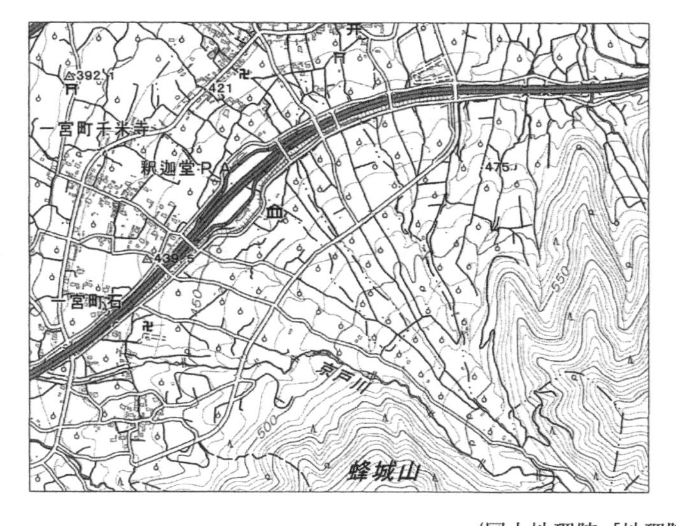

(国土地理院「地理院地図」より作成)

3 茶の歴史に関する次の文を読み、あとの問いに答えなさい。

①奈良時代や平安時代には日本から②遣唐使が派遣されていました。彼らと船に乗り、留学をした最澄や空海などの僧が茶の木を持ち帰ったのが日本の茶の起源と言われています。当時の茶は薬としてあつかわれるなど、とても貴重で貴族や僧などの限られた人々しか口にできませんでした。

③鎌倉時代になると、栄西という僧が再び④中国から日本へ茶の文化をもたらしました。歴史書の『吾妻鏡』によると、栄西はお酒をよく飲んでいた将軍源実朝へ、茶の種類や作り方、薬用効果などを記した、著書『喫茶養生記』を渡したという話が残っています。また栄西は、中国から持ち帰った茶の種を明恵という僧へ渡したと言われています。この明恵が京都栂尾にある高山寺で茶を植え、栽培を始めて以降、南北朝時代にかけては様々な地域の寺も茶園を造って茶を栽培するようになりました。こうして寺院を中心に茶の栽培が日本各地へ広まったことで、当時の武家や公家、僧侶の間では、茶の産地を当てて勝敗を競う「闘茶」が楽しまれました。

室町時代半ば頃には、将軍足利義政によって銀閣の近くの東求堂に⑤同仁斎という書斎が設けられ、ここが茶室として利用されました。義政の死後、室町幕府は弱体化し、戦国大名が争いを繰り広げる戦乱の世に変わっていきました。この当時、一般的に茶とは高価な茶碗などを用いてにぎやかに楽しむものでしたが、⑥織田信長や豊臣秀吉に仕えた千利休は、質素で静かな茶の楽しみ方を生み出しました。現在では「わび茶」と呼ばれる形式です。

⑦江戸時代になると、新しい茶の飲み方が誕生しました。それまで、一般的には茶葉を石うすですりつぶし、粉状にしたもの（抹茶）が飲まれていましたが、この頃から急須などに茶葉を入れ、煮出したものが飲まれるようになったのです。このように、煮出して飲む茶のことを現代では「煎茶」と呼んでいます。ただ、新しい飲み方が増えても、茶がぜいたく品であることは変わりませんでした。そのため、富裕層は粉状にした茶葉から作る緑色の茶を飲んでいたのに対して、庶民は粗末な状態の茶色い煎茶を飲んでいました。そうした中で、「煎茶の祖」と呼ばれる永谷宗円は、15年間の研究で、味も良く緑色をした煎茶の製法を生み出しました。こうして、それまで茶色い茶を飲んでいた人々も「緑色の茶」を楽しめるようになりました。宗円が生み出した緑色の煎茶こそ、日本人になじみ深い緑茶です。

その後100年ほどたち、アメリカの⑧ペリーが率いる黒船が来航しました。その結果、⑨江戸幕府は各国と関係を結び、貿易をする中で、茶は⑩生糸と並び日本を代表する輸出品になっていきました。⑪明治時代に入っても、日本は外国へたくさんの茶を輸出していました。しかし主要な貿易相手国の⑫アメリカでスリランカ産の紅茶（セイロンティー）の輸入が増加したことなどを背景にして、日本の茶の輸出量は徐々に減少していきました。こうした状況が続いた結果、⑬大正時代から昭和初期にかけての日本では国内向けに販売される茶の量が増え、庶民の間にも急速に茶が広まったと言われています。その後2000年代に入ってからは、外国で日本茶の品質の高さや身体に良いことが注目され、輸出量は徐々に増加しました。

現在、茶は飲み物としてだけではなく、お菓子や化粧品などの原料、さらには茶道や茶摘み体験など日本の文化に欠かせないものになっています。

問１　下線部①に、聖武天皇の命令で大仏づくりがおこなわれました。この大仏が収められている寺院を、次の㋐～㋓の中から１つ選び、記号で答えなさい。

㋐ 清水寺　　㋑ 唐招提寺　　㋒ 東大寺　　㋓ 法隆寺

問２　下線部②が廃止された後に、かな文字を使ってつくられた文学作品を、次の㋐～㋓の中から１つ選び、記号で答えなさい。

㋐ 源氏物語　　㋑ 古事記　　㋒ 日本書紀　　㋓ 万葉集

令和四年度　筑陽学園中学校　A日程入学試験　国語　解答用紙

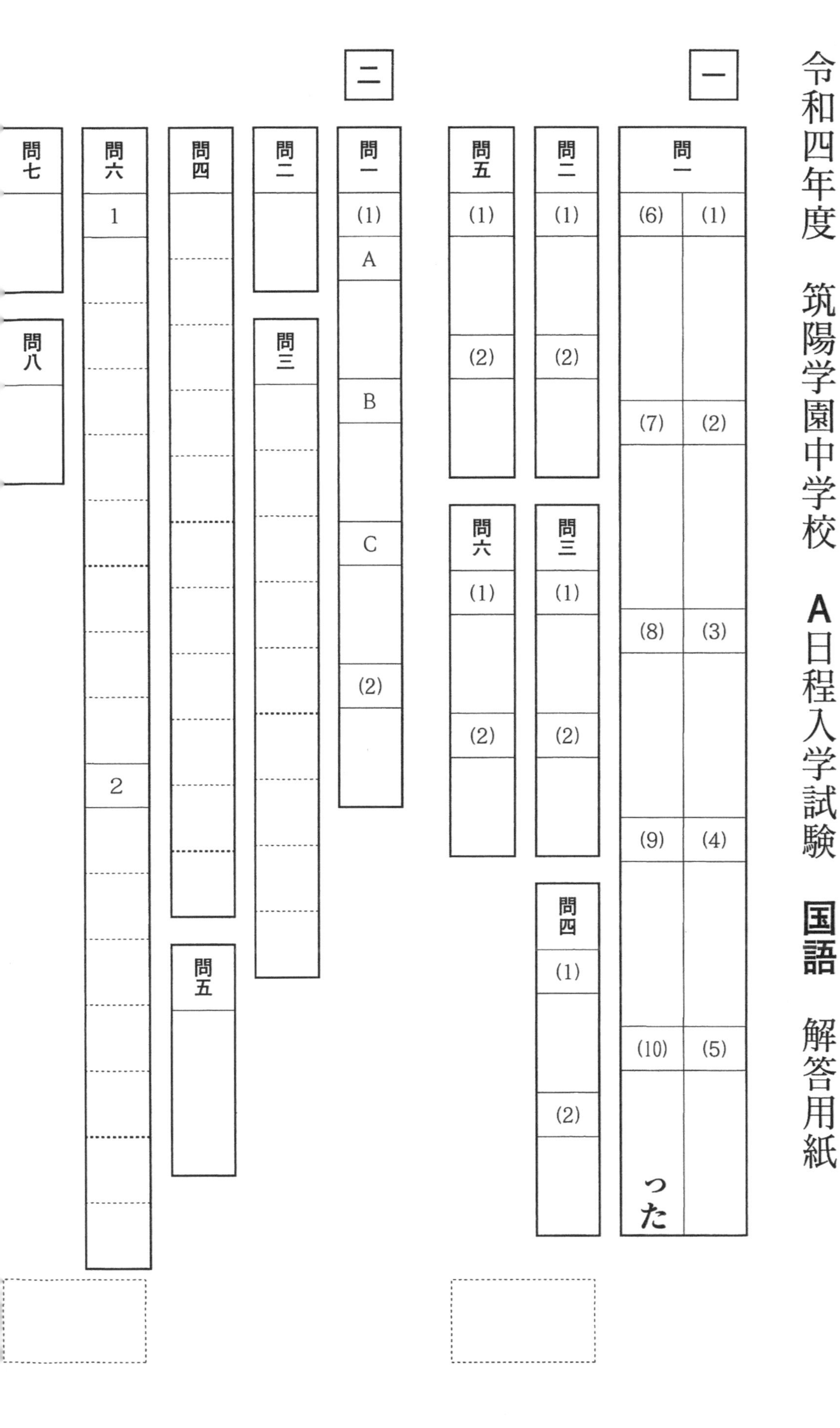

3

(1)		(2)		(3)	枚

4

(1)	cm³	(2)	cm

5

(1)	毎分　m	(2)	分後	(3)	分　秒後

受験番号	出身小学校	氏名
	小学校	

得点	1		合計	
	2～5			

※100点満点
（配点非公表）

4

Ⅰ	問1		問2		問3				
Ⅱ	問4		問5	ア		イ		問6	

受験番号	出身小学校	氏　　名
	小学校	

得点	

※50点満点
（配点非公表）

2022(R4) 筑陽学園中
K 教英出版

問13					

4

問1		問2	

問3			権	問4		問5		問6	

問7			の義務	問8		の		に反する場合

問9			問10		問11	

問12			

受験番号	出身小学校	氏名
	小学校	

得点	

※50点満点
（配点非公表）

令和4年度　筑陽学園中学校　A日程　入学試験　**社会**　解答用紙

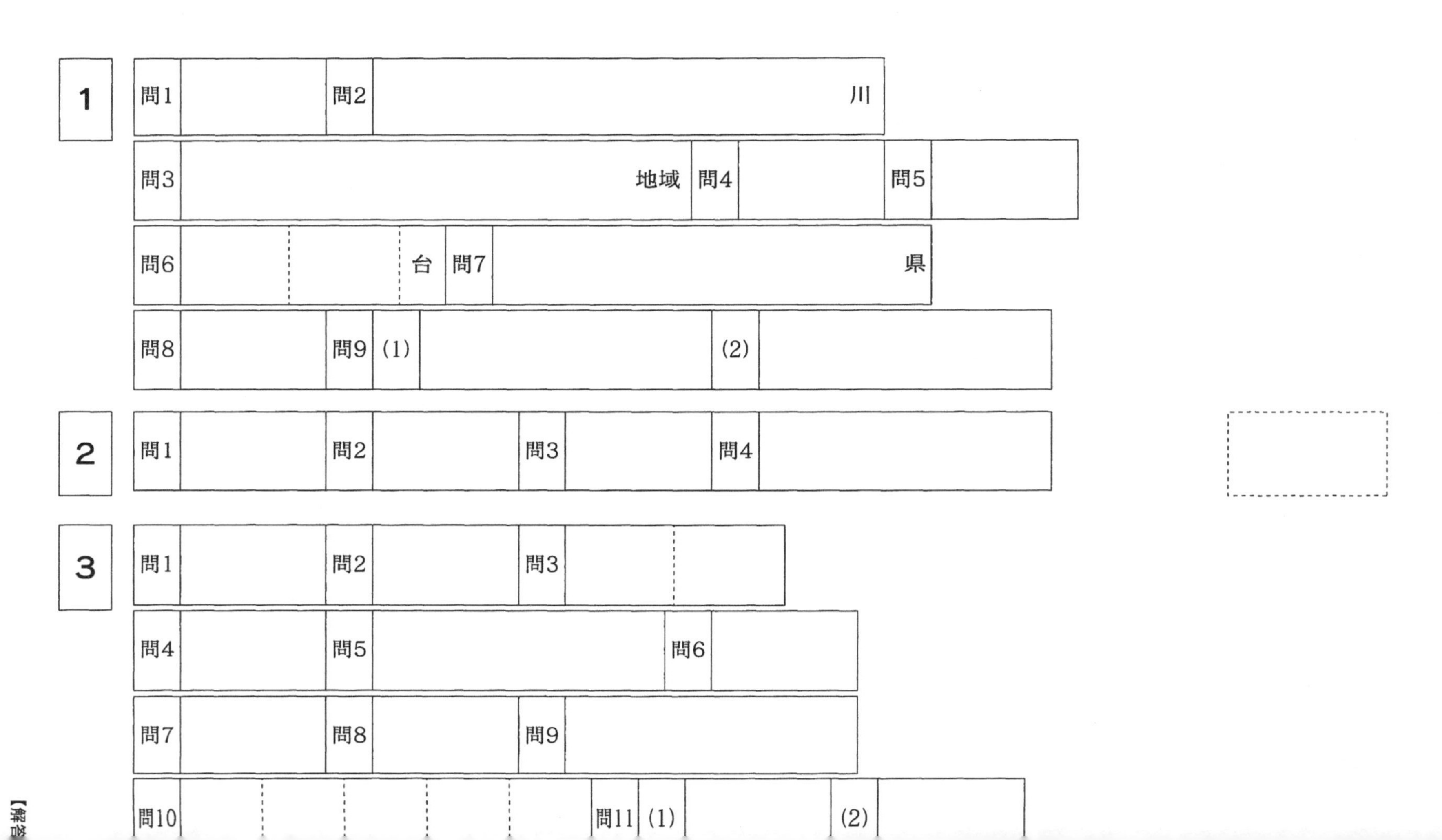

1
問1　問2　川
問3　地域　問4　問5
問6　台　問7　県
問8　問9 (1)　(2)

2
問1　問2　問3　問4

3
問1　問2　問3
問4　問5　問6
問7　問8　問9
問10　問11 (1)　(2)

令和4年度　筑陽学園中学校　A日程　入学試験　**理科**　解答用紙

1

I	問1		問2		問3	①		②	
II	問4		問5						
	問6	（15字：5、10、15）							

2

I	問1	①		②		問2		問3	mL		
II	問4		問5		問6	①		②		③	

3

I	問1		問2		問3				
II	問4	ア　→　　→　　→				問5		問6	

【解答

令和4年度　筑陽学園中学校　A日程入学試験　**算数**　解答用紙

1

(1)		(2)		(3)	
(4)		(5)		(6)	
(7)		(8)		(9)	
(10)		(11)	個	(12)	cm^3
(13)	分前	(14)	円	(15)	ページ
(16)	円	(17)	通り	(18)	km
(19)	個	(20)	cm^2		

【解答

2

問二
香奈枝が
〜
から。

問三
〜

問四

問五

問六

問七

問八

受験番号

出身小学校

小学校

氏名

得点

※100点満点
（配点非公表）

問３　下線部③に、**図１**のような主従関係が成り立ちました。
下の説明文を参考にしながら、空らん（　X　）に入る語句を**漢字２字**で答えなさい。

説明文

ご恩　：先祖からの土地の所有を認める。手がらを立てた武士に新しい土地を与える。

（　X　）：戦いのとき、幕府のために命がけで戦う。鎌倉や京都を守る役を務める。

図１

将軍

（ご恩）↓　↑（　X　）

御家人

問４　下線部④と日本との関わりについて述べた文として<u>あやまっているもの</u>を、次の㋐～㋓の中から１つ選び、記号で答えなさい。

㋐　奴国王は、漢に使いを送り、金印を授かった。
㋑　邪馬台国の卑弥呼は魏に使いを送った。
㋒　遣隋使として小野妹子が派遣された。
㋓　平清盛が明へ使いを送り、貿易を始めた。

問５　下線部⑤に見られる**図２**のような建築様式を何といいますか。**漢字**で答えなさい。

図２

問６　下線部⑥について述べた文として正しいものを、次の㋐～㋓の中から1つ選び、記号で答えなさい。

㋐　現在の愛知県に幕府を開いた。
㋑　日本各地で検地や刀狩をおこなった。
㋒　長篠の戦いで鉄砲を用いて、甲斐の武田軍と戦った。
㋓　博多で楽市・楽座という政策をおこなった。

問７　下線部⑦の頃に作られたものとして<u>あやまっているもの</u>を、次の㋐～㋓の中から１つ選び、記号で答えなさい。

㋐

㋑

㋒

㋓

問８　下線部⑧が来日した後のできごととしてあやまっているものを、次の㋐～㋓の中から１つ選び、記号で答えなさい。

㋐　日本は日米修好通商条約を結び、横浜や長崎などで貿易を開始した。
㋑　外国との戦いに備えて、各地には平氏や源氏を代表とする武士団が作られた。
㋒　吉田松陰など、幕府の対外政策を批判した人々が、安政の大獄(ごく)で処罰された。
㋓　薩摩藩(さつまはん)の西郷隆盛らと長州藩の木戸孝允らが、幕府打倒を掲げた同盟を結んだ。

問９　下線部⑨の将軍徳川家光は、各地の大名が１年おきに自分の領地と江戸に住むことを義務付ける制度を定めました。この制度を何といいますか。**漢字**で答えなさい。

問10　下線部⑩を生産するため、1872年に政府が群馬県に作った工場の名前を**漢字５字**で答えなさい。

問11　下線部⑪について、あとの問いに答えなさい。

（1）**図３**は日本の初代内閣総理大臣です。この人物の名前を、次の㋐～㋓の中から１つ選び、記号で答えなさい。

図３

（首相官邸HPより）

㋐　板垣退助　　㋑　伊藤博文　　㋒　大久保利通　　㋓　大隈重信

（2）この時代、日本は国力をつけるために、経済の発展と強い軍隊を持つことを目標に掲げました。このことを何といいますか。次の㋐～㋓の中から１つ選び、記号で答えなさい。

㋐　義務教育　　㋑　殖(しょく)産興業　　㋒　地租改正　　㋓　富国強兵

問12　下線部⑫について、あとの問いに答えなさい。

（1）1941年12月8日に日本がこの国の真珠湾を攻撃したことから始まった戦争を何といいますか。解答らんに合うように**漢字３字**で答えなさい。

（2）1951年、日本が独立国としての主権を回復することとなった条約はどこで結ばれましたか。都市名を**カタカナ**で答えなさい。

問13　下線部⑬の 1923年9月1日に発生し、東京を中心に大きな被害が出た震災を何といいますか。**漢字５字**で答えなさい。

4 以下の文と資料を読み、あとの問いに答えなさい。

みなさんは下の図を見たことはありませんか。

図1

これは1947年8月に当時の文部省が中学１年生のために、憲法の解説の教科書として発行した「あたらしい憲法の話」という本にのっている図です。この本では憲法についてわかりやすく解説してあります。たとえば基本的人権については以下のように説明しています。(かなづかいを現在のものに改めたり、設問のため文を改変したりしたところがあります)

またわれわれは、人間である以上はみな同じです。人間の上に、もっとえらい人間があるはずはなく、人間の下に、もっといやしい人間があるわけはありません。①男が女よりもすぐれ、女が男よりもおとっているということもありません。みな同じ人間であるならば、この世に生きてゆくのに、差別を受ける理由はないのです。差別のないことを「平等」といいます。そこで憲法は、自由といっしょに、この②平等ということをきめているのです。

国の規則の上で、何かはっきりとできることがみとめられていることを、「権利」といいます。自由と平等とがはっきりみとめられ、これを侵されないとするならば、この自由と平等とは、みなさんの権利です。これを「自由権」というのです。しかもこれは人間のいちばん大事な権利です。このいちばん大事な人間の権利のことを「基本的人権」といいます。あたらしい憲法は、この基本的人権を、侵すことのできない永久に与えられた権利として記しているのです。これを基本的人権を「保障する」というのです。

しかし基本的人権は、ここにいった自由権だけではありません。まだほかに二つあります。自由権だけで、人間の国の中での生活がすむものではありません。たとえばみなさんは、勉強をしてよい国民にならなければなりません。国はみなさんに勉強をさせるようにしなければなりません。そこでみなさんは、③教育を受ける権利を憲法で与えられているのです。この場合はみなさんのほうから、国にたいして、教育をしてもらうことを請求できるのです。これも大事な基本的人権ですが、これを「請求権」というのです。争いごとのおこったとき、国の裁判所で、公平にさばいてもらうのも、④裁判を請求する権利といって、基本的人権ですが、これも請求権であります。

それからまた、国民が、国を治めることにいろいろ関係できるのも、大事な基本的人権ですが、これを「参政権」といいます。⑤国会の議員や知事や市町村長などを選挙したり、じぶんがそういうものになったり、国や地方の大事なことについて投票したりすることは、みな参政権です。

みなさん、いままで申しました基本的人権は大事なことですから、もういちど復習いたしましょう。みなさんは、憲法で基本的人権というりっぱな強い権利を与えられました。⑥この権利は、三つに分かれます。第一は自由権です。第二は請求権です。第三は参政権です。

こんな⑦りっぱな権利を与えられましたからには、みなさんは、じぶんでしっかりとこれを守って、失わないようにしてゆかなければなりません。しかしまた、⑧むやみにこれをふりまわして、ほかの人に迷惑をかけてはいけません。ほかの人も、みなさんと同じ権利をもっていることを、わすれてはなりません。国ぜんたいの幸福になるよう、この大事な基本的人権を守ってゆく責任があると、憲法に書いてあります。

図2

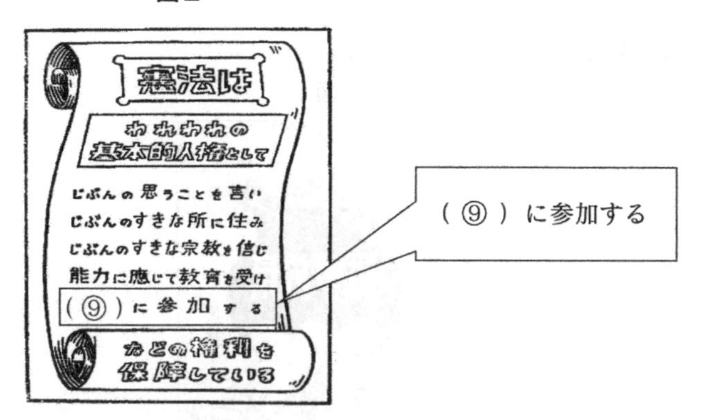

次に「あたらしい憲法の話」では戦争放棄について次のように記されています。

> そこでこんどの憲法では、日本の国が、けっして二度と戦争をしないように、二つのことをきめました。その一つは、兵隊も軍艦も飛行機も、およそ戦争をするためのものは、いっさいもたないということです。これからさき日本には、陸軍も海軍も空軍もないのです。これを戦力の放棄といいます。「放棄」とは「すててしまう」ということです。しかしみなさんは、けっして心ぼそく思うことはありません。日本は正しいことを、ほかの国よりさきに行ったのです。世の中に、正しいことぐらい強いものはありません。
> もう一つは、よその国と争いごとがおこったとき、けっして戦争によって、相手をまかして、じぶんのいいぶんをとおそうとしないということをきめたのです。⑩おだやかにそうだんをして、きまりをつけようというのです。なぜならば、いくさをしかけることは、けっきょく、じぶんの国をほろぼすようなはめになるからです。また、戦争とまでゆかずとも、国の力で、相手をおどすようなことは、いっさいしないことにきめたのです。これを戦争の放棄というのです。⑪そうしてよその国となかよくして、世界中の国が、よい友だちになってくれるようにすれば、日本の国は、さかえてゆけるのです。
> みなさん、あのおそろしい戦争が、二度とおこらないように、また戦争を二度とおこさないようにいたしましょう。

このように憲法の内容を分かりやすく説明した「あたらしい憲法の話」ですが、早くも1951年には使われなくなりました。これは1950年にはじまった朝鮮戦争により、日本の再軍備を目指すアメリカの政策とあわなくなったためという説があります。こののち日本は⑫憲法の定める戦力にあたらない、最低限度の実力を保持し、国際平和に貢献しています。

問1　下線部①について、1985年に定められた、働く男性と女性の間に待遇の差をつけてはならないとする法律を何といいますか。**漢字**で答えなさい。

問2　下線部②について、憲法で定められている平等権に反しないものはどれですか。㋐～㋓の中から1つ選び、記号で答えなさい。

㋐　テストの点によって、成績に差をつけられた。
㋑　住んでいるところによって、成績に差をつけられた。
㋒　男子と女子で、成績に差をつけられた。
㋓　親の仕事によって、成績に差をつけられた。

問3　下線部③について、憲法では教育を受ける権利のほかに、人間らしい生活を国に要求する生存権や勤労権などを定めています。これらの権利をまとめて何といいますか。解答らんに合うように**漢字2字**で答えなさい。

問4　下線部④について、日本で行われている裁判や裁判所の制度について述べた文のうち正しいものはどれですか。次の㋐～㋓の中から1つ選び、記号で答えなさい。

㋐　現在の裁判では、判決はすべて裁判官が出し、一般の人がかかわることはない。
㋑　最高裁判所の長官は、内閣が指名し、天皇が任命する。
㋒　すべての裁判官は、国民の投票により、辞めさせられる可能性がある。
㋓　裁判所は国会が定めた法律が憲法にかなっているかを判断することはできない。

問5　下線部⑤について、現在の日本の選挙や投票について述べた文のうちあやまっているものはどれですか。次の㋐～㋓の中から1つ選び、記号で答えなさい。

㋐　現在の日本では満18歳になった人に選挙権が与えられている。
㋑　選挙権は一人に一票ずつ与えられるが、その一票の価値の差が問題になっている。
㋒　地方自治体の首長は、住民の直接選挙で行われる。
㋓　地方の重要な問題について、住民による投票が行われたことはない。

問6　下線部⑥について、現在ではこれらの他に新しい権利も主張されていますが、新しい権利にあたらないものはどれですか。次の㋐～㋓の中から1つ選び、記号で答えなさい。

㋐　人間らしい生活ができる環境を求める権利。
㋑　自分の生活を他人に知られたくないという権利。
㋒　どのような学問を行ってもよいという権利。
㋓　自分の生き方を自分で決めるという権利。

問7　下線部⑦について、日本国憲法では国民の権利には数多く触れられていますが、義務は3つだけです。教育を受けさせる義務、勤労の義務とあと1つは何ですか。解答らんに合うように**漢字2字**で答えなさい。

問8　下線部⑧について、憲法で基本的人権が制限されるのはどのような場合ですか。解答らんに合うように**漢字**で答えなさい。

問9　**図2**中の空らん（　⑨　）にあてはまる語句を、「あたらしい憲法の話」の文を参考に、**漢字2字**で答えなさい。

問10　下線部⑩について、現在、国際的な問題を話し合う機関として国際連合があります。国際連合について述べた文としてあやまっているものはどれですか。次の㋐～㋓の中から1つ選び、記号で答えなさい。

㋐　国際連合には、安全保障理事会が設けられ、平和を乱す国に対して武力行使を行うことができる。
㋑　国際連合には、WHOやUNICEF・NGO・WTOなどの様々な機関が設けられている。
㋒　国際連合には、日本はソ連と日ソ共同宣言を結んだ後に加盟した。
㋓　持続可能な開発目標いわゆるSDGsは2015年の国際連合総会で採択された。

問11　下線部⑪について、残念なことにこの文の理想とは逆に、日本の領土が周辺の国におびやかされています。次の文の空らん（　X　）（　Y　）にあてはまる語句の組み合わせとして正しいものはどれですか。下の㋐～㋓の中から1つ選び、記号で答えなさい。

島根県の隠岐の沖合の日本海にある（　X　）は日本固有の領土であるが、（　Y　）が、日本が戦争に負けた後の混乱に乗じて、日本の漁船を捕まえたり、日本の船に発砲したりするなどして、現在まで不法に占領している。

㋐　（　X　）尖閣諸島　　（　Y　）中華人民共和国
㋑　（　X　）尖閣諸島　　（　Y　）大韓民国
㋒　（　X　）竹島　　（　Y　）中華人民共和国
㋓　（　X　）竹島　　（　Y　）大韓民国

問12　下線部⑫について、1954年に設立されたこの部隊を何といいますか。**漢字3字**で答えなさい。

令和３年度
Ａ日程　入学試験問題

国　　語

筑陽学園中学校

（50分）

注　意

1．受験番号、出身小学校名、氏名を忘れずに記入してください。

2．解答はすべて解答用紙の定められた欄（らん）に記入してください。

3．試験問題は 一 から 三 まであります。

一

次の問いに答えなさい。

問一　次の――部のカタカナは漢字に直し、漢字は読みを答えなさい。（送りがなが必要なものは送りがなも答えなさい。）

(1) 返事をホリュウする。　(2) 先祖がねむるボチ。　(3) 野球部にショゾクする。　(4) セイケツな服を着る。
(5) 人がムラガッている。　(6) 学問をオサメル。　(7) 志を持って生きる。　(8) 氷河期の研究。
(9) 委員会を設ける。　(10) 彼の言葉を半ばうたがっている。

問二　次の意味の慣用句になるように、下の（　）に当てはまる漢字一字をそれぞれ答えなさい。

(1) （意味）人づてに聞く。有名である。…（　）に聞く。
(2) （意味）度をこしていて、だまって見ていられない。…（　）に余る。

問三　次の文の（　）に入る最も適当なものを後から選び、それぞれ記号で答えなさい。

(1) チームの代表なんて、私には荷が（　）。
ア　増える　イ　固い　ウ　遠い　エ　重い

(2) 大災害によって、町は目も（　）ありさまだった。
ア　見られない　イ　とどかない　ウ　当てられない　エ　およばない

問四　次の四字熟語のカタカナの部分を、それぞれ漢字に直しなさい。

(1) 自画自サン　(2) 温コ知新

問五　次の傍線部の熟語の読みは、後のどの組み合わせになっていますか。それぞれ記号で答えなさい。

(1) 的中する。　(2) 弱音をはく。
ア　音と音　イ　訓と訓　ウ　音と訓　エ　訓と音

問六　次の上と下の語句が、(1)は同様の意味（＝）に、(2)は反対の意味（↕）になるように、□に入る漢字一字をそれぞれ答えなさい。

(1) 関心＝□味　(2) 連続↕中□

二 次の文章を読んで、後の問いに答えなさい。（字数制限がある場合は、句読点や記号も一字とする。）

「［　　　　］」。取材などでそんな質問をたまにされることがあります。

質問者はまるで体を鍛えるのと同じように、心にも鍛え方があるのではと考えている節があります。

［A］、こうすれば心が強くなるなどといった単純な※マニュアルはどこにもありません。

そもそも、心とは何？心はどこにあるの？それすらもはっきりしていません。近代以前なら、心臓のあたりに心があると思っていた人もけっこういたことでしょう。

いまでは脳神経の複雑な動きによって心という現象が起こることがわかっていますが、その脳の活動だって、手や足など体のさまざまな部位の動きや血液の流れといったものと密接に関係しています。…Ⅰ

そうすると独立した脳だけを取り出して、①これが心をつくっているとはいえなくなる。つまり生命活動のすべてと心の動きは、※オーバーラップしているともいえるわけです。

となると、体を鍛えることもまた心を強くするといえそうですが、②体を鍛えている人を見ていると、必ずしも「文＝武」ではないことがわかります。

［B］、漁師や農家の人のように、主に体を使って仕事をしている人を見ていると、都会の人間にはない心の強さもあるのはたしかです。それは厳しい自然を相手に、それこそ地に足をつけながら一生懸命に仕事をしていることからくるのではないかと思います。

仕事や生活の中で疑問が湧いたり問題が起これば、それを自分の頭で考え、体を動かさなくては解決しない。ぼんやり見過ごしたり、人任せにしたりすると、命の危険にさらされたり、生活が丸ごと崩れてしまう重要な問題も少なくないでしょうから、気がなかなか抜けない。

③都会人にはない強さが彼らにあるとすれば、日々のそうした繰り返しが、彼らをタフにしているのだと思います。…Ⅱ

ネットでたくさんの情報を仕入れ、本を読んで知識を蓄えても、それだけで心が強くなることはありません。やはり、生きていくなかで疑問や問題にぶつかったら、自分の頭で考え、解決して前に進む。そうやって幾度も考えたり体験したりすることによって、人は強くなっていくのではないでしょうか。…Ⅲ

私はアメリカ※駐在時代に24時間フル稼働といってもいいくらい働いていたことがありました。

それこそ週末の休暇もとらず、毎日寝て食事をする以外はすべて仕事で埋まっている状態でした。時差の関係で早朝は※欧州とやりとりをし、夜は日本が相手。お酒と睡眠不足で体を酷使しながら仕事をしていることもしょっちゅうでした。このときの経験で「俺は仕事量では誰にも負けない」と思えるほどの自負心を持つようになりました。

仕事や人生にはトラブルがつきものですが、そんなトラブルもまた心を鍛えてくれます。問題が起きたときに逃げたりせず、解決しようと努力をし続けることは、心を強くすることにつながります。

どんなトラブルに対しても真正面から力を尽くして取り組めば、必ず心は鍛えられるのです。

かといって、面倒な問題をいろいろ経験したり、あるいは仕事でベストを尽くして頑張ってきた人が、「俺は仕事でさんざん鍛えられた。だから強い」などと思ったら、そこでお終いです。強いと思った時点で※夜郎自大の自負心となり、その人の心の成長は止まるのです。

［C］④心の強さをはかる目盛りなど、どこにもありません。物理的にここから先の状態は強いとか、これより下は弱いといった※尺度は存在しません。心は形もなければ、質量もありません。だからこそ、心を鍛えたり、強くするといったことには※際限がない。

ただ心の強さというものは、何かあったときに自分のなかでしっかりした手応えとして感じるものです。…Ⅳ

たとえば、それは、納得がいくまで力を尽くして事にあたったときに生まれる、心の強さ。そして、どんな状況においても、平常心を感じられるときではないでしょうか。

日々、できうる努力はとことんする。そんな繰り返しが心を確実に鍛え、強くしてくれることは間違いありません。

（丹羽宇一郎『人間の本性』による）

※ マニュアル …… 手引き。
※ オーバーラップ …… 重なり合うこと。
※ 駐在 …… 派遣されて、仕事のためにその土地にとどまること。
※ 欧州 …… ヨーロッパのこと。
※ 夜郎自大 …… 自分の力量も知らずにいばっていること。
※ 尺度 …… 物事を評価するときの基準。
※ 際限がない …… きりがない。

問一 空らん部について

(1) [A]～[C]に入る言葉として最も適当なものをそれぞれ次の中から選び、記号で答えなさい。

ア しかし　イ だから　ウ 例えば　エ ただ　オ そもそも

(2) [　]に入る最も適当な言葉を次の中から選び、記号で答えなさい。

ア 心はどこにあるのですか　イ 心は何でできていますか
ウ 心とはどのようなものですか　エ 心はどうすれば強くなりますか

問二 本文には、次の連続する二文がぬけています。それが入る最も適当なところを本文中の[Ⅰ]～[Ⅳ]の中から選び、記号で答えなさい。

ただし、どういうことを考え、具体的にどんな経験を重ねると心が鍛えられて強くなるというマニュアルはありません。必要なのは、常に自分なりのベストを尽くすことです。

問三 ――部①「これが心をつくっているとはいえなくなる」について

(1) 「これ」とは何を指していますか。本文中から五字でぬき出して答えなさい。

(2) 「これが心をつくっているとはいえなくなる」のはなぜですか。それを説明した次の文の空らん[1]・[2]に入る最も適当な言葉を、本文中からそれぞれ指定の字数でぬき出し、最初と最後の三字で答えなさい。

心は[1（九字）]によって起こるが、その活動は身体の各器官とも結びついており、[2（二十六字）]といえるから。

問四 ――部②「体を鍛えて……わかります」とあるが、これと同じ内容を表した文として最も適当なものを次の中から選び、記号で答えなさい。

ア 体を鍛えている人は、心も強い。
イ 体を鍛えていなければ、心は強くならない。
ウ 体を鍛えているからといって、心も強いとは限らない。
エ 体の強さと心の強さは、互いに関係しあっている。

問五 ――部③「都会人にはない強さ」とあるが、この「強さ」をもたらしているものは何だと筆者は述べていますか。それが述べられている部分を本文中から四十字以内でぬき出し、最初と最後の三字で答えなさい。

問六 ――部④「心の強さをはかる目盛りなど、どこにもありません」とあるが、では、どのようなときに「心の強さ」を実感できると述べられていますか。本文中から二ヶ所、それぞれ二十字程度でぬき出し、最初と最後の三字で答えなさい。

問七　本文の内容についての生徒A～Dの発言のうち、本文の内容と合致するものを一つ選び、記号で答えなさい。

生徒A：「心の強さ」については、今まであまり気にしたことはなかったけれど、筆者の考えはとても面白かった。やっぱり、問題にぶつかったときは、たくさん考えて、解決しようと努力することが大切なんだね。

生徒B：そうだね。僕も筆者が述べているように、今までの体験をマニュアル化していくことが心を鍛えるうえで大切なんだと改めて思ったよ。

生徒C：そうかなあ。筆者は、マニュアルなんて存在しないと言いたいんじゃないかな。だから僕たちは、あらゆる困難をひたすら避けて生きていくしかないんだと思うよ。

生徒D：僕もそう思う。マニュアルなんてない。できる限り困難を避けながらいろいろな経験をして、それを乗り越えていく中で対抗策を身につけていくことが大切だと筆者は言っているんだと思うよ。

三

次の文章を読んで、後の問いに答えなさい。（字数制限がある場合は、句読点や記号も一字とする。）

《あらすじ》
灯子（あたし）の母方のおば（おばちゃん）は、夫（おじちゃん）を亡くし、書道教室をしながら静かに暮らしていた。しかし、おばちゃんの家の隣に引っ越してきた一家がおばちゃんの家の庭にあるマグノリアの木を切るように要求し、いやがらせまでするようになった。そこで、おばちゃんはしぶしぶ大切にしていたマグノリアの木を切ることを決断する。ある日、灯子はおばちゃんの家の前で、隣の家の子どもにいやがらせを受け、逃げるように門へ向かった。

あたしは胸に手をあてた。大きく息をすいこんでゆっくり吐いた。それからおばちゃんの家の門をあけた。

※呼び鈴を鳴らしたけれど、おばちゃんは出てこなかった。買い物にでも行ったのか、家にあかりはなく、中からはなんの物音もきこえなかった。

風にそよぐ木がかべに不気味にゆれていた。幽霊の形にそっくりだったけれど①今は少しもこわくはない。おばちゃんがいつか言っていた。幽霊はこわくはない。死んだ人をこわがることはない。こわいのは生きているのに死んでいる人、魂をなくしてしまった人たちだって。

家の庭にまわった。しばらくここでまっていよう。外の風にあたって頭をひやせばちょうどいい。

生け垣でかこまれた庭に、②うす闇がたまりはじめていた。

その中をふたつの金色に光るものが近づいてきた。

「どうした?またここで、木守りをしてたの?」

※ムンクをだきあげた。

白と黒のやわらかな毛には葉っぱがついている。ムンクはからだのあちこちにいろんなものをつけてくる。草の実や砂、てんとう虫をつけてきたこともある。ほおを寄せるとお陽さまの匂いがする日もあるし雨の匂いがする日もある。

「いったいおまえはどこまで行ってるの、ムンク?」

どこをさがしてもムンクが見つからないとき、いったいどこに行っているのだろう。猫も人と同じ場所で生きているはずだけれど、もしかしたらぜんぜんちがう世界に出入りしているのかもしれない。夕暮れ時、異界との境がうすれる時間に、ひょいと道をまたいで別の世界に行ってくるのかもしれない。

「ねえ、ムンク」

［A］見つめた。すると瞳がぱあーとひらいた。そのあと身をよじると腕の外にとびおりた。

だきあげようとするとするりと逃げる。逃げたあとでまたふりかえる。しっぽを上げて、二、三歩行くとまたふりかえる。まるで、ついてこいと言ってるみたい。

ついていったら、いつものマグノリアの根元にムンクは腰を落ちつけた。あたしも横にすわりこんだ。

「そうか。この木が心配なんだね。わかってるよ」

あたしはムンクに言ってきかせた。

「もう、しょうがないの。どんなに思ってもどうにもならないこともあるんだよ」

これ以上こじれたらおばちゃんがもっといやな目にあう。

ムンクはゆっくりと目をとじた。そしてそのあと、のどをぐるぐると鳴らせはじめた。

見ると、背中の毛が一定のかんかくでたおされていく、まるでだれかがなでているみたいに。風とはちがう、見えない手がいかにもやさしく、頭からしっぽに向けて［B］さわっているように。

気持ちよさそうにあごを持ちあげていたムンクは、立ちあがると今度は何かに頭をこすりつけるようなしぐさをはじめた。そのたびに三角の耳が折れまがる。8の字をえがくようにくるりとまわり、上を見てはちいさく鳴く。

［　　］

あたしは思わずムンクの上の宙に目をこらした。

庭の夕闇はその濃さを増していた。そして、まるで時間がとまったみたいに風はぴたりとやんでいた。

マグノリアの葉がざわりとゆれた。

おどろいて見上げたとき、ふいに遠い記憶がよみがえった。

この木の下で、まだ小さかったあたしがさしだした葉を、おいしそうに食べるまねをしてくれた人。ふわりとあたしをかかえあげて、高い枝の花にさわらせてくれた人。

おじちゃん。

子どもがいなかったおじちゃんはあたしのことをとても大事にしてくれたという。

広い胸に［C］おさまったときの骨ばった感触。たばこくさいシャツのにおい。

初夏だったんだろう。あの日、マグノリアは満開だった。おじちゃんは、この木の下で白い花を見上げていた。そしてあたしが近づくと、ひょいとだきあげてくれたんだ。ぽったりとした花びらをあたしは指でつまんだっけ。

そして、おばちゃんがカメラを向けると、おじちゃんはわらった。目じりの下がったやさしい顔で。

深い水の底からゆらゆらとうきあがるように、記憶がよみがえってくる。

それは、おじちゃんが亡くなる少し前のころだったのかもしれない。あのとき、③おじちゃんはあたしにささやいたんだ。

灯子、おぼえておきなさい。見えないってことはいないってことにはならないんだよ。きれいな魂を持ったものたちがいつもおまえを見ているのだから。

だれもいないと思ってはいけない。ひとりぼっちで生きていけるなんてけっして思ってはいけないよ。おまえの幸福を願っているものたちが、いつもそばにいるのだから。

それからだ。④あたしの世界に魔法がかかったのは。

木もれ陽がちらちらと草の上に射すときは光と影といっしょに遊んだ。窓にかけたガラスのベルがゆれるとき、風といっしょに歌おうとした。

あたしは世界のすべてに守られているって感じ、愛されているって信じた。

ことばなんてものがわかるのにはちいさすぎたから、それはあたしの耳にきかせるというよりも、魂に向かって呼びかけたおじちゃんの声だったんだと思う。

あたしが幸せでいられるように、世界を愛してまっすぐに生きていけるようにと、祈るように口にしたことばだったんだと思う。

「おじちゃん」

小さく声に出してみた。

でも、風が吹いただけだった。

しばらくそうしていると、なつかしい花の香りがただよってくるのに気づいた。
マグノリアの木を見上げたとき、息をのんだ。
花が咲いている。
⑤白い花が枝の先でゆれていた。いくつもの花が、夕闇の空にうかんでいた。
あたしは思わず両手をさしだしていた。
低い枝の花に手がふれそうになったとき、おもてのほうから門扉※をあける音がきこえ、続いてカチャカチャと鍵をあける音にはっとして手をひっこめた。いそいで庭からげんかんのほうにまわった。
おばちゃんを追いかけて家の中にかけあがった。腰をぬかしそうにおどろくおばちゃんに、早く、早くとせかしながら、腕をつかんでろうかを走った。
息をきらせて居間にとびこんだ。そして窓のカーテンを一気にあけて、おばちゃんに木を見せた。
ぽかんと立つあたしと庭を、おばちゃんは順番にながめた。
「灯子ったら」
あたしの肩をそっとつかんで自分のほうにふりむかせた。
「どうしたの?何があったの?」
おばちゃんがあきれてとうぜんだった。
常夜灯の向こう、庭のマグノリアはいつものとおりで、枝のあいだに静かに緑の葉をしげらせているだけだった。

（安東みきえ『夕暮れのマグノリア』による）

※　呼び鈴　……　玄関のチャイムのこと。　※　ムンク　……　おばちゃんの飼い猫。
※　門扉　……　玄関のこと。

問一　空らん部について
(1)　[A]～[C]に入る言葉として最も適当なものをそれぞれ次の中から選び、記号で答えなさい。
ア　はっきりと　イ　じっと　ウ　すっぽりと　エ　さっぱりと　オ　ゆっくりと
(2)　[　]に入る最も適当な言葉を次の中から選び、記号で答えなさい。
ア　だれかを待っている。　イ　だれかに甘えている。　ウ　だれかに見られている。　エ　だれかにおびえている。

問二　——部①「今は少しもこわくはない」とあるが、それはなぜですか。次の文の空らん[1]・[2]に入る最も適当な言葉を、それぞれ本文中から指定の字数でぬき出して答えなさい。
こわいのは、[1（十字）]人たちであって、[2（四字）]をこわがる必要はないとおばちゃんが言っていたから。

問三　——部②「うす闇がたまりはじめていた」とあるが、「うす闇がたまりはじめてい」る時間にはどのような変化が起こると灯子は考えていますか。本文中から十字でぬき出して答えなさい。

問四　——部③「おじちゃんはあたしにささやいたんだ」とあるが、「おじちゃん」の「ささやき」を「あたし」はどのようなものとして受けとめていますか。本文中から五十字以内でぬき出し、最初と最後の三字で答えなさい。

問五　――部④「あたしの世界に魔法がかかった」とあるが、これは灯子がどのようになったということですか。それがよく分かる一文を本文中からぬき出し、最初の五字で答えなさい。

問六　――部⑤「あたしは思わず両手をさしだしていた」とあるが、この時の灯子の説明として最も適当なものを次の中から選び、記号で答えなさい。

ア　マグノリアの木に咲くはずのない花が咲くという幻を見たことで、つらい気持ちがいっそう強くなり、いままでずっと見守ってくれていたマグノリアの木を失うことにたえきれなくなっている。

イ　マグノリアの木が切られることに決まり、悲しい気持ちでいたが、マグノリアの木が花を咲かせている光景を目にしたことで、おじちゃんのことを思い出し、うれしい気持ちをおさえきれずにいる。

ウ　マグノリアの木の下でおじちゃんとの記憶がよみがえり、さらに花が咲いている光景を見たことで、過去のあたたかい思い出と現実とが重なり合い、おじちゃんを思う気持ちがいっそう高まっている。

エ　マグノリアの木が昔のように花を咲かせている光景を目にしたことで、もう二度と咲くはずはないと頭では分かっていながらも、おじちゃんとのなつかしい思い出で胸がいっぱいになっている。

問七　本文の表現上の特色として最も適当なものを次の中から選び、記号で答えなさい。

ア　灯子とおじちゃんやおばちゃんとの会話を通して、灯子の気持ちの移り変わりがはっきりと読み取れる構成になっている。

イ　現実と不思議な世界との橋渡しの役割を持たせた猫を登場させることによって、物語に読者が入りこみやすいようにしている。

ウ　夕闇が次第に濃くなるにつれて、おじちゃんとの思い出が色あざやかによみがえってくるという対照的な表現になっている。

エ　灯子からおじちゃんへと視点が移り変わることで、灯子とおじちゃんの幸せな過去の思い出がいきいきとえがき出されている。

問八　この物語の続きについて話している先生と生徒たちの会話を読み、[X]に入る言葉として最も適当なものを次の中から選び、記号で答えなさい。

先生　：このあと、この物語はどのように進行していくと思いますか。

生徒A：マグノリアの木をめぐって不思議な出来事が起こった場面で終わっているけれど、この出来事をきっかけに物語が大きく動くんじゃないかと思うんだけど、どうかな?

生徒B：そうだね。隣の家の人がこの出来事を見ていた、なんてのはどう?マグノリアの木の不思議な様子を見て、隣の意地悪な一家もびっくりしたんじゃないかな。

生徒C：そうなると、[X]かもしれないね。

生徒D：おじちゃんのおかげで、おばちゃんが大切にしていたマグノリアの木が守られるなんてすごくロマンチックな話になるわね。亡くなってしまっても、ずっと見守っているなんて、優しいおじちゃんの人柄を考えると、話としてはおかしくないと思うわ。

ア　何も知らない隣の家の人たちは恐がって、マグノリアの木を切り倒すことをいっそう強く要求してくる

イ　何も知らない隣の家の人たちは気味悪がって、マグノリアの木を神様のように大切に思うようになる

ウ　何も知らない隣の家の人たちは恐ろしく思って、マグノリアの木を切らせるのをあきらめる

エ　何も知らない隣の家の人たちはとても驚いて、マグノリアの木をゆずるように要求してくる

令和３年度
Ａ日程　入学試験問題

算　　数

筑陽学園中学校

（50分）

注　意

1．受験番号、出身小学校名、氏名を忘れずに
　　記入してください。

2．解答はすべて解答用紙の定められた欄(らん)に
　　記入してください。

3．試験問題は 1 から 5 まであります。

1 次の □ にあてはまる数や文字の式を答えなさい。分数は，それ以上約分できない形で答えなさい。

(1) $132-83=$ □

(2) $48-36\div12=$ □

(3) $2.48-0.79=$ □

(4) $2\frac{2}{3}+1\frac{1}{2}=$ □

(5) $\frac{48}{5}\div1.6=$ □

(6) □ $\times2\div(7-3)=3$

(7) $(6-3.6)\div0.8=$ □

(8) $\left(\frac{3}{5}+1.25\right)-\left(1\frac{1}{8}\div0.75\right)=$ □

(9) $\left(\square+\frac{1}{6}\right)\div\left(\frac{1}{2}+\frac{1}{3}\right)=1$

(10) $1\frac{2}{3}\div\frac{1}{6}\times\left(\frac{\square}{12}+1\frac{3}{4}\right)=\frac{80}{3}$

(11) 1辺の長さが8cmの立方体の体積は □ Lです。

(12) 右の図は，長方形と正五角形を重ねたものです。
角㋐の大きさは □ 度です。

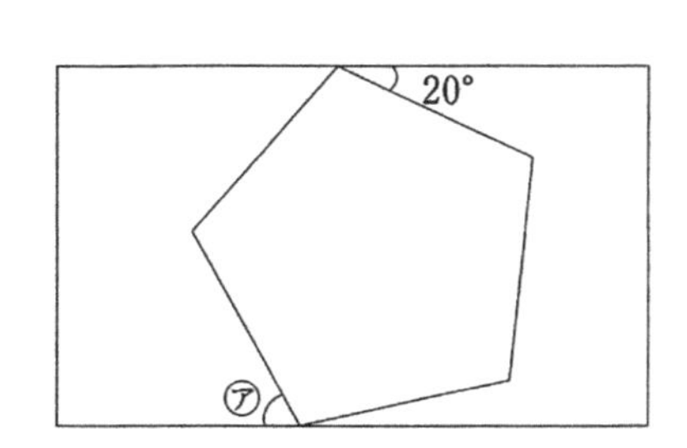

(13) 長さが2mのリボンから，1本 a cmのリボンを3本切り取ったときの残りの長さは □ cmです。

(14) 現在のこういちさんの年れいは32歳で，つよしさんの年れいは8歳です。こういちさんの年れいがつよしさんの年れいの2倍になるのは □ 年後です。

(15) 40から100までの整数のうち，7の倍数は □ 個あります。

(16) [1]，[2]，[3]，[4]，[5]の5枚のカードから3枚を選んで3けたの整数をつくります。その整数が5の倍数になるのは全部で □ 個です。

(17) 流れのないところでの速さが時速16kmのボートがあります。決まった速さで流れる川を36km下るのに2時間かかりました。このボートで，同じ川を3時間かけて上ると，進むことができるのは □ kmです。

(18) たて2m，横6mのかべがあります。このかべに，あきさんとなつみさんがペンキで色をぬります。あきさんは1分間に2m²，なつみさんは1分間に3m²ぬることができます。まず，あきさんが全体の$\frac{2}{3}$をぬり，その後なつみさんが残りをすべてぬると，かべをぬるのにかかった時間は合わせて □ 分 □ 秒です。

(19) □にはそれぞれ0から9までの整数が入ります。右の計算が成り立つとき，A＋B＝ □ です。

```
    [A]□□
  ×    2 3
  ---------
    □□1 9
  □1□□
  ---------
  □□[B]□9
```

(20) 1辺が10cmの2つの正方形を右の図のように重ねると，太い線の部分の長さは58cmでした。このとき，重なっている長方形の面積は □ cm²です。

6cm

2 次の問いに答えなさい。円周率は3.14とします。

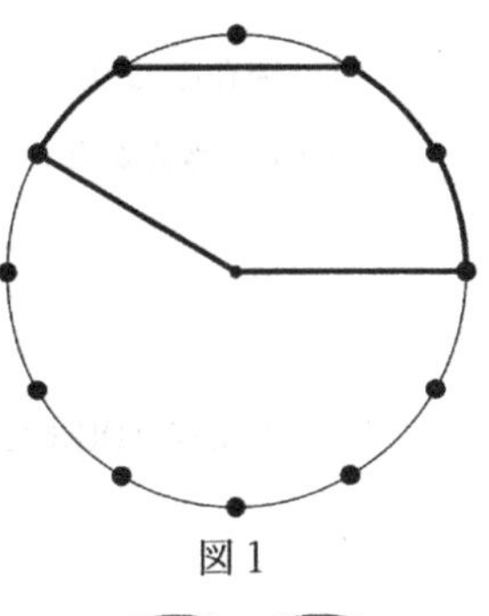
図１

（1）図1のように半径が6cmの円があります。円の周上の点は円周を12等分したものです。太い線の部分の長さを求めなさい。

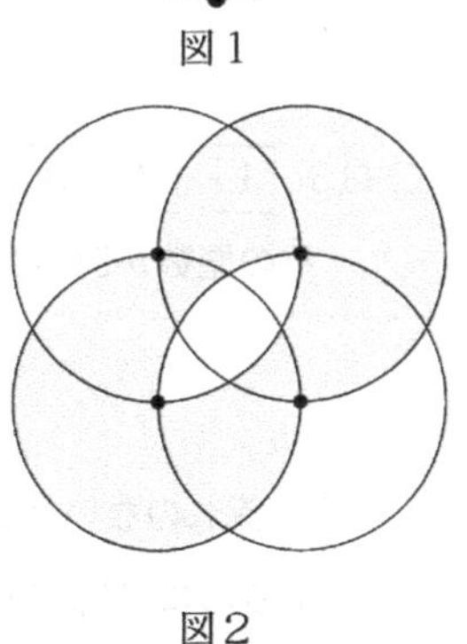
図２

（2）図2は半径が5cmの4つの円を重ねたものです。4つの点はそれぞれの円の中心です。かげのついた部分の面積を求めなさい。

3 下の図のように，面積が1cm², 2cm², 3cm², 4cm²の4種類の三角形がこの順をくりかえして並んでいます。頂点にはそれぞれ規則正しく数がつけられています。

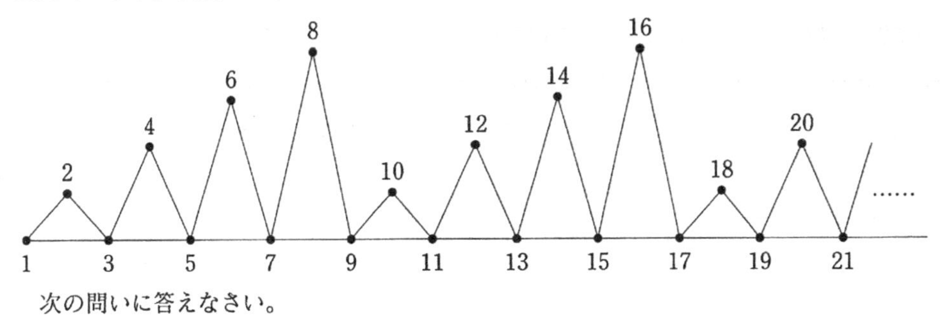

次の問いに答えなさい。

（1）1つの三角形について，3つの頂点につけられた数の和が42になりました。この三角形は，左からかぞえて何番目か求めなさい。

（2）左からかぞえて128番目に並んでいる三角形の面積を求めなさい。

（3）1番左の三角形から面積を順に加えていくと，ある三角形までの面積の和が923cm²になりました。この三角形の右下の頂点につけられた数を求めなさい。

4 図1は，1辺の長さが4cmの正方形を底面とした，ふたのない直方体の容器で，いっぱいに水が入っています。
次の問いに答えなさい。

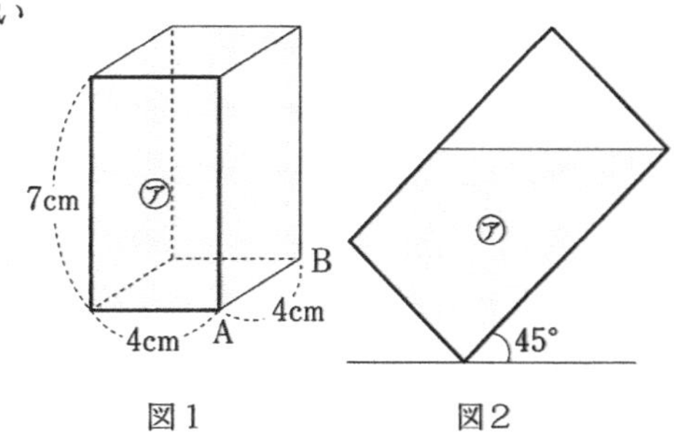

図1　図2

（1）図1の容器を，辺ABを机からはなさずに45°かたむけました。図2は，㋐の面を正面として見た図です。容器に残った水の体積を求めなさい。

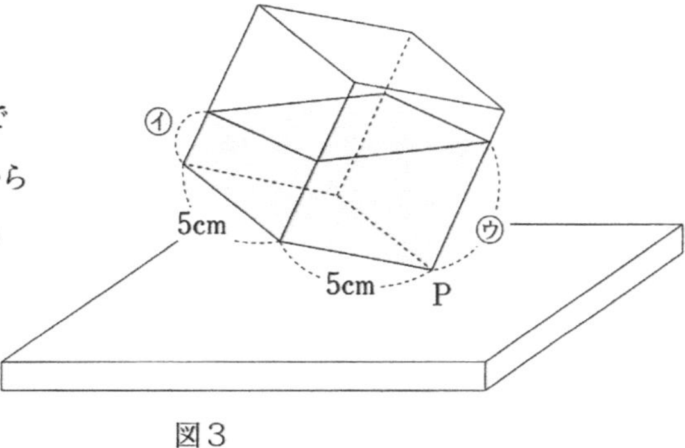

図3

（2）図3は，1辺の長さが5cmの立方体の容器に（1）で残った水をこぼすことなくすべて入れ，点Pを机からはなさずにかたむけたものです。㋑の長さが2cmのとき，㋒の長さを求めなさい。

5 図1のように大きさが異なる2つの正三角形OABとOCDがあり，これらの辺上を動く2点P，Qがあります。
点Pは，O→A→B→O→C→D→O→A→…の順に，
点Qは，O→C→D→O→B→A→O→C→…の順に動き続けます。
それぞれの速さは一定です。
図2は，2点P，Qが同時に頂点Oを出発し，6秒後に初めて頂点Bで重なるまでの動くようすを表したものです。
その後，点PがB→Oへと動く間に，点QはB→A→O→Cへと動きました。
次の問いに答えなさい。

図1

図2

（1）2つの正三角形OABとOCDの辺の比を求めなさい。

（2）2点P，Qの速さの比を求めなさい。

（3）2点P，Qが同時に頂点Oを出発してから，2回目に頂点で重なるのは，頂点O，A，B，C，Dのうち，どの頂点で何秒後か求めなさい。

令和３年度
A日程　入学試験問題

理　　科

筑陽学園中学校

（30分）

注　　意

１．受験番号、出身小学校名、氏名を忘れずに記入してください。

２．解答はすべて解答用紙の定められた欄(らん)に記入してください。

３．試験問題は 1 から 4 まであります。

1 次のⅠ，Ⅱの問いに答えなさい。

Ⅰ　植物のからだにとり入れられた水のゆくえについて調べるために，ホウセンカを用いて実験と観察を行いました。

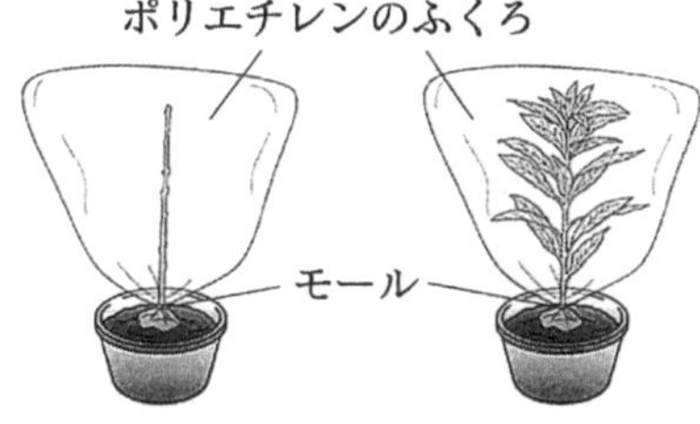

図1

［実験1］　ある晴れた日の朝，図1のように，葉をとり去ったホウセンカと葉をつけたままのホウセンカの両方に，ポリエチレンのふくろをかぶせて，モールでふくろの口をとじた。その後，しばらくの間ふくろの中のようすを調べた。

［結果1］　葉をとり去ったホウセンカにかぶせたふくろの内側には水てきが少しだけついたが，葉をつけたままのホウセンカにかぶせたふくろの内側にはたくさんの水てきがついた。また，実験中に葉から水が出ていくようすは見られなかった。

［実験2］　ホウセンカの葉の全体に，水を通さない物質をぬり，ポリエチレンのふくろをかぶせてモールでふくろの口をとじた。その後，しばらくの間ふくろの中のようすを調べた。

［結果2］　ふくろの内側には水てきが少しだけついた。

［観察］　ホウセンカの葉から，表面のうすい皮をはさみで切りとってプレパラートをつくった。このプレパラートをけんび鏡で観察すると，図2のような形をした穴が見られた。

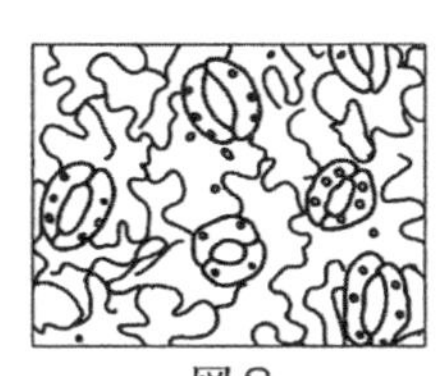
図2

問1　ホウセンカの花として最も適当なものを，次の①～④の中から選び,番号で答えなさい。

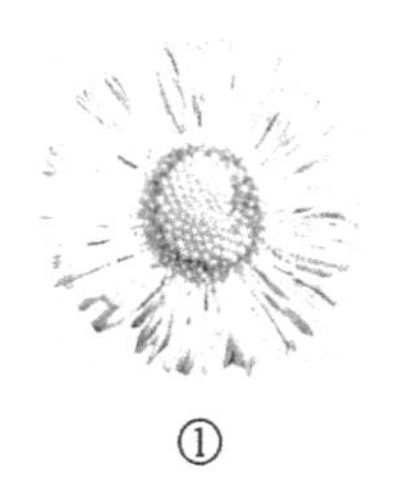
①

②

③

④

問2　けんび鏡の使い方について述べた文としてまちがっているものを，次の①～④の中から1つ選び，番号で答えなさい。
①　対物レンズは，いちばん低い倍率から使う。
②　直射日光の当たらない明るいところに置いて使う。
③　プレパラートは，観察したい部分をステージの穴の中央に置く。
④　接眼レンズをのぞきながら，対物レンズとステージの間をせまくする。

問3　次の文は，実験と観察から考えられることについて述べたものです。(ア)には図2の穴の名前を，(イ)には当てはまる言葉をそれぞれ答えなさい。

> 植物のからだにとり入れられた水は，おもに葉の(ア)から(イ)として出ていくと考えられる。

Ⅱ　次の文は，こん虫のなかまであるオオカマキリの成長について太朗君と花子さんが会話したものです。また，図３はオオカマキリの幼虫が卵のうから出てきたようすを，図４はオオカマキリの成虫のスケッチです。

図３

太朗：去年の(ア)に，オオカマキリの卵のうを見つけたから飼育してみたんだ。もうすぐ幼虫が出てきそうだから見てみようよ。

花子：実物を見るのはこれが初めてだわ。

太朗：幼虫が出てきたよ。たくさんの幼虫が出てきてぶら下がっているね。なんだかイモムシみたいでカマキリの形には見えないな。

花子：よく見てみて。幼虫の中には成虫と同じ形をしているものがいるわ。よく見ると，出てきてすぐに，うすい皮をやぶっているみたいだね。

太朗：本当だ！カマやしょっ角まで成虫と同じだね！

花子：オオカマキリはこの後，数回のだっ皮をくり返して，さなぎにはならずに成虫になるのよ。

太朗：それは(イ)ごろかな？そのあと(ウ)ごろに産卵をするんだよね。

花子：そうそう。この幼虫たちが次の世代へと命をつないでいくんだね。

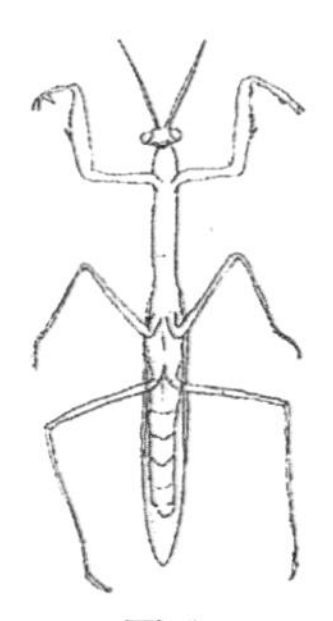
図４

問４　会話文の(ア)～(ウ)に当てはまる季節の組み合わせとして最も適当なものを，次の①～④の中から選び，番号で答えなさい。

	ア	イ	ウ
①	冬	夏	秋
②	冬	秋	春
③	夏	春	秋
④	夏	冬	春

問５　オオカマキリと同じ育ち方で成虫になるこん虫として正しいものを，次の①～④の中から１つ選び，番号で答えなさい。

①　モンシロチョウ　　②　シオカラトンボ　　③　ダンゴムシ　　④　ナナホシテントウ

問６　オオカマキリの成虫の胸を黒くぬりつぶしたものとして最も適当なものを，次の①～④の中から選び，番号で答えなさい。

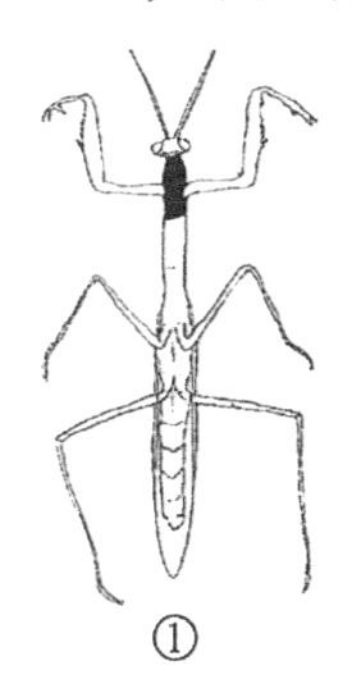
①

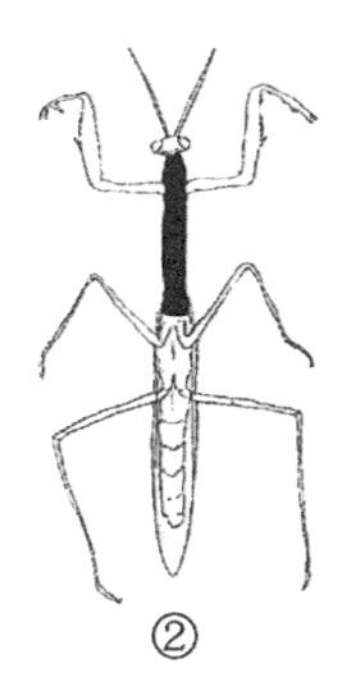
②

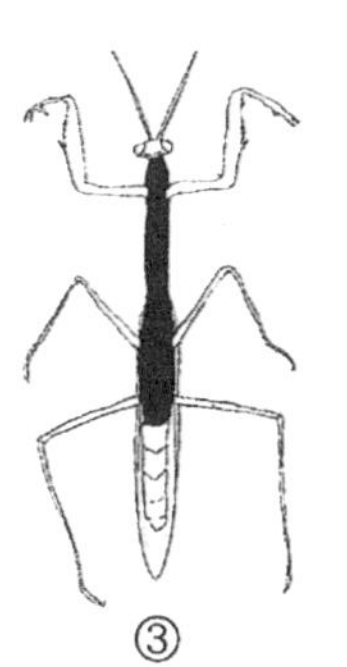
③

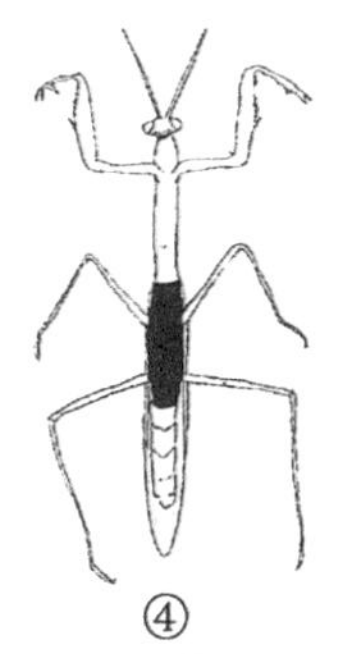
④

2 次のⅠ，Ⅱの問いに答えなさい。

Ⅰ　水が冷えて氷になるときの，温度の変わり方と水のようすを調べるために，実験を行いました。

［実験１］ 水100mLをメスシリンダーではかりとり，細かくくだいた氷，食塩を混ぜてビーカーに入れた。図１のように，２本の試験管に水を入れ，１本は水面の位置にしるしをつけ，もう１本は先にストローをつけた温度計を入れた。その後，試験管にアルミニウムはくを巻き，ビーカーの中で冷やした。冷やし始めてから２分間ごとに，指先で試験管を軽くゆらしながら温度をはかり，そのときの水のようすを調べた。また，冷やす前と冷やした後の，水の体積を比べた。表１，図２は，その結果の一部をまとめたものである。また，図３は，表１のアの温度計の目盛りを示している。

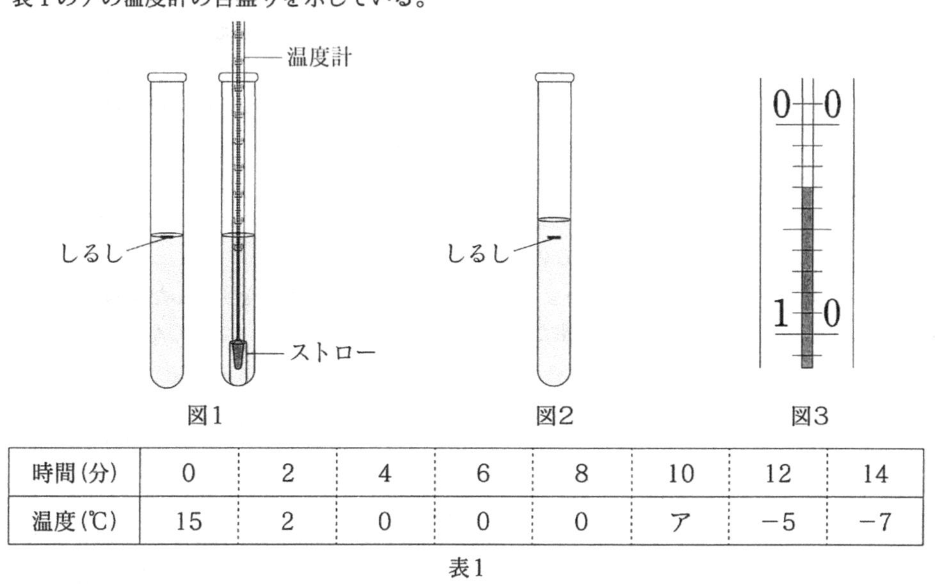

図1　　図2　　図3

時間(分)	0	2	4	6	8	10	12	14
温度(℃)	15	2	0	0	0	ア	−5	−7

表1

問１　表１をもとに，水の温度の下がり方を定規を使わず解答らんにグラフで表しなさい。ただし，読みとった温度は・で示し，線で結びなさい。また，表１のアは，図３の温度計の目盛りを読みとって示しなさい。

問２　実験１について述べた文としてまちがっているものを，次の①～④の中から１つ選び，番号で答えなさい。

① 水面と目の高さを合わせるために，メスシリンダーを持ち上げて目盛りを読んだ。
② 試験管中の水の温度を０℃以下にするために，氷水に食塩を混ぜた。
③ 氷水からの試験管の出し入れがしやすくなるように，アルミニウムはくを巻いた。
④ 温度計が割れないように，温度計の先にストローをつけた。

問３　水の入ったビーカーに，球形の５ｇの氷と50ｇの氷を同時に静かに入れました。そのあとの氷の位置はどのようになると考えられますか。次の①～④の中から最も適当なものを選び，番号で答えなさい。

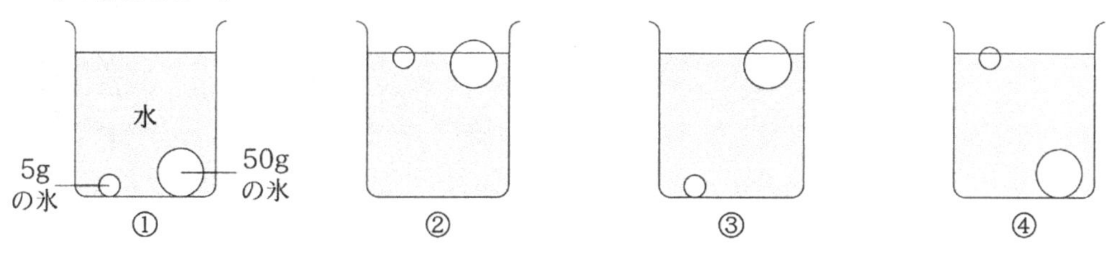

Ⅱ　３種類の金属Ａ～Ｃを用いて，実験を行いました。

［実験２］　試験管ア～カを用意し，ア～ウには塩酸を，エ～カには水酸化ナトリウムの水よう液を入れた。図４のように，それぞれの試験管に金属Ａ～Ｃを入れて，金属がどうなるか調べた。

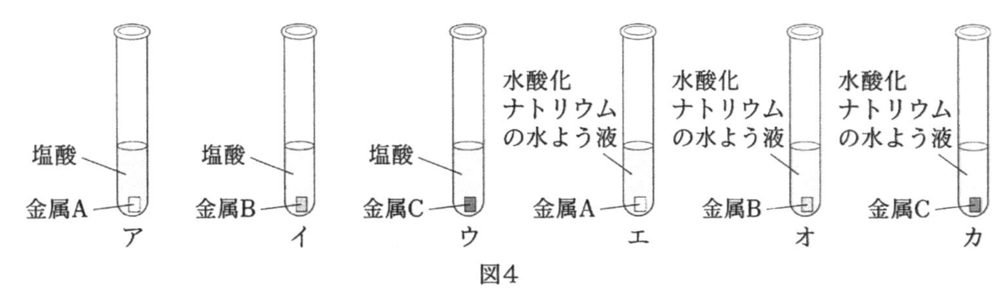

図４

［結果］　試験管ア，ウ，エでは，気体が発生して金属はとけたが，他の試験管は変化がなかった。

［実験３］　塩酸にそれぞれ金属Ａの粉末と金属Ｃの粉末を入れて，発生した気体の体積を調べた。図５は，その結果をまとめたものである。

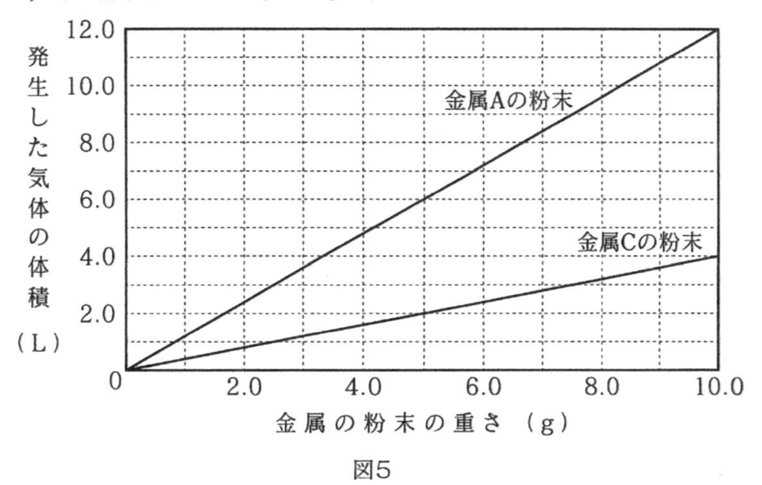

図５

問４　金属Ａとして最も適当なものを，次の①～④の中から選び，番号で答えなさい。
　①　アルミニウム　　②　金　　③　鉄　　④　銀

問５　実験２で発生した気体は，すべて同じ種類の気体でした。気体の名前を答えなさい。また，この気体はとても小さなつぶからできており，気体，液体，固体とすがたを変えます。気体のときのつぶのようすとして最も適当なものを，次の①～③の中から選び，番号で答えなさい。ただし，①～③のつぶのようすは，気体，液体，固体のいずれかを表しています。

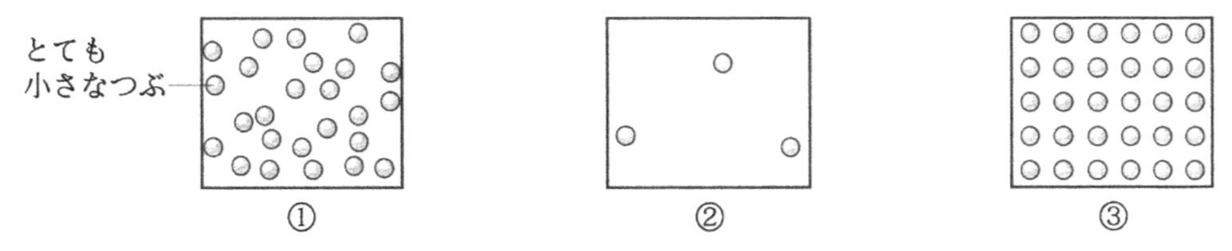

問６　金属Ａの粉末と金属Ｃの粉末の混ざった粉末Ｘがあります。この粉末Ｘ10ｇを塩酸に入れて完全にとかしたときに発生した気体の体積を調べると9.6Ｌでした。この粉末Ｘに含まれる金属Ａの粉末の重さは何ｇですか。実験３の結果を用いて答えなさい。

3 次のⅠ，Ⅱの問いに答えなさい。

Ⅰ　月の動きと形の変化について調べるために，ある晴れた夜の午後６時から観察を行いました。図１は，午後６時にかいたスケッチの一部です。

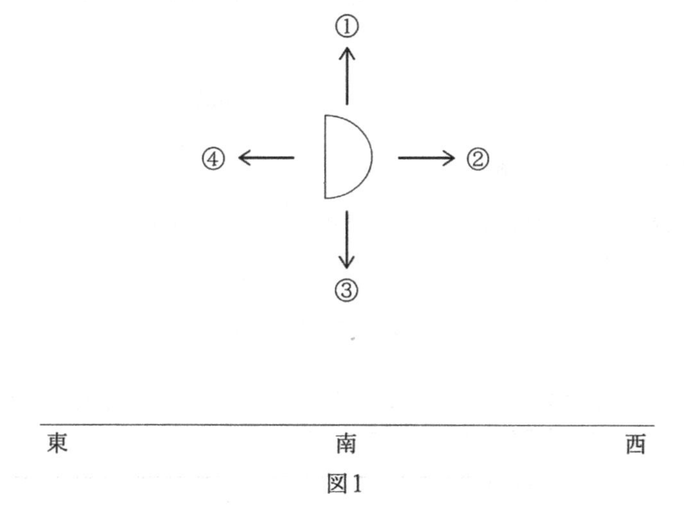

図1

問１　月を観察する方法としてまちがっているものを，次の①～④の中から１つ選び，番号で答えなさい。

①　月の位置を調べるときは，星座早見を使う。
②　同じ場所で観察するために，観察する場所に印をつけておく。
③　方位磁針の針に北と南の文字を合わせて，月の見える方位を読む。
④　月のおよその高さはこぶしを使って調べる。

問２　この日の午後７時に観察したとき，月はどの方向に動いていましたか。図１の①～④の中から最も適当なものを選び，番号で答えなさい。

問３　次の文は，観察した日からおよそ15日後，30日後の月の形について述べたものです。次の①～⑥の中から適当なものを**２つ**選び，番号で答えなさい。

①　15日後に，上弦の月が観察できる。
②　30日後に，上弦の月が観察できる。
③　15日後に，満月が観察できる。
④　30日後に，満月が観察できる。
⑤　15日後に，下弦の月が観察できる。
⑥　30日後に，下弦の月が観察できる。

Ⅱ　地層のでき方について調べるために，実験を行いました。

［実験］　図2のような装置をつくり，砂とどろを混ぜたものを，水を入れた容器に静かに流し込み，しばらくした後，もう一度同じものを流し込んだ。その後，砂とどろの積もり方を調べた。

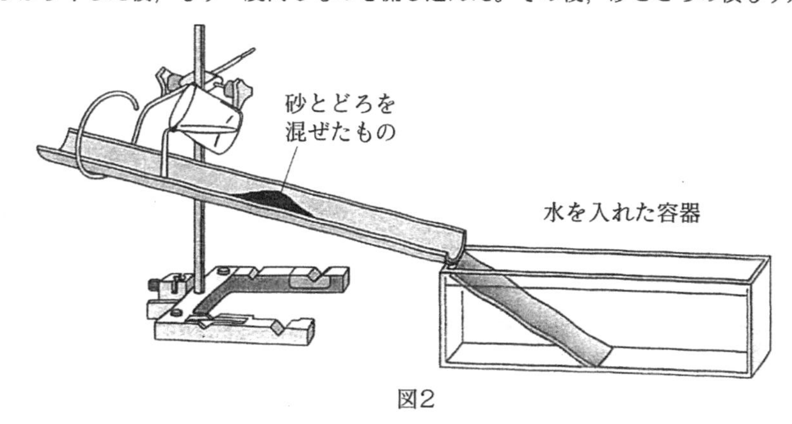

図2

問4　砂とどろのつぶの大きさはそれぞれどれくらいですか。その組み合わせとして最も適当なものを，次の①～④の中から選び，番号で答えなさい。

	砂	どろ
①	米つぶ	ゴマつぶ
②	米つぶ	小麦粉
③	グラニュー糖	ゴマつぶ
④	グラニュー糖	小麦粉

問5　実験の結果，砂とどろはどのように積もりましたか。次の①～④の中から最も適当なものを選び，番号で答えなさい。

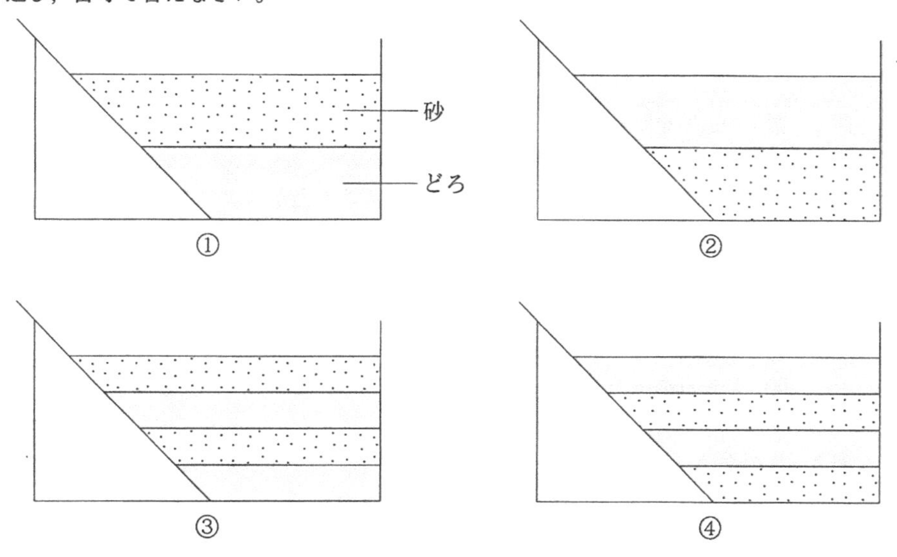

問6　砂やどろの地層の中から見つかる，動物や植物のからだの一部や動物の足あと，すみかなどを何といいますか。

4　次のⅠ，Ⅱの問いに答えなさい。

Ⅰ　電流の流れるようすについて調べるために，実験を行いました。

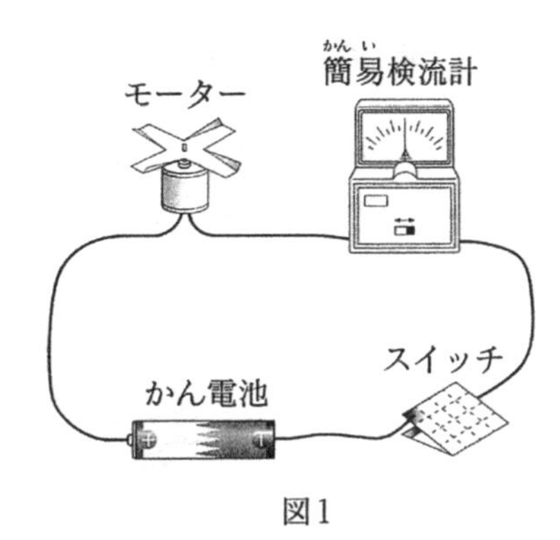

図1

［実験1］　図1のような回路をつくり，スイッチを入れて簡易(かんい)検流計の針のふれ方とモーターの回り方を調べた。

［実験2］　図1のかん電池を逆向きにつなぎ，実験1と同様の操作を行った。

［実験3］　モーターの回り方を調べるために，図2のような回路A～Dをつくった。

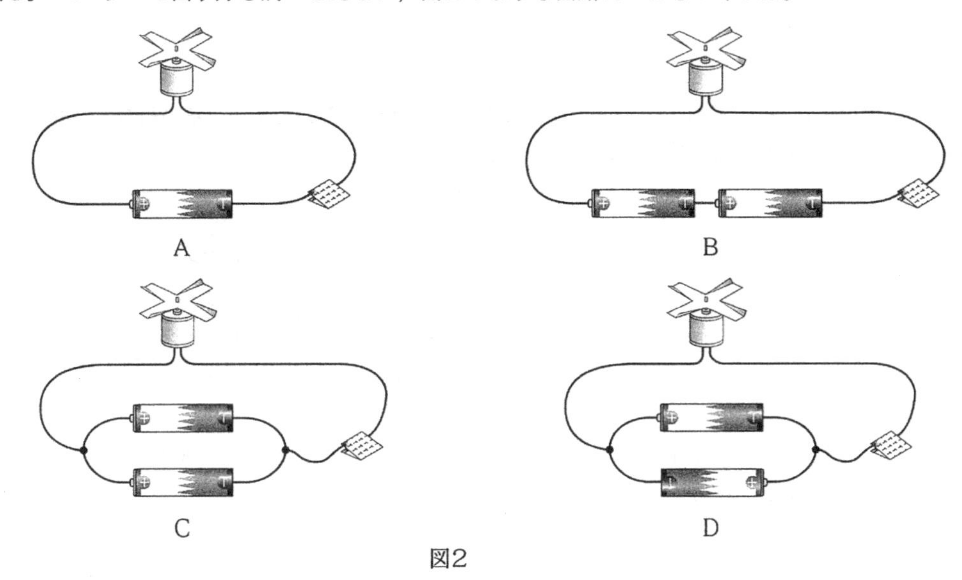

図2

問1　図1の回路を記号で表しなさい。

問2　実験2の結果は，実験1と比べてどうなりましたか。次の①～④の中から正しいものを1つ選び，番号で答えなさい。

①　検流計の針のふれる向きは変わらず，モーターは回らない。
②　検流計の針はふれず，モーターの回る向きは逆向きになる。
③　検流計の針のふれる向きとモーターの回る向きは逆向きになる。
④　検流計の針のふれる向きは逆向きになり，モーターの回る向きは変わらない。

問3　次の文は，実験3について述べたものです。(　　)に当てはまる回路を，図2のA～Dの中からそれぞれ1つずつ選び，記号で答えなさい。

かん電池とモーターを正しくつないでいない回路は(ア)で，スイッチを入れるとモーターがいちばん速く回る回路は(イ)であった。

Ⅱ　ふりこのはたらきについて調べるために，実験を行いました。

［実験４］　図３のように，ふりこをAの位置から静かにふらせて，ふりこが１往復する時間を調べた。また，ふりこの長さを変えて，図３と同じふれはばで１往復する時間を調べた。表１は，その結果をまとめたものである。

ふりこの長さ(cm)	25	50	75	100	200	300
１往復する時間(秒)	1.0	1.4	1.7	2.0	2.8	3.4

表１

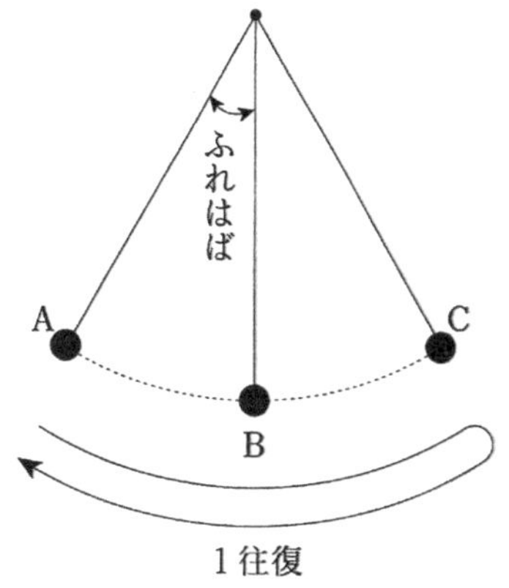

図３

［実験５］　図４のように，長さ100cmのふりこを用いて，ふりこのおもりと木片をしょう突させ，木片がゆかをすべるきょりを調べた。この操作をおもりの重さとふりこのふり始めの高さを変えて行った。表２は，その結果の一部をまとめたものである。

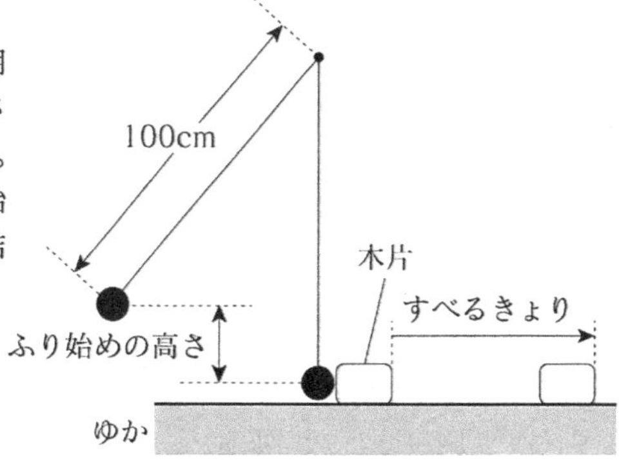

図４

おもりの重さ(g)	100	100	100	200	200	200	300
ふり始めの高さ(cm)	5.0	10	15	5.0	10	15	20
木片がすべるきょり(cm)	2.0	4.0	6.0	4.0	8.0	12	24

表２

問４　実験４で，図３のふりこが１往復する時間を調べる方法として最も適当なものを，次の①～④の中から選び，番号で答えなさい。

①　AからBまでふれる時間をはかって，その数値を４倍する。
②　AからCまでふれる時間をはかって，その数値を２倍する。
③　AからCまでふれる時間を10回はかって，その平均した数値を２倍する。
④　Aから10往復する時間をはかって，その数値を0.1倍する。

問５　次の文は，実験４からわかることについて述べたものです。次の①～④の中から最も適当なものを選び，番号で答えなさい。

①　ふりこの長さを２倍にすると，１往復する時間は２倍になる。
②　ふりこの長さを３倍にすると，１往復する時間は４倍になる。
③　ふりこの長さを４倍にすると，１往復する時間は２倍になる。
④　ふりこの長さを６倍にすると，１往復する時間は４倍になる。

問６　実験５で，おもりの重さを150g，ふり始めの高さを30cmにすると，木片がすべるきょりは何cmになりますか。

令和３年度
Ａ日程　入学試験問題

社　　　会

筑陽学園中学校

（30分）

注　意

1．受験番号、出身小学校名、氏名を忘れずに
　　記入してください。

2．解答はすべて解答用紙の定められたらんに
　　記入してください。

3．試験問題は 1 から 4 まであります。

1 食べ物の味に関する次の文を読んで、あとの問いに答えなさい。

旅行に行ったとき、あなたはどこでお土産を買いますか？観光地のお土産専門店ですか？あるいは、①空港や駅、サービスエリアにあるお土産売り場ですか？多くの人が、このような場所でお土産を買うと思いますが、コンビニエンスストアで販売されている商品でも、ご当地の味を楽しめるものがあることを知っていますか？

例えば、スナック菓子類。ある菓子メーカーはここ数年、「地元の味を愛すれば、日本がもっと好きになる。②47都道府県の味」と題して、47種類のポテトチップスなどのスナック菓子を販売しています（**表1**）。毎年味が変わっていて、お土産としてはもちろん、その土地に住んでいる人もまた味を楽しむことができます。加えて他の菓子メーカーでは、地方ごとのソフトキャンディやチョコレート菓子を地域限定で販売しています（**表2**）。ソフトキャンディ・チョコレート菓子は③特産品のフルーツ・野菜の味付けが多いようです。各都道府県・地方の特色をお菓子の味から感じることができるのです。

また、カップうどんでも地域の味を感じることはできます。あるカップうどんメーカーの調べによると、岐阜県関ケ原町を境に日本の味の文化圏が東西にわかれているようです。そこでこのメーカーでは、④東日本と西日本で味付けをかえています。東日本向けのうどんはスープの色が濃く、反対に、西日本向けのうどんはスープが薄い色をしています。このメーカーでは、東日本向けには⑤かつおだしのこいくち醤油（しょうゆ）仕立て、西日本向けには昆布だしのうすくち醤油仕立ての味付けをしているのです。近くのお店でカップうどんを買って、表示をよく見てみてください。ふたやカップに「E（東日本向け）」や「W（西日本向け）」の文字が印字されていますよ。

江戸時代、政治・経済の中心が江戸に移り、地理的条件に恵まれた現在の⑥千葉県銚子市・野田市でさかんに醤油が生産されるようになりました。ここで作られていたのがこいくち醤油です。江戸ではかつおだしが用いられていましたが、生臭さがあり、それを消すために醤油の色や香りが強いこいくち醤油が誕生しました。現在、国内の醤油生産量のおよそ80%はこいくち醤油です。一方関西では、昆布だしが用いられていましたが、こいくち醤油では昆布の風味を消してしまいます。そこで、うすくち醤油がつくられるようになりました。兵庫県たつの地方が発祥の地と言われています。色が薄く、香りも強くないことから、食材を引き立てるとして、京阪神で人気となり、全国に普及していきました。

他にもコンビニエンスストアでは、おでんや弁当の味付けを地域ごとに変えています。おにぎりも地域によって具材や味付けが異なっており、関西地方では味付け海苔を巻いたおにぎりが多く棚に並んでいます。全国に5万店以上あり様々なところで見かけるコンビニエンスストア。同じような商品をいつでも、どこでも買えるように見えて、実は地域性があるのです。

表1

47都道府県の味（2020年）	
北海道	昆布しお味
秋田	きりたんぽ味
徳島	鯛だし香る鳴門のうず潮味
福岡	ごぼ天うどん味
沖縄	タコライス味

表2

ソフトキャンディ・チョコレート菓子	
北海道限定	X 味
東北限定	Y 味
信州限定	巨峰味・りんご味
中・四国限定	いよかん味
九州限定	Z 味
沖縄限定	シークワーサー味

（各社HPより作成）

問１　下線部①について、成田空港でもっとも取り扱い金額が大きい輸入品（2018年）を、次の㋐～㋓の中から１つ選び、記号で答えなさい。

㋐　自動車　　㋑　魚介類　　㋒　通信機器　　㋓　液化天然ガス

問２　下線部②について、**表３**から読み取れることとしてあやまっているものを、次の㋐～㋓の中から１つ選び、記号で答えなさい。

表３　おもな都道府県の面積と人口（2018年10月１日現在）

	面積（㎢）		人口（万人）
北海道	78,412（83,424※）	１位	529
岩手	15,279	２位	124
新潟	13,784	３位	186
（中略）			
東京	2,194	45位	1,382
大阪	1,905	46位	881
香川	1,877	47位	135

※ 北方領土を含めたときの面積

（『日本のすがた2020』より作成）

㋐　香川県の面積は、北海道の面積の40分の１以下である。
㋑　大阪府の人口は、岩手県の人口の７倍以上である。
㋒　もっとも人口密度が高いのは、東京都である。
㋓　もっとも人口密度が低いのは、新潟県である。

問３　下線部③について、**表２**中 X ～ Z にあてはまる組み合わせとして正しいものを、次の㋐～㋕の中から１つ選び、記号で答えなさい。

㋐　X さくらんぼ　Y あまおう苺　Z 夕張メロン
㋑　X さくらんぼ　Y 夕張メロン　Z あまおう苺
㋒　X あまおう苺　Y 夕張メロン　Z さくらんぼ
㋓　X あまおう苺　Y さくらんぼ　Z 夕張メロン
㋔　X 夕張メロン　Y あまおう苺　Z さくらんぼ
㋕　X 夕張メロン　Y さくらんぼ　Z あまおう苺

問４　下線部④をわける、右の地図中**A**で示した大きな地溝帯を何といいますか。**カタカナ**で答えなさい。

糸魚川－静岡構造線
柏崎－千葉構造線
A

問５　下線部⑤は遠洋漁業で一本釣りが行われます。遠洋漁業について述べた次の文中［X］・［Y］にあてはまる語句の組み合わせとして正しいものを、次の㋐～㋓の中から１つ選び、記号で答えなさい。

> 遠洋漁業の漁獲量は、1970年代に大きく落ち込みました。その原因として、1973年に［X］がおこって、船の燃料代が急にあがったことや、各国が［Y］海里の排他的経済水域を設けるようになったことがあげられています。

㋐［X］バブル経済崩壊　［Y］12　　㋑［X］バブル経済崩壊　［Y］200
㋒［X］石油危機　［Y］12　　㋓［X］石油危機　［Y］200

問６　下線部⑥は、京葉工業地域に含まれます。次の㋐～㋓は、京葉工業地域、中京工業地帯、阪神工業地帯、京浜工業地帯の工業出荷額のうちわけ（2017年）を示したものです。京葉工業地域にあたるものを１つ選び、記号で答えなさい。

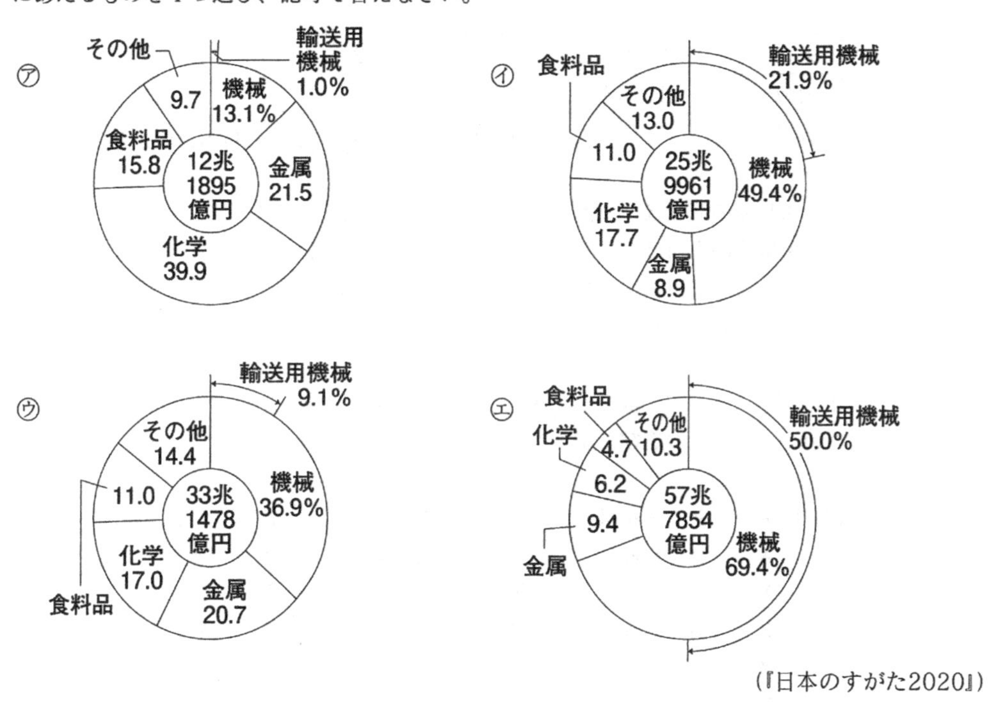

（『日本のすがた2020』）

問７　次の㋐～㋓は**表１**中の北海道・秋田県・徳島県・沖縄県の気候の特色について述べた文です。徳島県にあたるものを１つ選び、記号で答えなさい。

㋐　冬は北西の季節風の影響で雪が多いが、夏はやや乾燥している。
㋑　冬は寒さがきびしく、雪がたくさん降る。台風と梅雨の影響が小さい。
㋒　亜熱帯の気候であり、一年を通して気温が高く、雨が多い。
㋓　季節風の影響をあまり受けず、一年を通して温暖で、雨が少ない。

問８　**表２**中の「信州」を流れる、日本でもっとも長い川の名前を何といいますか、解答らんに合うように、**漢字**で答えなさい。

2　ＳＤＧｓに関する次の文を読んで、あとの問いに答えなさい。

図

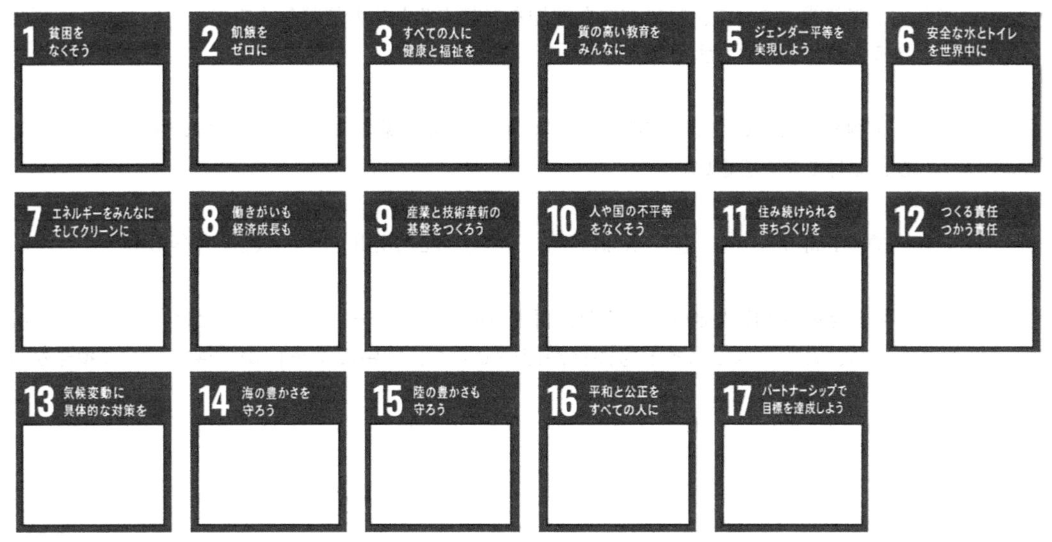

※イラスト省略　　　　(国際連合広報センター)

ＳＤＧｓとは、「持続可能な開発目標＝Sustainable Development Goals」の略称で、2030年までにこれからの世界が解決すべき17の目標のことです。上の**図**はこの目標を示しており、目標達成にむけた取り組みが、日本全国に広まってきています。例えば、2020年７月１日から全国で①プラスチック製買い物袋（レジ袋）の有料化が始まりました。レジ袋は耐久性があり、軽いというメリットがある一方で、自然環境下では分解されにくく、プラスチック製品による野生動物への被害が地球規模で広がっています。レジ袋の有料化は、「14　海の豊かさを守ろう」を達成するための一つの方法と考えられています。他にも各都道府県で様々な活動が行われています。

滋賀県は全国に先駆けて2017年１月にＳＤＧｓを県政に取り込むことを宣言し、琵琶湖の環境保全活動などを行っています。琵琶湖は生活用水として使われていますが、②1977年５月、プランクトンが大量発生し、湖水が変色する現象がおこりました。合成洗剤にふくまれるリンがこの原因の一つであることが判明し、合成洗剤の使用をやめて、天然油脂を主原料とした粉石けんを使おうという「石けん運動」が県内全域で展開されました。その後、県は水質改善のため「琵琶湖条例」を成立させました。また国も2015年に「琵琶湖保全再生法」を制定しています。琵琶湖には60種類以上の固有種が存在しており、冬には10万羽を超える③水鳥が羽を休める湿地にもなっています。人々や多くの生物にとって琵琶湖は重要な場所であり、その環境を守り、未来へつなげる活動が必要となっているのです。

このような全国のＳＤＧｓの取り組みに対して、国は「ＳＤＧｓ未来都市構想」を考えました。まず国がＳＤＧｓの優れた取り組みを提案した都市を「ＳＤＧｓ未来都市」に選びます。選ばれた自治体は３年間の活動計画をたて、目標達成のために活動していきます。その中の成功事例を国内外に発信することで、ＳＤＧｓを広め、持続可能なまちづくりを全国に発展させていく、これが「ＳＤＧｓ未来都市構想」です。2019年の「ＳＤＧｓ未来都市」に滋賀県が選定されています。また、2020年の「ＳＤＧｓ未来都市」には④福岡県の都市も選ばれています。この都市は、「『世界遺産の海』とともに生きるＳＤＧｓ未来都市」として、準備を進めています。この世界遺産にふくまれる沖ノ島は「神宿る島」と呼ばれ、この島には航海安全にかかわる祭祀(さいし)の遺跡が残され、古代東アジアの交流にとって、重要な場所とされています。

問１　下線部①の原料は石油です。日本の石油輸入先として、輸入量・輸入額ともに１位（2019年）の国はどこですか。

問２　下線部②について、琵琶湖で発生したこの現象を何といいますか。**漢字２字**で答えなさい。

問３　下線部③について、特に重要な湿地を保護するための国際条約を何といいますか。解答らんに合うように、**カタカナ**で答えなさい。

問４　下線部④について、この世界遺産ともっとも関係の深い都市を、次の㋐～㋓の中から１つ選び、記号で答えなさい。

㋐　中間市　　㋑　宗像（むなかた）市　　㋒　北九州市　　㋓　大牟田市

問５　風力発電や太陽光発電のような、再生可能エネルギーを利用することは、ＳＤＧｓの17の目標のうち、どの目標ともっとも関係が深いですか、**図中の１～17**から選び、その**番号**を答えなさい。

令和三年度　筑陽学園中学校　A日程入学試験　国語　解答用紙

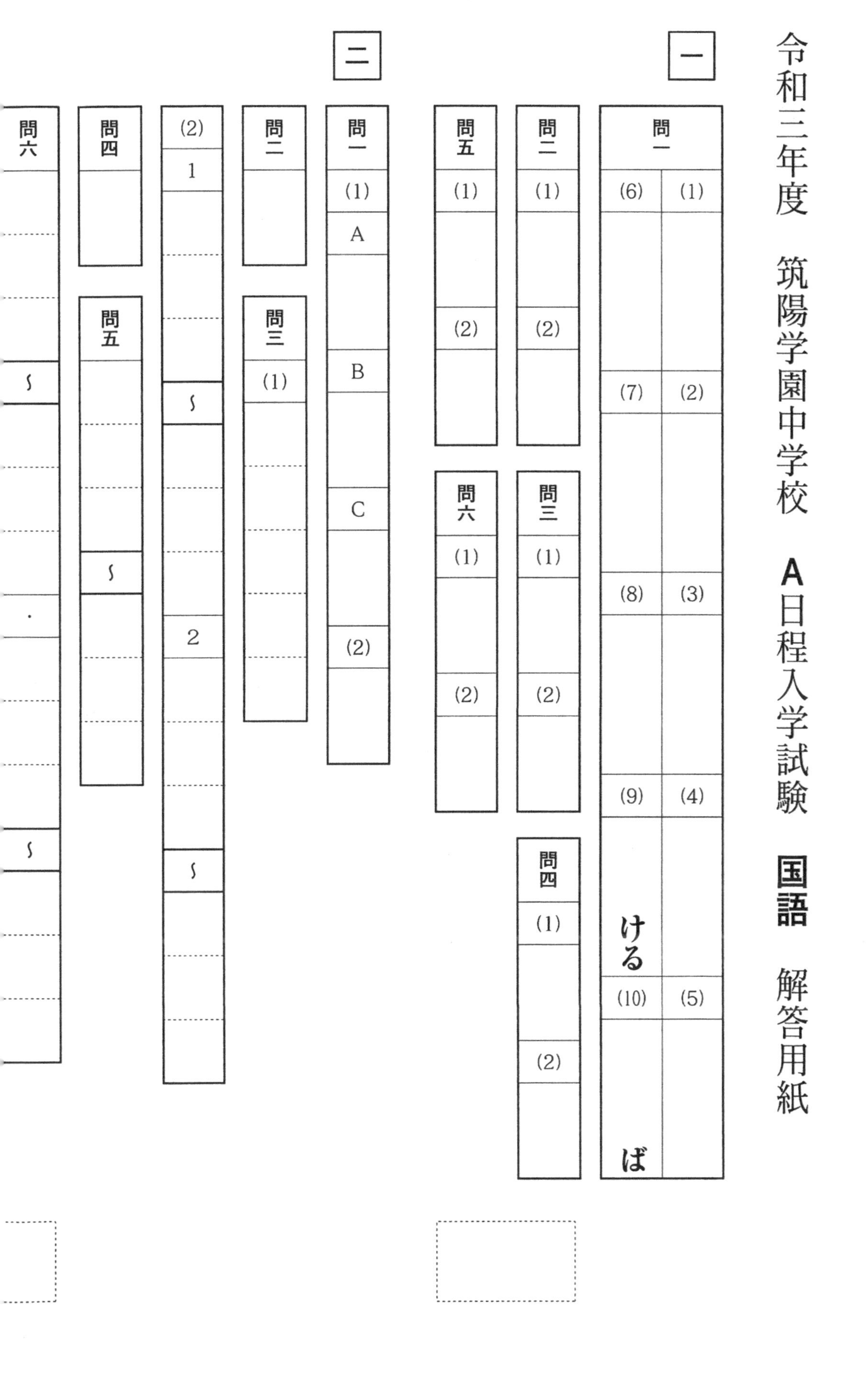

3	(1)	番目	(2)	cm^2	(3)	

4	(1)	cm^3	(2)	cm

5	(1)	：	(2)	：
	(3)	頂点　　　　で　　　　秒後に重なる		

受験番号	出身小学校	氏名
	小学校	

得点	1		合計	
	2～5			

※100点満点
（配点非公表）

3

Ⅰ	問1		問2		問3	
Ⅱ	問4		問5		問6	

4

Ⅰ	問1		問2		問3	ア		イ	
Ⅱ	問4		問5		問6	cm			

受験番号	出身小学校	氏名
	小学校	

得点	

※50点満点
(配点非公表)

問13	号事件	問14		問15	

4

問1		問2		問3	満　　歳
問4		問5	首相		
問6	制	問7	衆議院の		
問8	権	問9			
問10		問11		問12	

受験番号	出身小学校	氏　名
	小学校	

得点	

※50点満点
(配点非公表)

令和3年度　筑陽学園中学校　A日程　入学試験　**社会**　解答用紙

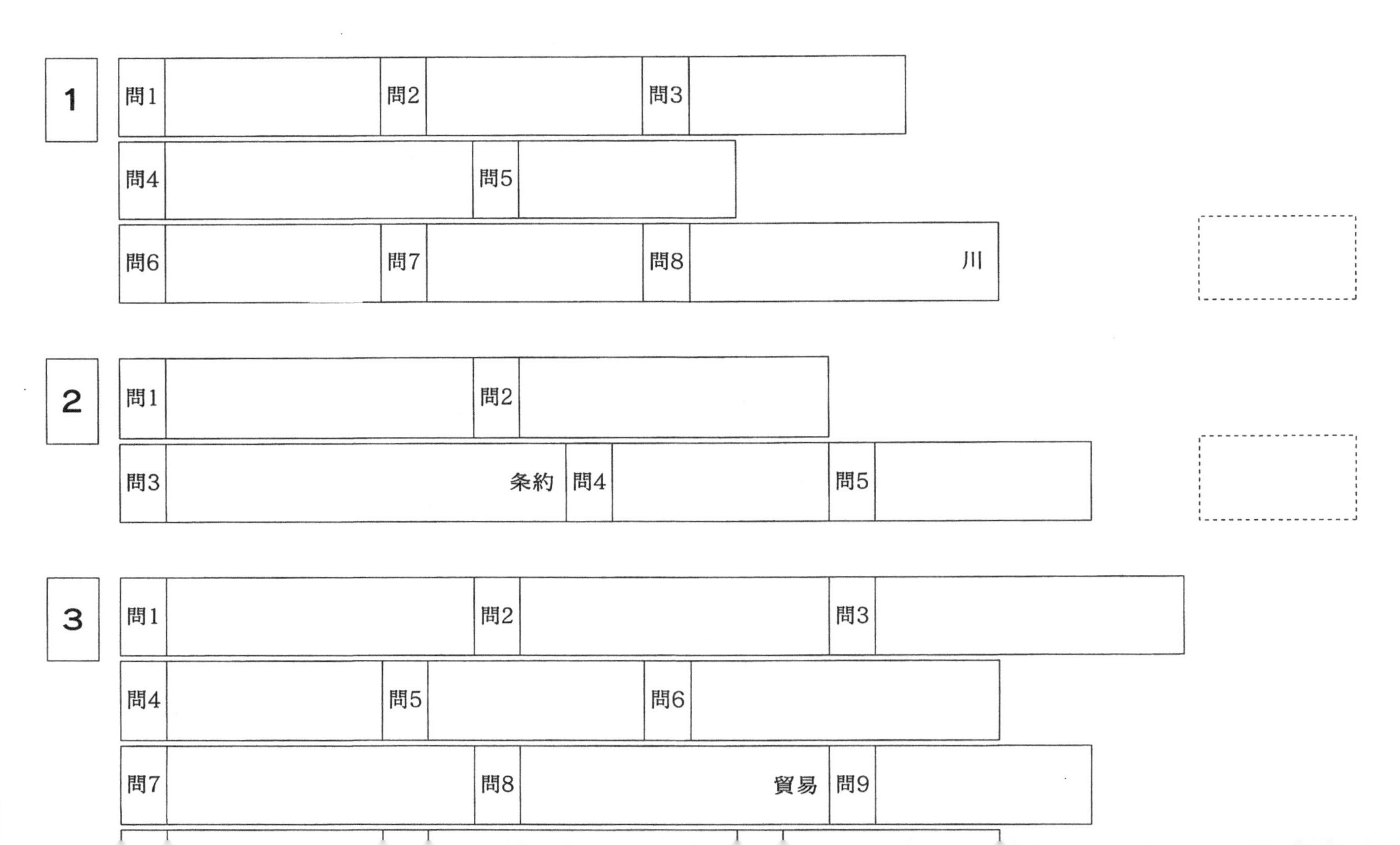

1

問1		問2		問3	
問4		問5			
問6		問7		問8	川

2

問1		問2			
問3	条約	問4		問5	

3

問1		問2		問3	
問4		問5		問6	
問7		問8	貿易	問9	

【解答

令和3年度　筑陽学園中学校　A日程　入学試験　**理科**　解答用紙

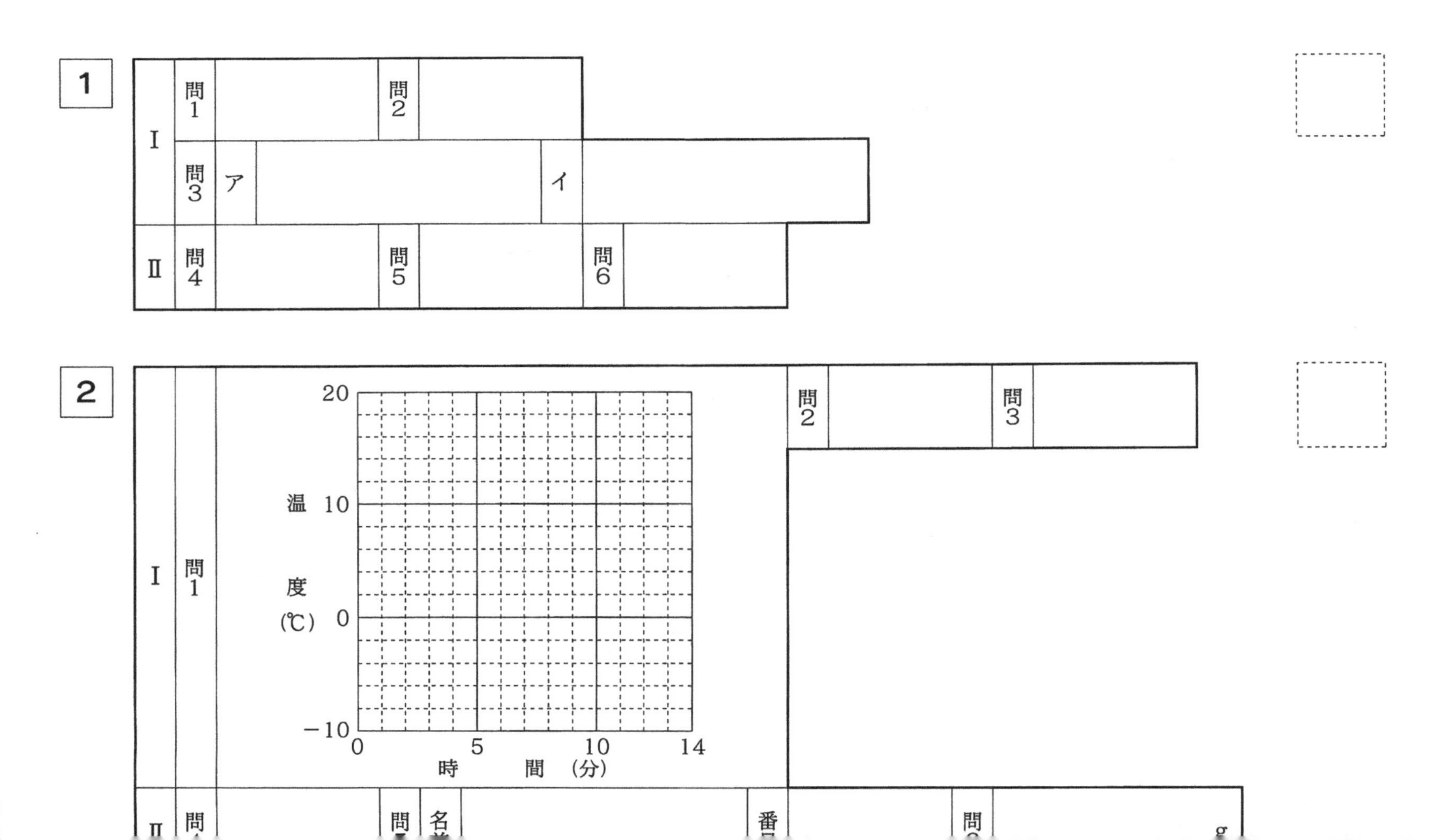

令和3年度　筑陽学園中学校　A日程入学試験　**算数**　解答用紙

1

(1)		(2)		(3)	
(4)		(5)		(6)	
(7)		(8)		(9)	
(10)		(11)	L	(12)	度
(13)	cm	(14)	年後	(15)	個
(16)	個	(17)	km	(18)	分　秒
(19)		(20)	cm^2		

【解答

2

三

問一
(1)
A
B
C
(2)

問二
1
2

問三

問四
～

問五

問六

問七

問八

受験番号

出身小学校

小学校

氏名

得点

※100点満点
(配点非公表)

【解答

3 以下は陽さんと学さんとの会話です。日本と他国との関係に関する陽さんと学さんの次の会話を読んで、あとの問いに答えなさい。

陽：日本と大陸は昔から深いつながりがあったんだよね。歴史の授業で、米作りの技術も中国や朝鮮半島から伝わったと勉強したよ。

学：中国の古い歴史書にも日本のことが書かれているよ。「魏志」倭人伝には３世紀ごろ、①女王が倭の邪馬台国を治めていたこと、また女王が中国に使者を送ったことなどが記されているんだ。

陽：日本では３世紀後半から７世紀にかけて、王や有力な豪族の墓がたくさんつくられるようになるけれど、これらの技術を伝えたのも②朝鮮半島や中国から日本に移り住んだ人たちだったね。

学：漢字や仏教も彼らによって伝えられたよね。また、６世紀末から７世紀初めにかけて聖徳太子（厩戸皇子）は、③中国の進んだ政治制度や文化を学ぶために使節を派遣しているよ。

陽：中国では７世紀初めに隋を滅ぼして唐という王朝が開かれるけれど、隋から唐に代わっても中国と日本の間の交流は盛んにおこなわれるよね。

学：もちろん。仏教の制度を整えるために、④唐からすぐれた僧も招かれているんだ。彼はたびたびの航海の失敗で失明しながらも、６回目の航海でやっと日本に到着するんだよ。

陽：大変な困難を乗り越えて日本にやってきて、日本の仏教を発展させてくれたんだね。

学：そうだね。その後、長く繁栄した唐も10世紀には滅んでしまう。13世紀にはモンゴルによって中国全土が統一されてしまうんだ。そうしてできた国が元だよ。⑤元の軍隊は２度にわたって九州北部に攻めてきたね。

陽：日本はその時鎌倉時代だよね。⑥将軍と主従関係を結んだ武士たちは命がけで元の軍隊と戦ったけど、ほうびの土地をもらえた人はわずかだった。だから幕府に不満をもつ武士たちも増えてしまったんだよね。

学：うん。中国では元のあと明という王朝がおこるけれど、明と日本との関係はどうだったのかな。

陽：室町幕府になって、３代将軍の足利義満が明と日本との国交を開いて貿易を始めると習ったよ。

学：⑦京都の北山に豪華な建物を建てたことで有名な人物だね！ところで、日本と西洋との交流はいつから始まったんだろう。

陽：最初にヨーロッパから来た人は、16世紀ごろに種子島に漂着した船に乗っていたポルトガル人だといわれているよ。この時に日本に鉄砲が伝わったんだ。その後⑧スペインやポルトガルの人々が九州の各地にやってくるようになって貿易が盛んになったんだよ。

学：そういえば、日本にキリスト教が伝わったのもこの時期だったっけ。

陽：そうだよ。スペインの宣教師フランシスコ＝ザビエルによって伝えられたんだ。他にもカルタやパンなど、この時期に入ってきたポルトガル語が日本語になったものも多いよ。

学：それは知らなかった。面白いね！でもその後の江戸時代には、日本人が外国に行くことを禁止して、貿易を制限する鎖国政策がとられたんだよね。

陽：そうだね。スペインとポルトガルの船も日本に来ることは禁止されてしまう。だけど⑨長崎での貿易を許された２国と朝鮮、沖縄県にあった琉球王国、そして北海道のアイヌ民族とは交流が続けられたよ。

学：鎖国といっても外国との交流がすべてなくなってしまったわけではなかったんだね！鎖国はいつまで続いたんだっけ？

陽：1853年にアメリカ合衆国から使者としてペリーという人がやってくるのだけど、このペリーの来航をきっかけにして日本は鎖国をやめて開国をするよ。

学：そして、アメリカやイギリス、ロシアなどとも国交を結んで貿易をするようになるんだね。

陽：その通り。外国との貿易が始まると、新しい政治のしくみをつくろうとする動きが強まっていくんだ。その中で15代将軍徳川慶喜が天皇に政権を返して、江戸幕府は終わりをつげるんだよ。新しい政府は西洋に負けない強い国をめざして、どんどん⑩欧米諸国の知識や技術を取り入れていくんだ。⑪やがて、世界で活躍する日本人も出てきたよね。

学：そのようにして日本は近代化を進めていったんだよね。日本が近代化を進めた理由の１つには、江戸幕府が欧米諸国と結んだ不平等条約の改正をすることがあったと聞いたことがあるよ。

陽：具体的に言うと、領事裁判権の撤廃（てっぱい）と⑫関税自主権の回復だね。特に1886年に、⑬イギリス船が沈没し、日本人乗客が全員水死するという事件が起こって、日本国内では領事裁判権の撤廃を求める声が高まったんだよ。イギリスの領事裁判の結果、乗客を救助する義務があったイギリス人船長には軽い罰しか与えられなかったんだから、不平等条約への不満が高まるのは当然だね。領事裁判権は日清戦争の直前に、当時の外務大臣であった陸奥宗光によって撤廃されたよ。

学：その後の日本は日清戦争や日露戦争、そして⑭日中戦争、第二次世界大戦と大きな戦争を体験する中で孤立していくけれど…。戦後日本は民主主義による国をめざして様々な改革をおこない、⑮1964年にはアジアで初めてのオリンピックが東京で開かれるなど、再び国際社会への復帰を果たすんだよ。

陽：戦後75年をこえた現代に生きる私たちだからこそ、世界の国々がより良い関係で交流できる平和な世界を改めてめざしていきたいね。

問１　下線部①について、邪馬台国の女王の名前を**漢字３字**で答えなさい。

問２　下線部②について、このような人々を何といいますか。**漢字**で答えなさい。

問３　下線部③について、この時隋に派遣された使節を何といいますか。**漢字**で答えなさい。

問４　下線部④の人物として正しいものを、次の㋐～㋓の中から１人選び、記号で答えなさい。

㋐　行基　　㋑　鑑真　　㋒　空海　　㋓　最澄

問５　下線部⑤を退けた鎌倉幕府の執権を、次の㋐～㋓の中から１人選び、記号で答えなさい。

㋐　源頼朝　　㋑　足利尊氏　　㋒　北条時宗　　㋓　平清盛

問６　下線部⑥について、鎌倉時代に将軍と主従関係を結んだ武士のことを何といいますか。**漢字**で答えなさい。

問７　下線部⑦について、下図の建物の名前を何といいますか。**漢字２字**で答えなさい。

（当該寺社HPより）

問８　下線部⑧の貿易のことを何といいますか、解答らんに合うように**漢字**で答えなさい。

問９　下線部⑨について、この２国の組み合わせとして正しいものを、次の㋐～㋓の中から１つ選び、記号で答えなさい。

㋐　中国・オランダ　　㋑　中国・イギリス
㋒　ロシア・オランダ　　㋓　ロシア・イギリス

問10　下線部⑩について述べたもののうちあやまっているものを、次の㋐～㋓の中から１つ選び、記号で答えなさい。

㋐　西郷隆盛や板垣退助らは、1871年に使節団として、欧米諸国の視察に出発した。
㋑　近代的な工業を始めるために、富岡製糸場などの官営模範工場を設置した。
㋒　『学問のすゝめ』で知られる福沢諭吉は、欧米の近代文化や思想を紹介した。
㋓　東京、大阪などの都市部では、ガス灯がともり、洋服を着る人が増えた。

問11　下線部⑪について、渡米してへび毒などの研究で業績をあげた後、アフリカで黄熱病の研究中に自らも黄熱病に感染して病死した人物の名前を**漢字**で答えなさい。

問12　下線部⑫について、1911年に関税自主権の完全回復に成功した外務大臣として正しいものを、次の㋐～㋓の中から１人選び、記号で答えなさい。

㋐　伊藤博文　　㋑　小村寿太郎　　㋒　大隈重信　　㋓　木戸孝允

問13　下線部⑬について、この事件を何といいますか。解答らんに合うように**カタカナ**で答えなさい。

問14　下線部⑭について、日中戦争に至るまでのａ～ｃの出来事を古い順に並べかえた時、正しい順番となるものを、次の㋐～㋕の中から１つ選び、記号で答えなさい。

ａ　北京郊外の盧溝橋(ろこうきょう)で日本軍と中国軍のしょうとつがおこった。
ｂ　日本軍が南満州鉄道の線路を爆破し、それを中国のしわざだとして軍事行動を開始する満州事変がおこった。
ｃ　国際連盟総会が満州国を承認しなかったため、日本は国際連盟の脱退を通告した。

㋐　ａ→ｂ→ｃ　　㋑　ａ→ｃ→ｂ　　㋒　ｂ→ａ→ｃ
㋓　ｂ→ｃ→ａ　　㋔　ｃ→ａ→ｂ　　㋕　ｃ→ｂ→ａ

問15　下線部⑮の時期として正しいものは次の年表の㋐～㋓のうちどれですか。１つ選び記号で答えなさい。

年　表
朝鮮戦争がはじまる
⇩㋐
サンフランシスコ平和条約を連合国48か国と結び、翌年に独立を回復する
⇩㋑
日ソ共同宣言によりソ連との国交を回復する
⇩㋒
中国と日中平和友好条約を結ぶ
⇩㋓
湾岸戦争がはじまる

4 「世界平和を実現するためにはどうしたらよいか」というテーマで、Ａさん、Ｂさん、Ｃさんが議論しています。その会話文を読んで、あとの問いに答えなさい。

Ａ：今日の宿題、難しくない？
Ｂ：「世界平和のために何ができるか」だよね。
Ａ：世界平和…無理なんじゃない？
Ｃ：まず、世界平和って何？
Ａ：う～ん…戦争がない、とか？
Ｂ：国連の①安全保障理事会って戦争を防ぐためにあるんじゃなかったっけ？
Ｃ：そうだった気がする。
Ｂ：じゃあ、安全保障理事会に協力したら解決だね。
Ｃ：でも、戦争はないけど犯罪が多かったり、差別がひどかったり、②環境問題が深刻だったりするのは平和と言えるのかな？
Ｂ：それは平和とは言えないと思うな。やっぱり、生活の安全や人の自由・平等を守ることも大切なんじゃないかな？
Ｃ：確かに安全が守られていても、自由・平等がないから独裁も平和ではない気がするね。
Ａ：独裁がないことでも日本は平和だよね。だから、世界中を日本みたいな国にしたらよくない？
Ｂ：政治家を③選挙で選ぶ④民主主義の国を世界中に作るってこと？
Ａ：選挙もだけど、他の制度もだよ。
Ｃ：⑤首相は国会が指名するとか、⑥内閣は国会に対して連帯して責任を負うとか、裁判官としてふさわしくないものを⑦国会議員が裁くとか？
Ａ：そうそう。権力は１つに集中させずに、お互いに監視させた方が良いよね。
Ｃ：それって⑧三権分立って言うんだよね。
Ｂ：でも、日本って本当に平和なのかな？確かに、日本の⑨憲法は平和を大事にしてるけどさ。
Ｃ：そうだね、⑩憲法は平和を大事にしているだけでなく、差別も禁じているけど、実際に差別がないわけではないしね。
Ａ：じゃあ、どうすればいいんだよ？
Ｃ：まずは、様々な問題に対して興味を持つことが大事じゃないかな？
Ｂ：なんで？
Ｃ：だって、みんなが興味のない問題を世界中の人が解決するわけないよね。今は⑪世界保健機関みたいに世界的な組織も多いし、世界中のみんなが様々な問題に興味を持ってくれたら、もっと世界中が平和になるんじゃないかな？
Ｂ：じゃあ、まずは世界中でどんな問題が起きているのか、調べてみよう。

問１　下線部①の常任理事国ではない国を、次の㋐～㋕の中から１つ選び、記号で答えなさい。

㋐　アメリカ　　㋑　日本　　㋒　フランス
㋓　イギリス　　㋔　中国　　㋕　ロシア

問２　下線部②について、次の㋐～㋓は環境問題とその原因について述べたものです。正しいものを１つ選び、記号で答えなさい。

㋐　酸性雨が発生する原因は、地球温暖化によって多くの海水が蒸発していることである。
㋑　地球温暖化の原因は、原子力発電所によって大量に排出された二酸化炭素である。
㋒　オゾン層の破かいの原因は、スプレーのガスやエアコンを冷やすのに使われていたフロンガスである。
㋓　砂漠化の原因は、工場から排出されるメチル水銀化合物やカドミウムである。

問３　下線部③で投票することができる年齢は何歳からですか。解答らんに合うように**数字**で答えなさい。

問４　下線部④について、次の㋐～㋓は日本の民主政治について述べたものです。あやまっているものを１つ選び、記号で答えなさい。

㋐　国民自身が選挙で国会議員を選んだので、その指示にはすべて従わなければならない。
㋑　国会では話し合いで意見が一致しない場合、多数決で物事を決めるのが一般的である。
㋒　物事を決定する前に少数意見も十分に聞いて、尊重することが大事だと言われている。
㋓　地方では署名を一定数集めることで、首長や議員のリコールや議会の解散請求を行うことができる。

問５　下線部⑤について、2020年9月に辞職した、連続在任期間が最長となった日本の首相は誰ですか、解答らんに合うように名字（みょうじ）を**漢字２字**で答えなさい。

問６　下線部⑥のような制度を何といいますか。解答らんに合うように**漢字４字**で答えなさい。

問７　下線部⑦において、参議院よりも衆議院の権限が強いことを何といいますか。解答らんに合うように**漢字２字**で答えなさい。

問８　下線部⑧の中で、裁判所が持っている権限とは何ですか。解答らんに合うように**漢字２字**で答えなさい。

問9　下線部⑨を改正する手続きについて述べた文の［X］～［Z］にあてはまる語句の組み合わせとして正しいものを、次の㋐～㋓の中から1つ選び、記号で答えなさい。

> この憲法の改正は、各議院の総議員の［X］の賛成で、国会が、これを発議し、国民に提案してその承認を経なければならない。この承認には、特別の［Y］又は国会の定める選挙の際行はれる投票において、その［Z］の賛成を必要とする。

㋐　［X］　過半数　［Y］　国民投票　［Z］　三分の二以上
㋑　［X］　過半数　［Y］　国民審査　［Z］　三分の二以上
㋒　［X］　三分の二以上　［Y］　国民投票　［Z］　過半数
㋓　［X］　三分の二以上　［Y］　国民審査　［Z］　過半数

問10　下線部⑩について、憲法第14条の文章として正しくなるように、次の文中の［X］にあてはまる適切な語句を**漢字2字**で答えなさい。

> すべて国民は、法の下に平等であって、人種、信条、［X］、社会的身分または門地により、政治的、経済的または社会的関係において、差別されない。

問11　下線部⑪を略語で何といいますか、**アルファベット3字**で答えなさい。

問12　会話文から読み取れる3人の考えの説明として正しいものを、次の㋐～㋓の中から1つ選び、記号で答えなさい。

㋐　Aさんは安全保障理事会の決定に協力することで、世界平和を達成しようとした。
㋑　Bさんは最終的にAさんの意見に賛成し、民主主義を世界に広めようとしている。
㋒　Cさんは様々な問題に対して、みんなが興味を持つことが大事だと言っている。
㋓　3人とも、日本で戦争が起きないようにする方法を話し合っている。